영어책 읽는
두뇌

How the Brain Learns English Literacy

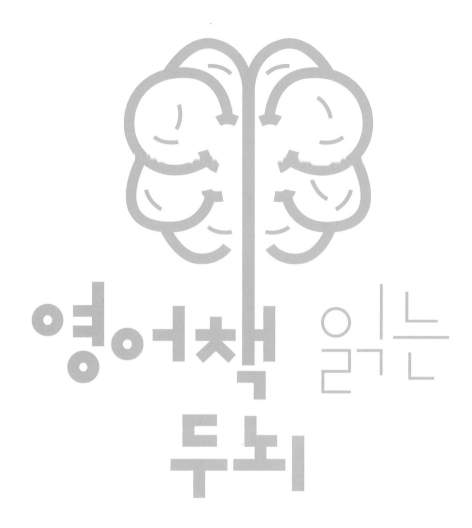

영어책 읽는 두뇌

박 순
이준용
김정렬
지 유

뉴로사이언스러닝

CONTENTS

두뇌의 이해

제 2 부

두뇌와 언어

제 3 부
영어책 읽는 두뇌

제 1 강
영어 읽기와 그 도전

제 2 강
단어의 이해와 두뇌

처음 들어가며

"The Brains will differ-if they do-as syllable from sound."

– Emily Dickenson

위 문장은 미국을 대표하는 시인 중 하나인 에밀리 디킨슨(*Emily Dickenson, 1830-1886*)이 두 뇌를 "하늘보다 넓고(*wider than the sky*) 바다보다 깊다(*deeper than the sea*)"고 노래한 시 중 마지막 행입니다. 소리와 음절은 다릅니다. 자음과 모음으로 분절할 수 있는 소리(*segment*)가 모이면 음절(*syllable*)이 됩니다. 음절들이 모여 단어, 구와 절과 문장, 담화를 포괄하는 발화로 발전합니다. 소리에는 분절할 수 없는, 초분절음소(*suprasegmental phoneme*)라는 것도 포함되어 있습니다. 초분절음소란 말 그대로 분절하여 표현할 수 없는 소리의 높낮이를 말하는 음조(*pitch*), 강약과 관련된 강세(*stress*), 길고 짧음에 관한 길이(*length*) 등의 비분절적 요소를 포함하는 운율체계(*prosody*)를 지칭합니다. 그러니 소리와 음절은 분명 다릅니다.

에밀리 디킨슨은 두뇌가 "하늘보다 넓고 바다보다 깊다"고 했을 때 모든 두뇌가 다 그렇다고는 하지 않습니다. 나란히 세워 놓더라도 어떤 두뇌는 우주만큼 폭이 넓어 그 어떤 것이든 다 담을 수 있고 다른 두뇌는 그렇지 못하며, 또 어떤 두뇌는 스폰지처럼 다른 모든 것을 다 흡수해버릴 만큼 깊지만 모든 두뇌가 다 그렇지는 않다고 통찰했던 것입니다.

생화학적인 재질의 관점에서만 본다면야 어떤 두뇌든 다를 것이 없습니다. 아무리 복잡한 반도체 회로를 구성하더라도 결국 그 근본은 지구의 지각에서 약 28퍼센트를 차지할 정도로 무궁무진한 모래 속 규소에서 시작되는 것과 비슷하죠. 똑같은 재료로 시작하지만 어떤 길을 택하고, 새로이 열고, 더 넓히느냐에 따라 두뇌의 회로와 역량은 완전히 새로운 단계로 도약할 수 있습니다. 혼돈 속의 소리가 정돈된 음절이 되어 고차원적 언어로 비약하듯이 말입니다.

여러분은 본서를 읽어 나가면서 책을 읽을 수 있는 두뇌와 그렇지 못한 두뇌는 물리적 구조 자체가 다르다는 것을 인정하게 될 것입니다. 이것은 외국어로서든 제 2언어로서든 영어의 경우에도 동일하게 적용됩니다. 전 은하계의 모든 입자의 수를 능가하는 시냅스를 보유하는 우리의 두뇌가 이룩한 업적 가운데 가장 고차원적이고 초시간적인 의사소통 매체인 문자 언어, 그리고 이 둘이 서로 조화를 이루어가는 과정과 여러 문제를 탐구하는 것이 이 책 전체의 지향점입니다.

이 책 전체를 핵심어 세 개로 요약하자면 **두뇌**(*brain*), **영어**(*English*), **리터러시**(*literacy*)입니다. '글을 읽고 쓸 수 있는 능력을 의미하는 'literacy'에 대한 우리말 대응어가 정확하게 존재하지 않기 때문에 '문식(文識) 문해(文解) 능력'이라고 번역하는 경우도 있으나 한자의 뜻을 놓고 풀어볼 때 주로 수용적(이해) 개념이 주이고 표현에 대한 의미가 약하므로 '리터러시'라는 외래어로 표기하는 게 현재로서는 적합할 듯 합니다. 한마디로, 이 책은 총 3부에 걸쳐 두뇌 과학적 측면에서 영어를 읽고 쓸 수 있는 능력을 습득하고 학습하는 것에 대해 각별한 관심을 두고 전개될 것입니다.

두뇌가 발달하는 모습을 다루는 제 1부에서는 인간의 기본적인 두뇌 구조 및 뉴런에 대한 기초적인 정보를 살펴본 후, 두뇌의 성장 원리와 아이의 발달 지표가 어떠한 상관관계를 갖는지에 주목할 것입니다. 인지 중추인 두뇌는 환경과의 부단한 상호 작용을 통해 역동적으로 발달합니다. 특히, 미엘린화는 마치 기존의 도로를 확장하고 보수하여 차량의 유동성을 증진시키는 것과 흡사한 두뇌 역량 개선 비법이며 두뇌의 전달 효율 및 정보 처리 능력을 확장하는 중요한 메커니즘으로 부각될 것입니다. 다채로운 자극이 풍성하게 제공될 경우 학습자의 두뇌에 어떤 변화가 일어나는지에 대해서도 다루겠습니다.

2부에서는 뇌 과학적 지식을 언어 습득 및 학습과 연결시킵니다. 두뇌 과학과 언어학적 측면을 아우르며 인간의 두뇌가 이룩한 가장 고차원적인 업적인 언어가 신경학적으로 처리되는 방식을 심도 깊게 배울 것입니다. 뉴런과 뉴런이 시냅스 결합으로 네트워크를 형성하는 흥미로운 방식도 주목할 만합니다. 아이의 두뇌는 세상에 태어나자마자 필요한 양을 크게 상회하는 시냅스 연결을 만들어 셀 수 없이 많은 길을 냅니다. 이러한 잉여성은 그 어떤 상황과 맞닥뜨리더라도 유연하게 대처할 수 있도록 배려하는 두뇌 발달의 섭리입니다. 사용되지 않은 길은 서서히 도태되는 반면 높은 빈도와 강도로 활성화되는 뉴런 네트워크는 마치 많은 사람들이 이용하는 길처럼 갈수록 효율성이 좋아집니다.

주로 음성 언어의 신경학적 처리 메커니즘에 중점을 둔 2부와 달리 3부에서는 문자 언어 읽기에 숙달해가는 두뇌에 관한 내용을 깊이 있게 탐구합니다. 문자 언어에 대한 '리터러시'를 획득한 두뇌는 그 이전과 다른 모습으로 변모합니다. 읽기 능력이 발달되는 과정은 마치 새로운 길을 두뇌 속에 개척하는 것과 같다고 비유할 수 있겠습니다. 문자를 읽는 두뇌는 음운 디코딩 경로와 직접 회상 경로라는 두 가지 유형의 처리 과정으로 분리되며, 매우 빠른 속도로 단어를 인식할 수 있는 자동성을 획득하는 것은 새로운 두뇌 부위의 활성화를 수반하게 됩니다. 많은 노력과 정성을 투입하여도 읽기 능력을 얻지 못하는 학습자에 대해서 검토해보면서 논의는 마무리됩니다.

이 책의 1, 2, 3부는 총 10개의 강의로 구성되며 각 강의의 말미에는 배운 내용을 정리할 수 있는 퀴즈가 마련되어 있습니다. 각 문항들을 풀어보며 배운 것을 효과적으로 장기 기억화해 놓기 바랍니다.

뇌 과학은 외국어로서의 영어 학습에 있어서의 시행착오로 인한 손실을 최소화해 줄 것이며, 외국어 학습법의 불확실성을 상당 부분 해소하여 심적 확신을 제공해줄 가장 유력한 도구임을 믿습니다. 이 책을 다 읽고 난 독자의 두뇌는 그전과는 분명히 달라진 상태가 되리라 확신합니다. 좋은 책은 두뇌 속에 새로운 길을 내주거나 기존의 길을 확연히 넓혀주는 책이기 때문입니다. 이 책이 그러하길 바랍니다.

지은이

제1부

두뇌의
이해

일생 동안 두뇌는 끊임없이 발달합니다. 태어나서 어른이 될 때까지 두뇌는 네 배로 커지며 쉴 새 없이 스스로의 구조를 바꿉니다. 이와 함께 아이들은 언어를 말하고 이해하는 능력, 신체 운동 조정 능력, 문제 해결 능력, 그리고 추상적 개념을 이해하는 능력 등에서 엄청난 변화를 겪습니다. 아이들의 두뇌 성장과 행동의 변화는 서로 연관되어 있음에 틀림없습니다. 하지만 어떻게 연결되어 있는 것일까요?

제 1부에서는 두뇌 발달에 대한 근본적인 개념들을 탐구합니다. 한 아이가 자라면서 성장하는 두뇌 덕분에 새로운 삶의 단계마다 어떻게 새로운 경험을 준비하게 되는지 배울 것입니다. 하지만 두뇌 발달은 일방통행로처럼 이루어지는 게 아니므로 아이의 행동과 경험이 두뇌의 물리적 구조와 성장 방식에 어떤 영향을 미치는지도 배웁니다. 교사와 학부모 대다수는 이미 아이의 성장 지표에 대해서는 전문가나 다름없습니다. 본 과정을 통해 과연 발달 지표와 두뇌 성장의 원리가 어떻게 연계되어 있는가라는 도전적인 주제를 알아볼 것입니다.

WHAT YOU WILL LEARN ♡ **이번 과정에서 학습할 것들**

- 주요 두뇌 구조
- 각 주요 두뇌 구조의 핵심 기능
- 두뇌 가소성의 정의
- 공동의 목표를 추구하는 뇌 과학자와 교육자들
- 발달 지표를 통해 교육자들이 두뇌를 "관찰" 하는 방법
- 생애 민감 뇌 시세에 대해 피어 세(Piaget)의 이론
- 언어 발달 단계
- 풍부한 자극을 제공하는 교실 환경 요소

아이들이 스스로 독립하기 전에 왜 그렇게 엄청난 시간이 걸릴까요? 아이들을 돕는 데 있어서 훌륭한 선생님과 사랑하는 부모들이 왜 그렇게 중대한 역할을 하는 것일까요? 인간 두뇌의 발달에는 시간 계획표가 있다는 데 그 답이 있습니다. 태어날 때부터 두뇌는 이미 놀라울 정도로 많은 능력을 갖추고 있습니다. 하지만 두뇌가 그 잠재력을 최대치까지 발휘하려면 거의 20년간 경험하고 배우고 격려도 받아야 합니다. 다른 어떤 동물들보다 인간은 더 긴 아동기를 거치지만, 이러한 오랜 발달 기간 덕분에 우리는 놀라운 기술과 유연성을 갖추게 되고 성년기 동안에도 계속해서 학습할 수 있는 능력을 갖추게 됩니다.

두뇌가 발달하는 동안 정확히 무슨 일이 벌어질까요? 분명한 것은 두뇌가 성장한다는 것입니다. 두뇌는 탄생부터 성년기에 이르기까지 크기는 네 배로 커지고 구조도 쉴 새 없이 변합니다. 언어를 말하고 이해하며 신체 운동을 조정하고 문제를 풀고 추상적 개념을 이해하는 데 있어서 아이들은 극적으로 변합니다. 두뇌의 성장과 행동의 변화는 서로 상관되어 있음에 틀림없습니다. 어떻게요?

이 사실이 교육자들에게 왜 중요한 것일까요? 아이들이 생애 동안 다양한 단계를 거치면서 저마다 독특한 능력을 갖추게 되는 것이 두뇌의 발달 덕분임을 알 수 있기 때문입니다.

우리가 다룰 것

제 1부에서 우리는 인간 두뇌 발달에 관한 핵심적인 개념을 탐구하게 됩니다. 두뇌의 성장이 어떻게 아이의 생애 매 단계마다 새로운 경험을 하는 데 도움이 되는지를 배울것입니다. 두뇌의 발달은 양방향적이어서 아이가 경험하고 행동하는 것도 두뇌의 물리적 구조에 변화를 일으킵니다. 이번 과정을 통해 발달 지표와 두뇌 성장의 원리가 밀접하게 연관되어 있음을 알게 될 것입니다. 특히, 다음과 같은 항목들에 주목할 것입니다.

- 인간의 두뇌는 어떤 구조로 되어 있으며 어떤 방식으로 발달하는 것일까요? 수상 돌기에 가지(*dendritic branching*) 뉴런이 외부의 어떤 자극을 통해 새로운 수상돌기를 만들어내는 과정이며, 이를 통

해 뉴런의 신호 교환 능력이 증진된다. 가 돋아나서 서로 네트워크로 연결되는 과정과 미엘린화

(myelination) 신경계에서 축삭(axon)을 미엘린이라는 절연물질로 감싸는 과정으로서, 축삭 내 뉴런 신경 신호 전달 과정에서 전

기적 손실을 줄이고 전달 효율을 높여준다. 가 특히 중요합니다.

- 신생아가 유아기를 거쳐 청소년기로 접어들면서 놀라운 속도로 습득하는 언어 기술을 이해하기 위해 뇌 과학은 어떤 도움을 줄 수 있을까요? 두뇌 과학적 정보를 이해하지 못하고서는 수많은 교육적 의문에 대한 만족스러운 해답을 얻을 수 없습니다.

- 발달 지표를 통해 교육자들이 어떻게 발달하는 두뇌를 "관찰" 하고 그로 인해 도움을 얻을 수 있을까요? 언어 발달 및 풍부한 언어 자극 환경에 대한 지식을 얻고 나면 교육자들은 모든 학습자들이 성공할 수 있는 교실 환경을 제공할 수 있게 됩니다.

NOTE

이 책 전체의 지향점은 언어, 특히 영어를 읽고 쓸 수 있는 능력에 대한 두뇌 과학적 이해입니다. 영어로는 '리터러시(literacy)'라 합니다. 음성 언어에 더해 문자 언어에 대한 리터러시를 갖추는 것은 높은 격의 문명적 인간으로 거듭나기 위한 불가결의 요건입니다. 기원전 수천 년 전부터 문자를 읽고 쓸 수 있는 무시 무해 누레(리터러시)은 신격의 수순으로 존중 받았습니다. 다음 글을 출발점으로 삼아 짧지 않은 우리의 여행을 떠납니다.

리터러시(literacy) : 신성한 능력

하얀 킬트를 입은 고대 이집트 서기(書記)가 책상다리를 하고 무릎 위에는 파피루스 두루마리를 반쯤 펼쳐 둔 채 꼿꼿하게 앉아 있다. 그의 오른손은 글씨를 쓰고 있는 것처럼 잔뜩 긴장하고 있다. 지금은 사라지고 없지만 예전엔 펜이 쥐여 있었을 것이다. 석회석 위에 채색한 이 좌상은 손마디와 손톱, 살짝 늘어진 뱃살과 튀어나온 광대뼈까지 묘사해 수천 년 전에 살았던 한 남자의 모습을 생생하게 표현하고 있다.

루브르 미술관에 소장된 이 좌상의 모델과 제작 시기에 대해서는 대략적인 추정만이 가능할 뿐이다. 모델이 왕족 신분이거나 높은 귀족 계층이었던 것만은 확실하다. 고대 이집트에서 서기가 되기 위해서는 어려서부터 오랫동안 엄격한 훈련을 받아야 했기 때문이다. 읽고 쓸 줄 아는 것은 신성한 능력이었고, 신이나 다름없던 파라오의 명을 받아 적고, 후대를 위해 역사를 기록하는 것은 고귀한 직분이었다. 왕의 무덤에 함께 묻혔던 이 서기는 사후 세계에서도 그의 소명을 다하기 위해 영원히 글을 쓸 것이다.

높이는 53.7㎝, 그다지 큰 편은 아니다. 그러나 어둑한 미술관 전시실에서 밝은 조명 을 받으며 앉아 있는 그와 눈이 마주치면, 마치 살아 숨 쉬고 있는 사람을 마주 대한 것 같은 전율이 느껴진다. 흰 마그네슘 원석에 수정을 박아 넣은 눈동자가 그야말로 종이를 뚫을 듯 강렬하게 빛나고 있기 때문이다. 글 쓰는 일을 업으로 삼는 사람들은 이 좌상을 수호신으로 삼아도 좋겠다. 간혹 글 쓰는 일이 게을러질 땐, 이 세상의 모든 것을 놓치지 않고 기록하려는 의지로 강렬하게 깨어 있는 서기의 눈빛을 떠올려 보라.

조선일보 2011.04.20. A34 우정아의 아트 스토리 8

두뇌 속으로의 여행

일천억 개에 달하는 뉴런들은 어떻게 연결되어 있는가?

시냅스란 무엇인가?

나이가 들면 두뇌의 구조는 굳어져 더 이상 변하지 않게 되는 것인가?

1. 들어가며

　어떤 학생이 방금 읽은 짧은 이야기에 대한 자기 생각을 표현하지 못하고 있습니다. 원래 똑 부러지게 자기 생각을 내놓을 줄 아는 학생인데 말입니다. 그 아이의 머리 속에서는 어떤 일이 벌어지고 있는 것일까요?

　수학 시간에 또 다른 아이가 열심히 손을 들지만 아주 쉬운 덧셈 문제에 대해 엉뚱한 답을 내놓습니다. 아이의 머리 속에서는 어떤 일이 벌어지고 있는 것일까요?

　이런 의문을 한 번이라도 품어본 적이 있는 사람은 당신뿐만이 아닙니다. 머리, 보다 정확하게 두뇌는 인간 행동의 비밀을 간직하고 있습니다. 두뇌는 인체에서 가장 신비로운 기관이며 의식, 감성, 언어 활동의 근원입니다. 그 두뇌 속으로 들어가보고 싶지 않습니까?

- 주요 두뇌 구조
- 각 주요 두뇌 구조의 핵심 기능
- 두뇌 가소성의 기본적 정의

8. 기본 두뇌 구조

모든 학생들의 머리 속에는 무게가 약 1.4 킬로그램 정도 나가는 두뇌가 들어있습니다. 아래 그림에 인간 두뇌의 두 가지 모습이 나와 있습니다.

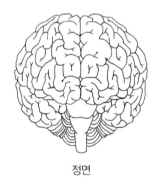 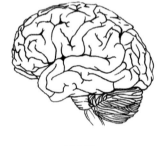

정면   좌측면

의사나 과학자들이 두뇌 영상을 만들 수 있도록 해주는 몇 가지 최신 "돋보기"가 있습니다. 6세 이하의 아이들은 두개골 두께가 더 얇기 때문에 두개골에 직접 밝은 색 레이저 광선을 쪼이는 광학 이미징이라 불리는 기술을 이용할 수 있습니다. 내부에서 반사되는 빛을 통해 두뇌 활동이 드러나게 됩니다.

기본적인 두뇌 구조를 알아봅시다.

대뇌 반구

두뇌는 두 개의 반쪽, 즉 반구(hemisphere) 대뇌의 좌우 반쪽 로 나뉩니다. 대뇌 좌반구와 우반구는 서로 아주 비슷해 보이지만 맡은 역할은 다릅니다.

다음 그림을 보면 어떤 학생이 오른손을 들고 있습니다. 자세히 보면 그 학생의 대뇌 좌반구에 있는 영역이 오른손을 통제하고 있습니다. 대부분의 경우 몸의 한쪽에서 올라오는 정보를 반대쪽 대뇌 반구가 처리합니다.

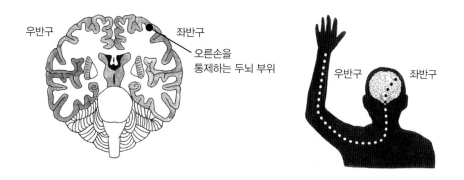

뇌량

대뇌 반구가 다른 점은 또 있습니다. 대뇌 우반구는 큰 그림을 봅니다. 즉 전체 맥락을 알아낼 수 있도록 도와주며 감정과 창의력에 대해 특화되어 있습니다. 대뇌 좌반구는 세부 지향적이고 분석적이며 대부분의 언어 기능과 추론 능력에 특화되어 있습니다. 대뇌 좌우 반구를 연결해주는 신경 섬유 다발인 뇌량(corpus callosum) 대뇌 좌우반구를 연결하는 거대한 신경 섬유 다발로서 약 1억 5천만개 정도의 뉴런 축삭이 교차한다. 은 좌우반구가 활동하면서 서로 협응하도록 돕습니다.

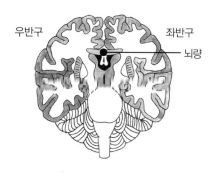

학생의 왼쪽 귀에 대고 말하면, 청각적 정보는 우선 대뇌 우반구로 들어가서 일차적으로 처리되었다가 뇌량을 따라 대뇌 좌반구로 건너가서야 언어적으로 분석됩니다. 그러나 학생의 오른쪽 귀에 대고 말하면 대뇌 좌반구에서 그대로 대부분의 정보를 처리하게 됩니다.

3. 주요 대뇌 영역

두뇌의 바깥쪽 표면 피질(cortex): 대뇌 반구에 있는 바깥 층으로서 상당히 융기되어 있다. 지각, 감정, 사고, 계획을 담당한다. 은 네 개의 주요 영역 즉 전두엽, 측두엽, 후두엽, 두정엽으로 구분됩니다.

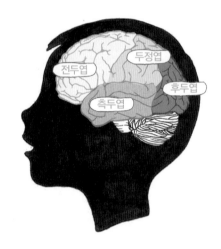

어떤 학생이 퍼즐이나 복잡한 수학 문제를 풀이할 때는 전두엽(*frontal lobe*)이 주로 활성화됩니다. 후두엽(*occipital lobe*)은 시각적 처리를 담당하여 학생이 단어나 문장을 볼 때 활성화됩니다. 측두엽(*temporal lobe*)은 청각적 처리에 관여하며 학생이 종소리나 바닥에 끌리는 의자 소리를 들을 때 활성화됩니다. 학생이 지시 사항이나 이야기를 들을 때에도 측두엽을 비롯한 여러 영역들이 활성화되죠. 언어에 특화된 대뇌 영역에 대해서는 앞으로 보다 상세히 살펴볼 것입니다.

대뇌 피질은 마치 언덕과 계곡처럼 생긴 주름이 아주 많이 잡혀 있습니다. 이 주름 패턴은 무작위로 배열된 것이 아닙니다. 대다수 사람의 대뇌 피질은 서로 매우 비슷한 주름 패턴을 가지고 있습니다.

4. 뉴런 네트워크

두뇌 소식을 특수한 용액으로 염색한 후 확대해서 관찰해보면 촘촘히 연결된 세포들의 패턴을 볼 수 있습니다. 뉴런(*neuron*) 중추 및 말초 신경계의 단위 세포 이라는 이 세포들은 서로 의사소통을 위해 사용되는 기다란 줄기를 가지고 있습니다. 뉴런은 수백개의 다른 뉴런과 정보를 주고 받기도 합니다.

이런 식으로 서로 연결된 뉴런 집단을 뉴런 네트워크라고 합니다. 뉴런 네트워크는 인간의 두뇌 속에서 언어를 비롯한 정보를 처리하지만, 관여하는 뉴런의 수가 매우 많기 때문에 맡은 일을 어떻게 해내는지는 정확히 알려져 있지 않습니다.

뉴런 네트워크

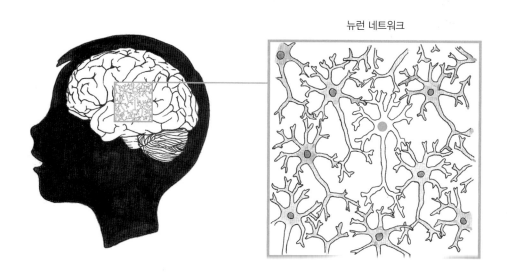

뉴런 네트워크를 이해하기 위해 과학자들은 종종 단순한 신경계를 가진 동물을 대상으로 연구합니다. 예를 들어 클리오네(*clione*)는 날개처럼 생긴 구조물 두 개를 움직여서 유영하는 작은 바다 연체동물입니다. 각 날개의 움직임을 통제하는 것은 단 두 개의 뉴런입니다. 하나는 위쪽 움직임을, 다른 뉴런은 아래쪽 움직임을 통제합니다. 뉴런이 서로 대화하는 것을 듣기 위해서는 특수한 장비와 기술이 필요합니다.

?
DID YOU
KNOW
바닷가재는 저녁거리만이 아닙니다. 과학자들에게 훌륭한 연구 대상이죠. 바닷가재의 복근은 뉴런 삼십 개 짜리로 된 비교적 단순한 뉴런 네트워크에 의해 통제되기 때문에 뉴런 네트워크를 더 잘 이해하기 위해 과학자들은 바닷가재 복근이 물결처럼 운동하는 것을 연구합니다.

뉴런

인체는 수많은 종류의 세포로 구성되어 있습니다. 간이 간세포로 이루어져 있듯 뇌는 뉴런으로 이루어집니다. 뉴런이 하는 일은 다른 세포들과 거의 흡사합니다. 먹이를 소화하여 에너지로 바꾸고 폐기물을 버리죠. 겉으로 보기에 뉴런과 뉴런 사이에 벌어지는 일도 단순합니다. 뉴런의 특정 부분에서 전기 신호가 발생하고 시냅스라는 부분에서 화학 신호 형태로 바뀌었다가 다시 다른 뉴런 속을 전기 신호로서 흐르는 것이죠.

다른 체세포들과 달리 뉴런은 대칭도 맞지 않고 모양도 독특합니다. 뉴런의 몸체 부분을 세포체(*soma*)라 하는데, soma는 그리스어로 '몸'을 의미하는 단어입니다. 축삭(*axon*) 뉴런 세포가 연장된 것으로서 정보를 주고받도록 전기 신호가 흐르는 길 과 수상돌기(*dendrite*)다른 뉴런으로부터 정보를 받을 수 있도록 뉴런 세포체에서 뻗어 나온 것 라고 불리는 길게 뻗어나온 부분은 두뇌의 곳곳에 위치하고 있는 다른 뉴런들과 접촉할 수 있도록 해줍니다. 특히 축삭은 도달하고자 하는 목적지에 있는 뉴런을 향해서 상당히 길게(2미터 정도까지도) 자랄 수 있습니다.

뉴런은 정보의 소통을 위해 특화되었습니다. 뉴런 내에서 발생한 전기 신호는 축삭을 따라 시속 3에서 300킬로미터의 속도로 전달됩니다. 이렇게 속도가 달라지는 데는 여러 가지 요인이 있겠지만 특히 축삭이 미엘린(*myelin*) 막으로 얼마나 잘 감싸여있는가에 따라 전기 신호 전달 속도가 최대 100배까지 달라질 수 있습니다. 물이 새는 호스에 흐르는 물의 수압은 떨어질 수 밖에 없고 긴 축삭을 따라 흐르는 전기 신호의 강도는 약해질 수 밖에 없습니다. 그래서 교세포(*glia cell*)의 일종인 슈반 세포(*Schwann cell*)가 마치 절연 테이프처럼 미엘린이라는 하얀 지방질 막으로 축삭을 둘둘 감아놓습니다.

얼핏 보기에 뉴런과 뉴런 사이의 정보 소통 방식은 매우 단순하지만 시냅스의 종류, 시냅스로 방출되는 신경전달물질의 종류, 수용체(*receptor*)의 종류, 각종 신경조절물질의 작용 등이 모두 개입하면 두뇌 속 뉴런들 간에 벌어지는 신호의 양상은 대단히 복잡 다단해집니다.[1]

사람들이 회백질(gray matter)에 대해서 말할 때 두뇌의 표피 부분을 언급하는 것이고, 이 부분은 뉴런의 세포체 위주로 구성되어 있습니다. 백질(white matter)은 주로 축삭으로 구성된 표피 아래쪽 영역을 말합니다. 백질에는 지방 성분인 미엘린 막으로 싸인 축삭들이 지나고 있기 때문에 하얗게 보이는 것입니다.

시냅스

뉴런은 시냅스(*synapse*) 두 뉴런 사이를 전기화학적으로 연결해주는 물리적 구조물 라는 정보 교환의 관문으로 특화된 부분을 통해 서로 대화합니다. 각각의 뉴런은 시냅스에서 신경전달물질(*neurotransmitter*) 다른 세포에 정보를 전달하기 위해 뉴런에서 방출되는 화학 물질 이라는 화학 물질을 상대방 뉴런에 매우 빠른 속도로 방출합니다. 얼마나 빠를까요? 시냅스 정보 전달 과정이 한 사이클을 도는 데 보통 1천분의 1초에서 500분의 1초밖에 걸리지 않습니다. 놀랍도록 효율적인 시냅스 덕분에 우리의 두뇌는 밤수리를 문제없이 처리할 수 있습니다.

....

1 박순(2010). 33쪽

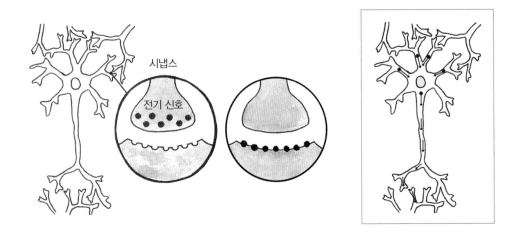

시냅스

전기 신호

시냅스는 두뇌가 스스로를 다변화하고 새로운 기술을 학습하는 근본적인 수단입니다. 개별 뉴런 자체는 변화가 없지만 시냅스는 끊임없이 변화하고 재조합되어 새로운 뉴런 네트워크와 새로운 행동 패턴이 발생하게 됩니다. 즉, 두뇌는 일생 동안 가소적(plastic)입니다.

시냅스는 일대일 회로에 그치지 않습니다. 어떤 경우 뉴런은 수백 개의 다른 뉴런들로부터 시냅스 입력을 받을 수 있습니다. 이러한 다중 입력을 통합하고 다중 목표 뉴런에게 출력을 발산하는 게 뉴런의 역할입니다. 수많은 수준의 신경 시스템에서 복잡한 의사 결정 과정을 거쳐야 하는 것이죠.

5. 가소성

기본적 두뇌 구조는 세월이 흘러도 바뀌지 않습니다. 해부학적인 주요 특징은 동일하죠. 태어날 때나 죽을 때나 인간의 두뇌는 두 개의 반구와 네 개의 주요 영역을 가진 울퉁불퉁한 표면으로 되어 있습니다. 날 때나 죽을 때나 뉴런의 기본적 구조는 똑같아서 모든 뉴런은 세포체, 축삭, 수상돌기를 갖고 있습니다.

그러나 출생부터 사망할 때까지 평생에 걸쳐 학습이 일어납니다. 두뇌는 학습의 중추이고 학습되는 것은 두뇌 구조 어딘가에 반영되어야 하리라고 추론하는 것이 논리적입니다. 다음 질문에 대한 답을 알 수 있겠습니까?

- 학생이 새로운 어휘를 배우면 마음 속 사전에 담게 됩니다. 어디일까요?
- 학생은 미래에 사용하기 위해 구구단표를 외운 다음 저장해야 합니다. 어디일까요?
- 어떤 성인이 프랑스어 연습을 그만두면 두 달 정도 지난 후 망각됩니다. 어디서요?

이 질문에 대한 답을 아직 분명하게는 모릅니다. 학습과 기억의 정확한 과정은 지금까지도 미제로 남아 있습니다. 그러나 시간이 흐르면서 변화하는 두뇌 구조 일부는 살펴볼 수 있습니다.

- 시냅스 효율성. 시간이 흐르면서 두 뉴런 사이의 시냅스는 강화될 수도 있고 약화될 수도 있습니다.
- 뉴런 표상(representation). 손가락 등의 인체 특정 부위에 상응하는 뉴런 집단은 경험이나 학습을 통해 확장하고 수축하거나 이동할 수 있습니다.
- 시냅스. 뉴런들은 서로 새로운 시냅스를 형성할 수 있고 기존의 시냅스가 사라질 수도 있습니다.

과학자들은 인간의 두뇌가 생애 최초 수개월 간만 엄청난 변화를 겪게 된다고 믿었던 적이 있습니다. 이 시기 동안에 실제로 광범위한 시냅스 활동이 벌어지지만 새로운 것들을 학습하면서 성인기에도 두뇌는 계속해서 변화한다는 것을 최근에야 알게 되었으며, 이것을 **두뇌 가소성**(brain plasticity) 뉴런 네트워크 연결을 변화시켜 재조정하고 재배선하는 뉴런 네트워크의 능력 이라 합니다. 그리고 대부분의 경우 성인 학습의 매개체는 언어입니다.

각 질문에 대한 답을 선택지에서 한 개 고르세요.

1. 주요 대뇌 영역에 속하는 것은?

   (a) 전두엽

   (b) 두정엽

   (c) 후두엽

   (d) 위 전부 다

2. 다음 중 살아있는 뇌에서 관찰할 수 있는 것으로 잘못된 것은?

   (a) 축삭과 수상돌기로 연결된 뉴런들

   (b) 그물같은 구조 속에 연결된 비대칭 몸체

   (c) 양분을 소화시키고 노폐물을 발산하는 뉴런들

   (d) 표피의 백질(*white matter*)과 그 아래의 회백질(*gray matter*)

3. 다음 중 뉴런 네트워크에 대해 알려진 것으로 적절한 것은?

   (a) 뉴런은 종종 수백 개의 입력을 처리해야 한다.

   (b) 각 뉴런은 한두 개의 뉴런과만 동시에 연결된다.

   (c) 각각의 뉴런 네트워크에 정확히 1백개의 뉴런이 있다.

   (d) 과학자들은 언어를 처리하는 뉴런 네트워크를 분리해냈다.

4. 다음 중 시냅스를 가장 잘 묘사한 것은?

   (a) 뉴런을 지탱해주는 필수 구조물

   (b) 뉴런에서 특화된 의사소통 통로

   (c) 뉴런에서 특화된 고정 구조물

   (d) 뉴런을 위해 필수적인 화학적 장벽

5. 다음 중 대뇌 좌반구가 보통 우세성을 보이는 행동 특성은?

(a) 감정

(b) 언어

(c) 기억

(d) 창의성

6. 다음 중 잘못된 것은?

(a) 대뇌는 좌우 두 개 반구로 구분된다.

(b) 시냅스는 뉴런 사이의 신속한 신호 전달을 위해 이용된다.

(c) 출생 시 형성된 뉴런 네트워크의 모습은 세월이 흘러도 거의 변하지 않는다.

(d) 대뇌의 바깥쪽 표피는 전두엽, 측두엽, 후두엽, 두정엽의 주요 영역들로 구성된다.

7. 다음 중 두뇌가 새로운 기술을 익히는 방법으로 적절한 것은?

(a) 뉴런네트워크를 재조합한 시냅스 연결을 새로 만들어서

(b) 시들어버린 부위 대신 새로운 부위를 발육시켜서

(c) 세로토닌(*serotonin*) 분비를 효과적으로 조절해서

(d) 새로운 정보를 뇌량(*corpus callosum*) 부위를 통해 통합시켜서

정답 : d, d, a, b, c, a

7. 나가며

두뇌에 관해 가장 기초적인 정보를 배웠습니다. 제 2강에서 두뇌의 역량이 발달하는 다양한 방법 및 환경과의 상호작용에 대해 알아보겠습니다. 제 3강에서는 두뇌에 관한 지식이 교실 현장에서 어떻게 응용될 수 있는지를 살펴보겠습니다.

제 2 강

두뇌의 성장

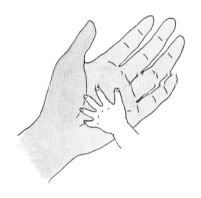

두뇌는 어떻게 성장할까? 나무와 뉴런이 닮은 점은?
뉴런의 축삭을 따라 흐르는 전기가 새지 않게 해주는 기적의 미엘린화란?
환경인가 유전인가?

1. 들어가며

부모들이 변화에 대비하기도 전에 이미 아이들은 태어나자마자 발달 과정에 돌입해버립니다. 아이가 자라면서 몸 속의 장기들도 자라죠. 간, 췌장, 위, 심장, 폐와 함께 두뇌도 커집니다. **출생할 때부터 성년기까지 인간 두뇌의 크기는 네 배로 커집니다.** 대부분의 인체 장기는 새로운 세포가 생겨나면서 자라지만 두뇌의 경우에는 상황이 좀 다르죠. 물론 새로운 세포가 생겨나기도 하지만, 기존의 뇌세포 자체나 그 주변이 자라나는 것이 두뇌 성장에 있어 가장 큰 비중을 차지합니다.

이게 무슨 의미일까요? 성숙한 인간의 두뇌에는 약 1,000억 개의 신경 세포, 즉 뉴런이 들어있습니다. 뉴런이 받고 있는 기본적인 임무는 다른 뉴런들께 신호를 교환하여 정보가 한 쪽에서 다른 쪽으로 이동하도록 만드는 일입니다. 이렇게 정보를 보내고 받아들이는 과정을 통해 두뇌는 칠판에 있는 글자를 공책에 베끼거나 수학 문제를 푸는 것과 같은 정

31 ••

두뇌의 이해 제1부

신 활동을 해냅니다. 어떻게 이런 조화가 생기는지는 아직 정확히 알지 못하지만, 뉴런이 제 임무를 보다 빠르고 보다 효율적으로 해내는 데 도움이 되도록 두뇌가 이미 존재하는 뉴런에 대해 엄청난 투자를 한다는 점은 분명합니다.

<sub>WHAT
YOU WILL
LEARN</sub> 이번 강의에서 배울 것들

- 두뇌 용량이 증가하는 주요 과정
- 수상돌기 분지(dendritic branching)와 미엘린화(myelination)의 정의
- 풍부한 환경 요인에 대한 선행 연구

8. 싹이 나는 수상돌기

사과나무에 가지가 돋는 것을 상상해보세요. 어떤 가지들은 더 많은 가지로 갈라져 자라나 새로운 겹이나 수준의 가지들이 생겨납니다. 두 번째 수준의 가지들은 또 싹을 틔워서 세 번째 수준의 가지가 돋아나기도 하죠. 이런 식으로 자라나며 나뭇잎이 더 많이 생기면 광합성(photosynthesis) 녹색 식물을 비롯한 유기체가 빛 에너지를 화학 에너지로 변환하는 과정 과정을 통해 더 많은 햇볕을 흡수할 수 있으며 그 결과 더 많은 사과가 열리게 됩니다.

수상돌기(dendrite) 뉴런 세포체(cell body)로부터 가지처럼 뻗어나간 것으로서 다른 뉴런으로부터 정보를 받아들인다 도 마찬가지입니다. 수상돌기가 싹을 틔우면 뉴런의 정보 소통 능력이 좋아집니다. 다른 뉴런(neuron) 중추 및 말초 신경계에 있는 단위 세포 과 정보를 소통하는 것이 뉴런이 하는 기본적인 임무임을 기억해야 합니다. 수상돌기가 담당한 일은 다른 뉴런으로부터 정보를 받아들이는 것입니다.

아래 그림에 정보를 받아들이고 내보내며 새로운 가지가 돋아나는 뉴런의 모습이 묘사되어 있습니다.

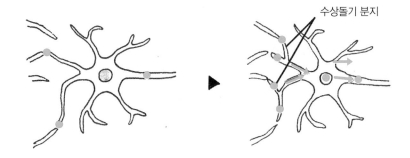

수상돌기 분지

수상돌기에 더 많은 가지들이 생겨날수록 뉴런은 더 많은 정보를 받아들일 수 있습니다. 어떤 뉴런은 동시에 수백개의 다른 뉴런으로부터 정보를 받습니다. 뉴런의 크기는 아주 작지만 기능적인 관점에서 볼 때 그 표면적은 대단히 광활합니다!

발달하는 아이의 두뇌에서 수상돌기에 가지가 돋는다는 것의 의의는 무엇일까요? 여러 가지 기술이 발달한다는 뜻이지만, 특히 언어를 학습할 수 있게 된다는 의미를 갖습니다.

3. 연결하기

갓 태어난 아기의 두뇌 속에는 이미 많은 뉴런이 들어있으며 수상돌기와 축삭을 갖추고 있죠. 아기가 막 태어났을 때 수상돌기에는 1단계 또는 2단계 수준의 가지만 돋아나있기 때문에 아직은 그다지 풍성한 나무 같은 모습이 아닙니다. 즉, 뉴런은 혼자서 자기 임무는 잘 수행하더라도 뉴런 상호 간의 정보 소통 능력은 충분히 갖추고 있지 않았다는 말입니다. 그러므로 막 태어난 아기는 생존을 위해 미리 '설치된' 기술은 몇 개 있어도 여러 가지 세련된 능력을 발휘하지 못하는 게 당연합니다.

몇 달이 지나면서 아기의 행동에 많은 변화가 나타나게 됩니다. 그 중 하나는 언어 실험입니다. 보통 난 지 다섯 달에서 일곱 달 정도 사이에 "그르르," "프으으," "아아아!" 같은 옹알이를 시작합니다. 일곱 달에서 여덟 달 사이에는 흥미롭게도 전이 표현(transitions)을 사용하거나 옹알거리며 음절을 말하기도 하는데 부모들은 아이들이 내는 소리 음절이 어떤 의미인가 궁리하면서 즐거워하곤 합니다. 대략 한 살쯤이면 아기는 "안녕," "응," "아냐"와 같은 단어를 말하기 시작하며 18개월 정도가 되면 "아빠, 가"와 같이 단어를 연속적으로 이어서 말하기도 합니다.

이렇듯 경이로운 속도로 언어 기술이 발달하는 현상은 수상돌기의 발아와 발맞추어 일어납니다. 생애 최초 18개월 동안 아기의 머릿속 언어 영역 내에 있는 수상돌기가 풍성하게 싹을 틔우죠. 수상돌기가 풍성해지면서 아기는 말소리를 분석하고 의미를 이해 할 수 있는 복잡한 기반 시스템을 갖추게 됩니다.

아이가 새롭게 언어 기술을 갖는 데 있어서 수상돌기가 중대한 역할을 맡는다는 것이 분명하지만, 수상돌기가 그냥 당연히 발달하는 것이 아닙니다. 수많은 증거에 따르면 이러한 두뇌 성장에 있어서 **환경**(environment)이 심대한 영향력을 행사합니다. 어째서 일까요? 계속 알아봅시다.

IMAGINE 당신은 중국어가 모국어인 학생이 대부분인 어떤 학교 교사입니다. 당신은 그 지역의 제2언어 학습자 프로그램을 개선할 방법을 모색하고 있습니다. 영어처럼, 성조 언어(tonal language)가 아닌 언어를 구사하는 사람들은 주로 음조(tone)를 감정의 전달이나 강조의 목적으로 사용하며 주로 대뇌 우반구에서 처리합니다. 중국어 같은 성조 언어를 구사하는 이들은 뜻이나 음조 차이 이외엔 똑같은 단어를 구별하기 위해 음조를 사용합니다. 중국어 화자들은 음조를 처리하기 위해 대뇌의 우반구를 사용할까요, 아니면 좌반구를 사용할까요? 성조 언어를 사용하는 사람들을 돕기 위해 어떤 교실 내 활동을 도입할 수 있을까요?

4. 환경과 두뇌의 발달

풍요로운 환경

1940년대와 50년대에 캐나다에서 활동한 총명한 뇌 과학자였던 도널드 헵(*Donald Hebb*)은 자기 가족과 함께 사는 집에 쥐들이 마음대로 돌아다니게 했답니다. 얼마 뒤, 헵은 실험실의 쥐들보다 자기 집에 사는 쥐들이 보다 활발하고 영리하다는 사실에 주목하게 됩니다. 이러한 생각이 맞는지확인하기 위해 자기 집에서 살던 "홈스쿨 출신" 쥐들을 실험실로 가져가서 미로 속에 넣어 보았더니 그 쥐들이 실험실에서 자란 쥐들보다 훨씬 빠르고 능숙하게 미로를 빠져 나갔습니다.

이러한 관찰을 통해 헵은 우리 주변의 환경이 우리 행동과 기술에 영향을 미친다는 단순하면서도 중대한 개념을 제안했죠. 기어 올라갈 선반, 기어 들어갈 탁자, 가지고 놀 장난감, 찾아갈 수많은 방 등 자극이 풍성한 환경 속에서 성장한 쥐들은 먹이 그릇에 물통만 달랑 있는 단순한 환경 속에서 산 실험실 쥐들에 비해 월등한 공간인지능력을 보였습니다.

물론 우리 아이들이 쥐와 똑같은 존재는 아니지만 뭔가 공통점이 있죠. 바로 수상돌기입니다. 쥐의 두뇌 속에 있는 수상돌기들은 사람의 머릿속에 있는 것과 똑같이 가지를 생성합니다. 수년간 헵의 연구에 이어 진행된 연구 결과들을 보면

일단 쥐를 자극이 풍부한 환경에 노출시키면 쥐의 두뇌가 실제로 물리적인 변화를 겪게 됩니다. 수상돌기 가지가 더 무성하게 돋아나고 피질이 상당히 두꺼워집니다. 쥐나 사람의 경우에도 마찬가지로 **풍성한 자극에 노출된 두뇌는 무미건조한 환경 속에 있던 두뇌와 양적으로는 물론 질적으로도 다르게 자라납니다!**

환경 자극이 풍성하다고 해도 그저 바라만 보고 있으면 별 효과가 없습니다. 그 속에서 탐구하고 상호작용해야만 하죠. 연구 결과에 따르면 다른 쥐들이 장난감을 갖고 노는 것을 지켜보기만 한 쥐는 행동이 재빠르지도 않고 피질이 두텁지도 않답니다. 자극이 풍성한 환경속에서 직접 열심히 몸으로 움직인 쥐들만이 변화를 보입니다.

쥐의 피질을 조사해본 교사는 거의 없겠지만 자극이 풍부하게 제공되는 환경을 만들어 주는 것이 중요하다는 것을 대부분의 교사들이 이미 알고 있습니다. 새 학기가 시작되면 열정적인 교사들은 각자의 방식대로 탐구할 물건들과 생각해볼 개념 등을 내놓아 교실을 신나고 흥미진진한 공간으로 바꿉니다. 그러한 환경이 인간의 두뇌에 어떻게 영향을 미칠 까요? 이어지는 내용에서 그 원리를 알아봅시다.

NOTE

도널드 헵에 대한 다음 글을 읽어보기 바랍니다.

도널드 헵(Donald Hebb, 1904-1985)

캐나다의 노바 스코샤 주, 체스터에서 태어난 도널드 헵은 소설가 지망생으로서 사회생활을 시작하였으며, 훌륭한 소설가가 되기 위해 심리학을 공부해야겠다고 결심하였다. 이후 헵은 수십 년에 걸쳐 심리학 연구에 매진하였으며 하버드대학교에서 1936년에 박사 학위를 받았고 당대 최고의 심리학자 중 한 명이 되었다.

두뇌와 행동의 관계성에 관한 헵의 연구를 통해 세포군(cell assembly)이라고 불리는 신경 구조가 피드백 순환 회로 작용으로 생성됨이 밝혀졌다. 간단히 말하자면, 어떤 행동을 수행하도록 동일한 명령을 반복적으로 받은 뉴런은 시간이 지나면서 그 행동을 보다 효율적으로 수행하도록 변화하거나 학습한다는 사실이 드러난 것이다. 다시 말해, 두뇌는 경험하는 대로 스스로의 반응을 개량하고 조정한다. 헵의 연구 성과를 집대성한 저서 『조직행태론(The Organization of Behavior)』(1949)은 이제 현대 뇌 과학계에서 기념비적 성과 중 하나가 되었다.

헵이 주장한 세포군 이론은 성인의 지능에 초기 환경이 미치는 영향에 대한 실험의 근간이 되었다. 헵은 캐나다 몬트리올에 있는 맥길대학교에서 주로 연구했다.

풍요로운 정신

쥐를 대상으로 한 연구를 보고 나면 환경이 아이의 두뇌 구조에 어떻게 영향을 미칠 수 있는지에 대한 의문이 분명히 생길 것입니다. 두뇌 피질은 환경에 반응하여 두꺼워질까요? 수상돌기에서 더 많은 가지가 자라날까요? 연구 결과에 따르면 그렇다고 합니다!

과학자들은 **베르니케 영역**(*Wernicke's area*)이라는 인간 두뇌 피질의 일부를 조사하는 연구를 시행하였습니다. 대뇌 좌반구에 자리잡은 베르니케 영역은 말과 언어를 처리하는 데 관여합니다. 소란한 점심 급식실에서든 조용한 강연장에서든 누군가가 말하는 것을 들을 때 우리는 모두 베르니케 영역을 동원합니다. 과학자들은 다양한 교육 배경을 갖고 있는 다수의 피험자들을 부검하여 베르니케 영역의 뇌 조직을 수집하였습니다. 과학자들은 피험자의 교육 수준이 높을수록 더 많은 수상돌기가 4수준, 5수준, 6수준까지 돋아났음을 발견했습니다.

아래 그림에는 대뇌 좌반구 베르니케 영역이 일반적으로 위치하고 있는 부위가 나와 있습니다. 베르니케 영역은 의미와 언어를 연결해주는 곳이죠. 물론 피험자들의 교육 경험에서 어떤 부분이 특히 중요한 역할을 하는지는 정확히 알지 못합니다. 어떤 사람들은 날 때부터 보다 무성한 수상돌기들을 갖고 태어날 수도 있습니다. 하지만 더 많은 증거들을 살펴보면 두뇌 발달에 있어서 환경이 결정적인 역할을 한다는 사실에 무게가 실립니다.

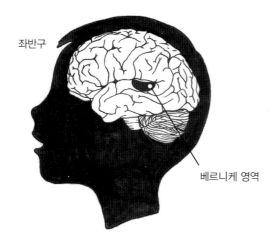

좌반구

베르니케 영역

베르니케 영역
좌반구에 위치하며 의미와 언어를
연결시켜주는 역할을 담당하나

베르니케 영역에 대한 다음 글을 읽어보기 바랍니다.

베르니케 영역(Wernicke's Area)

두뇌에서 언어가 어떻게 작동하는지에 대한 정보 대부분은 언어 장애에 대한 연구에서 얻는다. 보통 뇌졸중이나 머리 부상으로 인해 발생하는 언어 장애를 실어증(aphasia)이라 한다. 실어증 연구의 선구자 두 명은 프랑스의 신경외과 의사 폴 브로카(Paul Broca)와 폴란드계 독일인 신경과 의사 칼 베르니케(Carl Wernicke)이다.

베르니케 영역은 단어의 소리를 의미와 연결해주는 영역이다. 1874년에 칼 베르니케는 유창하지만 무의미한 언어를 구사하고 언어 이해력 결손을 특징으로 하는 장애를 묘사하였는데, 이를 베르니케 실어증이라 한다. 베르니케 실어증은 대뇌 좌반구 측두엽에 있는 베르니케 영역을 포함한 여타 뇌 부위의 손상으로 인해 발생한다.

베르니케 실어증 환자들은 정상 속도로 별로 힘들이지 않고 말하지만 단어 및 음소 선택에 오류가 있으며 개별 소리 및 연속 소리 순서를 뒤바꿔 말하기 때문에 이해할 수 없는 말을 한다. 베르니케 실어증에 걸리면 정확한 단어를 선택하고 다른 사람의 말을 이해하고 글을 읽는 데 있어 어려움을 겪게 된다.

캘리포니아주립대학교 버클리캠퍼스(UC Berkeley)의 신경해부학 교수인 매리언 다이아몬드(Marian Diamond)는 쥐의 두뇌와 환경 사이의 관계를 평생 연구해왔습니다. 매리언은 자기 연구가 아동 교육에 대해 직접적인 시사점을 갖고 있다고 믿습니다. 『뇌 과학이 밝혀낸 두뇌 성장의 비밀(Magic Trees of the Mind)』에서 매리언과 공저자 자넷 홉슨(Janet Hopson)은 뇌 과학 연구를 교육 원리와 접목시키려 하면서 다음과 같이 말했습니다.

"성인의 수상돌기가 교육, 직업, 취미에 대해 반응을 보인다면, 그리고 어린 쥐가 보다 많은 자극을 받고서 더 두꺼운 뇌 조직을 만들어 낸다면, 어린이의 수상돌기도 풍성한 환경 속에서 자극을 받을 때 훨씬 더 번성하리라고 예상하는 것이 논리적일 것이다."

NOTE

매리언 다이아몬드 박사에 대한 다음 글을 읽어보기 바랍니다.

매리언 다이아몬드(Marian C. Diamond) 박사

다이아몬드 박사의 연구는 신경해부학, 환경, 면역 기능 및 호르몬 영역을 망라한다. 대뇌 신피질에 외부 환경, 노화, 그리고 면역 반응이 미치는 영향에 대해 특히 깊은 관심을 갖고 있다.

• 연구 활동

다이아몬드 박사의 연구는 자극을 강화하거나 감소시키는 것과 같은 다른 종류의 환경적 투입으로 인해 쥐의 대뇌 피질 및 행동이 변화될 수 있음을 밝혀 냈다. 출생 전부터, 사람으로 치면 90세 노인에 해당하는 극도로 노쇠한 나이에 이르기까지 어떤 연령대에서건 자극이 강화된 환경이 대뇌 피질의 세포 구조 자체를 변화시킨다는 것이 연구 결과 드러났다. 4일간 자극을 강화시키면 통계적으로 유의미한 성장이 유도되었다. 마찬가지로 4일간 자극을 줄이면 대뇌 피질 발달에 있어 통계적으로 유의미한 감소가 발생했다.

• 뇌 해부학, 긍정적 사고와 건강

다이아몬드 박사가 시행한 7년간의 연구에서, 출생부터 노년까지 암컷 및 수컷 쥐가 실험실에서 일생을 보내는 동안 대뇌 피질이 어떻게 해부학적으로 변화하는지 밝혀졌다. 또 하나의 독창적 발견으로는 면역 시스템 상의 CD4 세포(면역촉진세포)와 대뇌 피질 전두엽 사이에 특별한 상관관계가 있음을 밝혀낸 것인데, 이것은 긍정적 사고와 건강이 서로 연계되어 있음을 시사한다.

• 진행 중인 연구

다이아몬드 박사는 자극 강화 연구에서 발견된 사실을 빈곤한 고아 아동들에게 직접적인 혜택을 주기 위해 활용하고 있다. 자극 강화 실현(Enrichment in Action)이라는 최근의 프로젝트에서 다이아몬드 박사는 캄보디아 아동들에게 비타민 보조제, 영어 및 컴퓨터 강좌를 제공하고 사회적으로 아이들을 더 포용적으로 받아들일 수 있는 문화 조성을 위해 노력하고 있다. 프로젝트의 목적은 아이들이 더 건강하고 생산적인 삶을 살아갈 기회를 증진시키는 것이다.

5. 미엘린

현대 문명은 이메일이나 휴대전화 같은 수많은 기술 혁신을 창출해왔고 대부분은 더 빠르게 더 많은 지역에서 더 많은 사람들과 동시에 의사소통을 할 수 있도록 해주었습니다. 이러한 신기술은 인공위성, 초고속 통신 라인에 의존하기 때문에 대규모의 기반시설 투자를 요구합니다.

두뇌도 통신 기반시설에 투자합니다. **미엘린 막**(*myelin sheath*)은 그런 구조물 중 하나로서 뉴런이 정보를 보다 빠르고 효율적으로 전달할 수 있도록 도와주는 절연 물질입니다. 미엘린 막은 자연 상태에서 발견할 수 있는 최상의 절연체입니다. 축삭은 정보를 보내고, 수상돌기는 정보를 받아들인다고 배웠죠? 미엘린은 뉴런의 축삭 주변을 감싸서 전기 신호가 축삭 전체를 따라 빠르게 전도될 수 있도록 도와주는 보호 피막을 만듭니다. 이렇게 되면 축삭을 따라 흐르는 전기 신호의 전달 속도를 최대 100배까지 향상시켜 전체적인 정보 처리 능력을 3,000배 정도까지 증강시킬 수 있다고 합니다.[2]

다음 그림에 뉴런의 축삭 주변을 감싸고 있는 미엘린이 나와 있습니다.

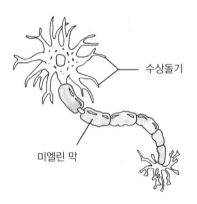

신생아 두뇌에서 호흡이나 배고픔을 느끼는 것처럼 생존을 위해 필수적인 부분은 실제 처음부터 미엘린 막이 형성되어 있습니다. 하지만 다른 대부분은 그렇지 않죠. **미엘린화** (*myelination*) 과정은 매우 서서히 진행되며 아이가 발달하는 동안 두뇌의 각 부분에서 다른 시간대에 일어납니다. 미엘린화 과정을 면밀히 살펴보면 아이가 어떤 종류의 학습을 위

2 박순(2010), 30쪽

해 준비가 되어있는지를 알아낼 수 있습니다.

뉴런만이 뇌세포인 게 아닙니다. 교세포에 대해 읽어봅시다.

교세포(Glia Cells)

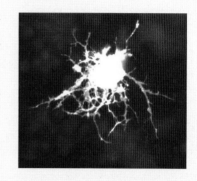

뉴런이야말로 두뇌가 돌아갈 수 있도록 하는 일등 공신이라고 할 만하지만, 교세포라고 하는 뇌세포도 최근 주목을 받기 시작하고 있다. 교세포는 뉴런보다 열 배 정도 더 많다. 두뇌의 90퍼센트는 교세포로 되어 있다는 말이다.

오랜 세월 동안 교세포의 주요 임무는 뉴런에 영양을 공급해주는 것이라고 여겨졌다. 교세포는 뉴런 주변을 테이프처럼 감싸서 뉴런에서 발생하는 전기적 활동을 돕는 물질인 미엘린을 생성한다.

그러나 새로운 연구 결과 교세포의 다른 역할들을 알게 되었다. 교세포의 일종인 성상세포(astrocytes)는 두뇌 속의 칼슘 농도를 조절하고 두뇌 신경전달물질인 글루타메이트(glutamate)에도 영향력을 행사할 수 있다. 칼슘과 글루타메이트는 뉴런과 뉴런이 서로 정보를 교환할 수 있도록 만들어주는 데 있어 핵심적인 물질이다.

다발성 경화증(multiple sclerosis)은 미엘린이 파괴되어 생기는 병입니다. 다발성 경화증 환자의 두뇌에 있는 미엘린은 보통 10대 후반에 붕괴하기 시작하여 계속 진행됩니다. 다발성 경화증의 정확한 원인은 아직 알려지지 않았지만 다발성 경화증 발병에 대한 일반적인 통설은 침투한 바이러스와 두뇌 속의 미엘린을 구별하지 못하고 면역계가 항체를 생성하여 공격하기 때문이라고 합니다. 이렇게 미엘린이 붕괴되면 신경 활동에 오류가 생겨 경련, 근위축증, 마비가 일어납니다.

6. 신생아

지금 막 태어난 아기가 스스로 할 수 있는 일은 거의 없습니다. 어른이 먹이고 씻기고 안아주며 돌보지 않으면 아기는 생존할 가망이 없습니다. 하지만 아무리 엄마, 아빠가 온 정성을 다 기울여도 모든 것을 다 해줄 수는 없는 법입니다. 부모가 아기 대신 숨을 쉬어 줄 수도 없고 체온을 조절해줄 수도 없으며 심장이 뛰도록 하거나 젖을 빠는 법을 가르쳐 줄 수도 없습니다. 눈과 귀를 어떻게 사용해야 하는지 가르칠 수도 없죠. 천만다행이게도 아기들은 태어나자마자 모든 일들을 이미 할 줄 압니다. 어떻게 그럴까요?

생존에 필수적인 기술을 담당하는 두뇌 영역들 뇌간(*brain stem*) 전뇌(forebrain)가 척수 및 말초 신경과 신호를 교환하는 주요 경로로서, 특히 호흡 및 심장 박동수 조절을 통제한다. 및 장기, 팔다리, 얼굴에 연결된 주요 신 경들은 아기가 엄마의 자궁 속에 있는 동안 미엘린(*myelin*) 일부 뉴런의 축삭을 감싸는 유리질의 흰색 막. 미 엘린은 절연체 역할을 하며 신경 신호가 더 빠르게 더 먼 거리까지 이동할 수 있도록 한다. 화됩니다. 미엘린화 덕분에 이 러한 두뇌 영역에 있는 축삭들이 가능한 한 신속하게 정보를 전달할 수 있으며, 아기의 두 뇌는 생존을 위해 필수적인 기능을 자동적으로 수행하게 되는 것입니다. 아래 그림에는 아기의 두뇌 속에서 벌어지는 미엘린화를 통해 생존을 위한 기본적 기능이 어떻게 적절 히 조절되는지가 나타나 있습니다.

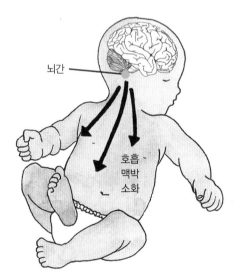

뇌간

호흡
맥박
소화

신생아와 미엘린화
아기의 뇌간 부위가 미엘린화되면
생존을 위해 필수적인 신체 기능
조절에 대한 고도의 정확도와
신뢰도를 확보할 수 있다.

미엘린은 어떤 아이가 발달하면서 특정 시점에 자동적으로 수행해야만 하는 기술에 대한 두뇌의 예정표를 따라 성장해갑니다. 출생 시에 요구되는 기술은 꽤 제한적이죠. 하지만 아이가 배워야 하는 모든 것들을 잠시 생각해봅시다. 예를 들어, 세 살 바기 아이는 별로 어렵지 않게 주스나 과자를 달라고 합니다. 열두 살 먹은 아이는 만일 반장이 되면 어떤 일을 할 것인지에 관한 공약을 세워서 발표할 수도 있습니다. 이러한 능력들 중 일부는 관련 두뇌 영역의 미엘린화와 나란히 발달하게 됩니다.

7. 유아기에서 청소년기로

대략 두 살 정도가 되면 아이는 온갖 새로운 능력을 꽃피웁니다. 말을 시작할 뿐만 아니라 걷고, 달리고, 점프하고, 사물을 점점 더 능숙하게 다룹니다. 벌렁 누워서 발만 바둥거리던 아기가 조화롭게 몸을 놀릴 줄 아는 젊은이로 자라나는 것은 두뇌가 새롭게 미엘린화되는 것과 발맞추어 일어납니다. 이러한 성장기에 특히 신체 운동 능력을 조절하는 소뇌(*cerebellum*) 후두부에 위치하는 거대 두뇌 구조물. 교(pons), 연수, 척수 및 시상(thalamus)에 연결되어 있으며 신체의 움직임 및 운동 학습 일부를 관장한다. 와 중뇌(*midbrain*) 전뇌(forebrain)와 후뇌(hindbrain)를 연결하는 부위로 뇌척수관(cerebral aqueduct)이 들어있다. 속에 있는 축삭들이 미엘린 보호막으로 뒤덮이게 됩니다. 두뇌가 발달하면서 뉴런이 미엘린화되는 것은 운동 협응 능력 발달에 중대한 영향을 미칩니다.

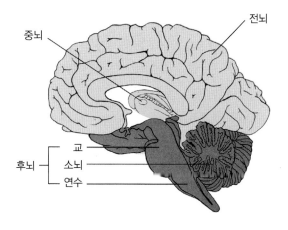

거의 모든 아이들에게서 발달하는 운동 능력인 걷기를 생각해봅시다. 처음에 아기는 어른이 팔을 잡아주는 동안 몇 걸음 떼는 것부터 시작하여 혼자 간신히 몇 발짝씩 걷다가 상당한 거리를 혼자 걸을 수 있을 정도의 신체 협응 능력을 습득해냅니다. 이렇게 힘들여 걷기를 배우지만 일단 능숙한 단계에 오르게 되면 걷기에 대해 더 이상 생각할 필요가 없습니다. 걷는 법을 원래부터 알고 있었던 듯, 평생 동안 걷기 기술을 사용합니다. 노년이 되거나 부상을 당해 불편을 겪게 되지 않는 이상 어떻게 걷는지에 대해 생각하지 않습니다.

미엘린화 덕분에 아이가 특정 기술을 습득하는지, 아니면 특정 기술을 습득한 덕분에 미엘린화가 일어나는지 과학자들은 아직 알지 못합니다. 그러나 두 과정은 아주 긴밀하게 연관된 것으로 보입니다. 추상적 사고나 기억력처럼 정신이 수행할 수 있는 가장 복잡한 인지 능력을 관장하는 두뇌 부위는 가장 나중에 미엘린화됩니다. 예를 들어, 기억의 저장고인 해마(*hippocampus*) 두뇌의 중심부에 위치한 피질 구조물로서 기억 형성에 핵심적인 역할을 수행한다. 자른 단면이 바닷속 생물인 해마(seahorse)와 닮았기 때문에 붙여진 이름이다. 와 고차원적 사고 능력의 장인 대뇌 피질(*cerebral cortex*) 대뇌 양반구 가장 바깥쪽의 매우 도드라진 층. 지각, 감정, 사고 및 계획을 담당한다. 에 있는 축삭에 미엘린막이 씌워지려면 10년 이상이 걸릴 수 있습니다. 그래서 아주 어린 아이들은 추상적 개념과 연상을 해낼 수 없는 것 같습니다. 또한 대뇌 전두엽에 있는 축삭이 미엘린화되기 위해서는 18년에서 20년이 걸립니다. 이 나이가 되어야 아이들은 드디어 남을 배려하여 행동을 억제할 줄 알고 성숙한 판단 능력을 갖추게 됩니다.

미엘린화는 왜 이렇게 서서히 느리게 진행되는 것일까요? 유치원생이 미래에 대해 추론하고 고등학교 1학년생이 수업을 빼먹는 것이 가져올 결과를 이해할 수 있다면 삶이 더 쉬워지지 않을까요? 태어날 때부터 모든 축삭에 미엘린막이 씌워져 있지 않은 이유는 무엇일까요?

그 이유는 미엘린이 상당한 용적을 차지하기 때문입니다. 두뇌의 부피가 출생 후에 네 배로 커진다고 했지요? 미엘린은 이렇게 커지는 부피 중 상당 부분을 차지합니다. 만일 아기가 태어날 때부터 두뇌가 다 자란 채라면 도저히 엄마의 산도(*birth canal*)를 통과하지 못할 것입니다. 그래서 자연의 섭리는 우리의 두뇌가 생존을 위한 최소한도의 능력만 갖고 태어나도록 하였습니다. 일단 탄생 후에 두뇌는 각자의 환경 속에서 경험하는 바에 따라 섬세하게 재조직됩니다. 아이가 서울 시내 한복판에서 태어나든 저 멀리 북극 동토에서 태어나든 그 환경에 적응할 수 있도록 미엘린화가 진행되는 것이죠. 우리는 다음 강에서 두뇌의 부피가 더 커지지 않더라도 어떻게 두뇌가 스스로를 세밀하게 재조직화하는지에 대해 배울 것입니다.

IMAGINE 캘리포니아주립대학교 데이비스캠퍼스에서 연구하는 리차드 코스(Richard Coss)는 "동물은 필요한 만큼만 똑똑하다"라고 말했습니다. 방금 미엘린화에 대해 배운 내용에 비추어 이 말이 어떤 의미를 갖는지를 설명해보세요.

각 질문에 대한 답을 선택지에서 한 개 고르세요.

1. 다음 중 두뇌의 발달에 대한 진술로 적절한 것은?

(a) 대뇌의 모든 부위의 발달 속도는 똑같다.

(b) 두뇌의 크기는 출생 시부터 성년기까지 똑같다.

(c) 각 뉴런의 정보 전달 능력은 갈수록 더 좋아질 수 있다.

(d) 신경 세포의 숫자는 늘어나지만 시간이 지나면서 수행 능력이 발전하지는 않는다.

2. 다음 중 두 살바기 아이의 신체 협응 능력이 좋아지는 것과 관련된 것은?

(a) 지루한 환경으로 인한 권태감

(b) 두뇌 운동 영역 내 축삭에 수상돌기가 생기는 것

(c) 두뇌 언어 영역 내 수상돌기에 더 많은 가지가 생기는 것

(d) 운동 기능을 관장하는 두뇌 부위에 미엘린막이 형성되는 것

3. 다음 중 수상돌기에 대한 진술로 적절한 것은?

(a) 축삭을 절연시키는 물질이다.

(b) 다른 종류의 두뇌 세포에 정보를 보낸다.

(c) 다른 뉴런들로부터 정보를 받는 부위이다.

(d) 대부분의 수상돌기에는 태어날 때부터 가지가 매우 많이 돋아있다.

4. 다음 진술 중 틀린 것은?

(a) 충동 조절은 전두엽 축삭이 미엘린화되는 것과 관련된다.

(b) 미엘린은 신경의 정보 처리 속도를 늦추어 정확도를 높인다.

(c) 미엘린화는 아이가 다른 종류의 학습을 할 준비를 갖출 수 있게 한다.

(d) 두뇌의 언어 중추에는 탄생 후 최초 18개월 동안 수상돌기 가지가 풍성히 생겨난다.

5. 다음 중 아이의 발달과 관련된 것은?

   (a) 환경 속에서의 경험

   (b) 두뇌 미엘린의 순차적 발달

   (c) 두뇌 정보 처리 능력의 향상

   (d) 위 전부 다

6. 다음 중 미엘린화에 대해서 맞는 것은?

   (a) 미엘린화 현상은 수상돌기에서만 관찰된다.

   (b) 어떤 기술에 숙달된 후에야 미엘린 막이 형성된다.

   (c) 미엘린화를 통해 생존을 위해 필수적인 기술에만 숙달될 수 있다.

   (d) 복잡한 사고 능력을 관장하는 두뇌 부위는 가장 늦게 미엘린화된다.

정답: c, d, b, c, d, d

9. 나가며

두뇌 발달에 대한 강의가 끝났습니다. 이제 다음 강을 통해 두뇌 속의 시냅스 연결을 유도하는 조직 원리에 대해 배울 것입니다. 제 3강에서는 교육에 있어서 생물학이 수행하는 역할에 대한 모든 것을 살펴보겠습니다. 수고하셨습니다.

이론에서 실제로

두뇌의 발달을 이해하면 더 잘 가르치고 배울 수 있는가?
정신 발달에는 단계가 있다. 언어 발달에도 순서가 있다.
소리에 대한 인식이 글을 읽는 것과 무슨 상관이 있을까?

1. 들어가며

1강과 2강에서 성장하는 두뇌가 얼마나 놀라운 기관인지 살펴보았습니다. 뉴런이 태어나고 사이사이에 수상돌기 가지가 돋아나며 시냅스 연결이 제거되기도 하고 강화되기도 하면서 두뇌는 복잡한 세상에 적응합니다. 그렇다면 두뇌가 성장하고 구조를 바꾸는 것에 대한 정보를 아는 것과 교실에서 벌어지는 상황은 어떤 관계가 있는 것일까요?

얼마 전까지는 생물학 공부를 다 하더라도 이 질문에 대해 속 시원한 대답을 내놓기가 어려웠습니다. 그러나 최근 10년 간 두뇌 과학은 눈부신 발전을 이루었고 두뇌 발달과 배움 사이의 관계를 규명할 수 있을 정도가 되었습니다. 하지만 많은 사람들은 생물학과 교육은 별개라고 여전히 생각하고 있습니다.

WHAT
YOU WILL
LEARN! 이번 강의에서 배울 것들

- 두뇌 발달을 이해하는 것이 효과적인 교육을 촉진하는 이유
- 발달 지표를 통해 교육자들이 두뇌 발달을 "관찰"하는 방법

- 정신 발달 단계에 대한 피아제(*Piaget*) 이론
- 언어 발달 단계
- 풍부한 자극을 제공하는 교실 환경 요소

2. 두뇌와 정신

숲 속에서 코끼리와 마주친 세 명의 장님이 등장하는 우화가 있습니다. 첫째 장님은 손을 뻗어 코끼리의 코를 만져보고 "뱀이군!" 했고, 둘째 장님은 코끼리의 다리를 부여잡고는 "아니야, 나무로구만!" 하고 외칩니다. 셋째 장님은 코끼리의 널따란 몸통을 쓰다듬어 본 다음 "이건 무지 큰 바위인데!"라고 단정했습니다.

수십 년 간 수많은 과학자들과 교육자들은 두뇌를 연구하는 목적이 사실 동일한 목표점을 향하고 있다는 사실에 대해 이 맹인들처럼 무지했습니다. 과학자들은 배움과 행동에 대해 알쏭달쏭한 의문점들에 접근한다는 게 께름칙했고, 교육자들은 교실 속에서 실제 벌어지는 일들과 한참 동떨어진 것 같은 이런저런 과학 이론을 연구할 필요성을 거의 느끼지 못했습니다.

지난 10년 동안 이 두 분야에 대해 보다 명료하게 사고할 수 있는 여건이 무르익은 덕분에 그런 보이지 않는 장벽이 서서히 허물어지고 있습니다. 우리는 이미 두뇌의 생물학적 발달을 통해 정신적 행위 양상이 어떻게 형성되는지에 대한 예를 살펴보았습니다. 신생아의 두뇌 속에서 시냅스가 증식(*synaptic proliferation*) 발달하는 두뇌가 뉴런(시냅스)들 사이에 수많은 연결을 만들어서 새로운 경험에 대비하는 과정 하고 제거(*synaptic pruning*) 두뇌가 뉴런들 사이의 쓸모 없는 연결을 제거하여 남아있는 연결이 보다 효율적으로 기능하도록 하는 과정 되는 과정은 운동 협응 능력이 좋아지고 걸을 수 있게 되는 것과 정확히 상통합니다. 두뇌 속의 언어 중추가 발달하는 것은 언어 습득 및 읽고 쓸 수 있는 능력을 갖추기 위한 요체라는 점도 배웠습니다. 십대 청소년의 전두엽에서 미엘린화(*myelination*) 신경계에서 축삭을 절연물질로 감싸는 과정 가 진행되면 행동을 더 잘 통제하게 되고 그렇지 못했을 때 감수해야 하는 불이익에 대해서도 더 잘 평가할 수 있음을 배웠습니다. 성장하는 두뇌에 대해 지금까지 학습한 생물학적 정보는 배움과 학습자의 성취에 관해 직접적인 시사점을 갖습니다. 하지만 그 많은 정보를 어떻게 합쳐야 할까요?

발달과 학습 사이의 관련을 생각해봅시다. 앞서 배웠듯 두뇌는 **가소적**(plastic)이며, 이 말은 **경험하는 대로 모양이 달라진다**는 뜻입니다. 예를 들어, 생애 초기 동안 말소리에 노출되는 것은 두뇌가 말소리를 인식하고 구분하는 능력을 갖추는 데 핵심적입니다. 귓병에 걸리거나 청력이 일부 손상되는 등 말소리에 대한 초기 경험의 질과 양에 문제가 생기면 두뇌는 어떤 말소리든 구별하는 법을 배우지 못하게 될 수 있습니다. 그 결과 두뇌는 말소리를 제대로 파악하지 못하여 언어 이해력이 떨어지게 됩니다. 이것은 발달 과정에서 경험이 두뇌 구조를 형성한다는 명백한 예입니다. 다행스럽게도 우리의 두뇌는 평생 동안

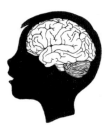

학습과 발달
두뇌가 발달하면서 말소리 처리를 학습하는 법을 살펴보고 생애 초창기의 경험으로 인해 학습이 어떻게 변화되는지 알아보자.

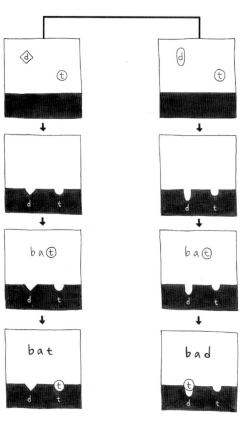

말소리의 지각
두뇌는 발달 과정에서 배운 범주에 말소리를 맞추어 음운을 해독한다. 이 예에서 끝소리 /t/로 인해 두뇌는 단어 bat를 인식할 수 있다.

소리의 왜곡
정상적인 소리가 두뇌에 유입되는 과정에서 왜곡되는 경우가 있다. 이 예에서 음소 /d/가 왜곡되어 있으며 두뇌의 소리 범주화에도 변형이 생기고 있다.

소리의 범주화
이 예시를 통해 알 수 있듯이 반복적으로 /d/와 /t/ 소리에 노출되면 두뇌는 이 소리들을 범주화하는 법을 배운다. 일단 해당 범주가 형성되면 두뇌는 소리를 효율적으로 처리할 수 있게 된다.

지각 오류
소리 범주화에 문제가 있는 두뇌가 말소리의 음운을 해독하면 엉뚱한 소리로 인식하는 경우가 발생할 수 있다. 이 예에서 음소 /t/를 잘못 범주화한 결과 단어 bat를 bad로 인식하게 되었다. 관련 말소리에 대해 재훈련하면 소리 범주화 왜곡을 바로잡을 수 있다.

가소성(plasticity)을 갖고 있기 때문에 조건만 올바르게 충족되면 새로운 기술을 배울 수 있는 능력을 유지한다는 것이 연구를 통해 밝혀졌습니다.

앞의 그림에는 발달하는 두뇌가 어떻게 말소리를 구별하는 법을 배우는지, 그리고 만일 말소리를 잘 못 배우면 어떤 일이 발생하는지를 보여줍니다.

두뇌가 무언가를 학습한 뒤 수행 능력이 달라지는 사실에 비추어 볼 때 교육은 분명히 두뇌의 형성에 기여합니다. 상황에 맞는 적절한 훈련이 제공되면 발달 과정에서 생기는 문제 대부분을 교정할 수 있습니다. 특정 원리에 기반하여 말소리를 교육할 때 두뇌가 최적의 언어 수행 능력을 발휘하도록 만들어질 수 있다는 뜻입니다.

두뇌와 정신적 능력이 사실상 동일한 근원에서 생겨나므로 생물학과 교육학은 동전의 양면과도 같습니다. 이러한 지식으로 무장하고 나면 아이가 정신적으로 어떻게 발달하는지를 관찰하고 배움에 도움을 주는 어떤 도구들이 있는지 찾기 위해 생물학적인 정보를 활용할 수 있게 됩니다.

최첨단 장비에 수십 억 원을 쏟아 붓지도 않으면서 학생의 두뇌가 발달하는지를 교육자들이 어떻게 관찰할 수 있다는 것일까요? 다음 인지 발달 지표를 통해 두뇌의 발달 단계를 알아내는 방법과 살아 움직이는 두뇌를 들여다보는 법을 살펴보겠습니다.

---

3. 인지 발달 지표

부모들은 아이가 처음 걷기, 말하기, 읽기를 배웠을 때를 기억할 것입니다. 하지만 끝자음을 구별했을 때나 추상적 추론을 시작했을 때는 기억합니까?

이러한 인지적 지표를 관찰하는 것은 난해한 일이지만 교육자들에게는 중요한 문제입니다. 정신이 발달하는 지표를 알아내야만 다양한 발달 단계 중 어떻게 아이를 지도해야 이로울지를 알 수 있기 때문입니다. 예를 들어, 추상적 사고 능력이 없는 아이에게 "사과 두 개에 사과 두 개를 더하면 사과 네 개가 될 때" 다른 사물 두 개에 두 개를 더하면 네 개가 된다는 사실을 아무리 열심히 가르쳐도 아이가 이해할 가망이 없습니다. 교육 과정을 편성할 때 아이의 인지적 발달에 대해 주목하는 것은 바로 이 때문입니다.

두뇌 발달 지표가 첫 단어나 첫 걸음처럼 뚜렷하지 않다면 무엇을 살펴야 할지 교육자들은 어떻게 알까요? 세심하게 주의를 기울이고 약간의 기초적 지식을 갖출 때 아이들의 행동으로부터 두뇌가 진보하며 성장하는 단계에 대한 실마리를 찾아낼 수 있습니다.

발달 지표에 대해 안내하는 다음 글을 읽어봅시다.

발달 지표

다양한 문헌을 참고하여, 다음 발달 지표 목록을 정리하였습니다. 아래 열거된 행동은 해당 발달 연령대에 속하는 대표적 활동 및 성취도를 나타내지만 평균적인 정보일 뿐입니다. 모든 아이들은 저마다 독특하기 때문에 정상 범위 내에서 평균 수준보다 빠르거나 느린 성취도를 보일 수 있습니다.

• 탄생부터 8개월까지

신생아는 자기 자신에 대해 배웁니다. 팔과 다리를 움직이고 손가락을 빱니다. 울면 부모가 온다는 신뢰감이 생깁니다. 딸랑이를 흔들어서 소리를 내는 것처럼 무언가를 해낼 수 있음을 배웁니다. 기쁨, 즐거움, 슬픔, 두려움, 분노, 흥분 등의 감정에 대해 배우고 부모에게 표현합니다. 익숙하거나 낯선 얼굴을 알아보며 부모의 목소리를 남과 구별할 수 있기에 익숙한 사람들과 함께 있을 때 가장 편안해 합니다. 몸을 주도적으로 움직이는 법을 배웁니다. 손짓과 옹알이로 의사소통하는 법을 배웁니다.

• 8개월에서 18개월까지

부모가 보이는 반응에 따라서 스스로에 대해 다르게 느끼는 법을 배워갑니다. 부모가 귀를 기울이고 칭찬하고 새로운 것을 해보도록 하면 자랑스러워하고 자신감도 갖습니다. 감정 표현이 점차 강해집니다. 부모에 대한 애착도 커집니다. 좋아하는 장난감이 생기고 다른 아기들과 노는 것을 좋아하지만 함께 나눌 줄은 모릅니다. 부모의 행동을 따라 합니다. 앉기, 기기, 걷기를 배웁니다. 눈을 접촉하고 원하는 것을 가리킵니다. 옹알거리며 문장을 말하기도 하고 한두 단어 정도만 말할 수 있지만 듣고 이해하는 것은 말하는 수준 이상입니다.

자기가 갖고 있는 힘을 느끼고 독립심이 생기지만 분명하고 일관된 한계를 설정하기 위해 부모를 필요로 합니다. 젖먹이와 스스로 걸을 수 있는 아이의 경계선상에 있습니다. 자기 통제력이 생기기 시작합니다. 다른 사람도 감정이 있음을 배우고 자기 감정을 언어로 표현하는 법을 배웁니다. 책장을 넘길 수 있고 공을 차고 던집니다. 이야기와 음악을 즐겨 듣고 소리와 단어로 장난을 칩니다.

• 3세에서 4세까지

달리고 껑충거립니다. 한 발로 균형을 잡고 설 수 있습니다. 신발을 신고 셔츠 단추를 끼웁니다. 간단한 이야기를 할 수 있고 다른 아이와 즐겁게 놉니다. 단순한 물체를 그릴 수 있습니다. 질문을 많이 하고 일반화하기 시작합니다.

• 4세에서 7세까지

혼자서도 옷을 입습니다. 킥보드를 타고 간단한 글자를 씁니다. 친한 친구와 즐거이 놀고 규칙에 따라 순서를 지키며 게임을 합니다. 어느 정도 책임감이 생기고 규칙을 지키는 것을 즐깁니다. 집에서 생활하는 것을 좋아하지만 주변에 대해 배우는 것에도 흥미가 있습니다.

• 7세에서 9세까지

이 단계가 되면 아이는 모형 비행기를 조립하고 퍼즐을 맞춥니다. 단순한 악기를 연주하고 미술과 만들기를 즐겨 합니다. 두발 자전거를 탈 수 있고 뒤로 걸을 수 있으며 매듭을 지을 줄 압니다.

• 9세에서 12세까지

스포츠, 물건 만들기, 산수 문제 풀이, 자기 표현 등에 능숙해집니다. 이 시기에 익힌 기술이 직업 선택의 경우처럼 향후 생애를 결정하는 발달에 영향을 미칩니다. 상상의 나래를 펼치지만 논리성도 발달하기 시작합니다.

• 십대 초반(12세~14세)

이제 아이는 더욱 독립심이 강해집니다. 자아를 부단히 모색하고 감상에 빠질 수도 있습니다. 말을 이용하여 성공적으로 자기를 표현할 수 있지만 말보다는 행동으로 감정을 표현할 때가 많습니다. 교우 관계가 더욱 중요해지며 부모와 가족에 대한 관심이 옅어집니다. 부모가 완벽하지 않음을 알며 자기 잘못을 파악합니다. 아이 같은 행동을 하기도 하며 규칙과 제한에 도전하기 시작합니다. 취미나 옷을 선택하는 데 동년배의 영향을 받습니다.

• 십대 중반(14세~16세)

자기에게 몰입하며 비현실적으로 높은 이상과 자괴감 사이에서 흔들립니다. 외모와 자기 몸에 대해 극도로 예민합니다. 부모가 자꾸 간섭한다고 불평하며 부모에 대한 애착이 줄어들기도 합니다. 동년배 집단의 영향을 받고 인기에 신경쓰며 특정 집단의 일원이 됩니다. 일기를 쓰는 것 같은 내적 경험을 모색하기 시작합니다. 지적 호기심이 생기며 이상을 키우고 역할 모델을 찾습니다.

• 십대 후반(16세~19세)

자아 의식이 더욱 강해집니다. 미리 계획을 세울 수 있고 심사숙고하며 목표를 설정하고 실천합니다. 협상할 줄 알고 보상이 늦어지는 것을 인정합니다. 감정적으로 훨씬 안정되고 세련된 유머 감각을 선보입니다. 독립적으로 의사결정을 하고 해낸 일을 자랑스러워합니다. 남을 배려하고 미래에 대한 관심을 갖습니다.

스위스의 심리학자 장 피아제(1896-1980)의 연구는 위 행동 지표를 만들어 내는 데 있어서 많은 영향을 주었습니다. 피아제의 이론은 교육 시스템에 지대한 영향을 미쳤기 때문에 이미 수많은 교육사들은 그의 이론에 대해 낯설지 않습니다. 기초적인 피아제 이론을 살펴봅시다.

피아제는 정신이 네 단계를 거치면서 발달한다고 제안했습니다. 피아제가 **감각운동기**

(sensorimotor stage)라고 부르는 시기의 유아는 물건을 두드리고 물어뜯고 잡아당기며 세상에 대해 배웁니다. 이런 실험 과정을 거치며 세상의 물건들이 어떻게 움직이고 서로 상호작용해는 방법을 배웁니다.

전조작기(pre-operational stage)에 접어들면 옹알이만 하던 단계를 넘어 서서히 단어를 말하고 단순한 언어를 구사하게 됩니다. 언어를 통해 추상적 생각을 머리 속에 표상할 수 있게 되었기 때문에 쿠키가 당장 눈앞에 있지 않아도 달라고 할 수 있습니다.

구체적 조작기(concrete operational stage)는 초등학교 시기에 해당하며 읽기와 쓰기를 통해 보다 세련된 추상화 작업을 할 수 있습니다. 복잡한 생각을 그림으로 표현하고 감정이입 능력이 좋아지기 때문에 다른 사람이 자기에게 말하고자 하는 바를 이해하게 됩니다.

마지막으로, **형식적 조작기**(formal operational stage)에 해당하는 청소년기와 성인기에는 추상적 개념을 표현하기 위해 논리적 상징을 이용하는 능력이 발달합니다. 복잡한 수학 용어를 완벽히 이해하지 못할 수도 있지만, 누구나 어떤 행위를 할 것인지 미리 계획하고 단순한 역학적 관계를 시각화할 수 있습니다.

아래 그림에 피아제의 4단계 발달 과정이 나와 있습니다.

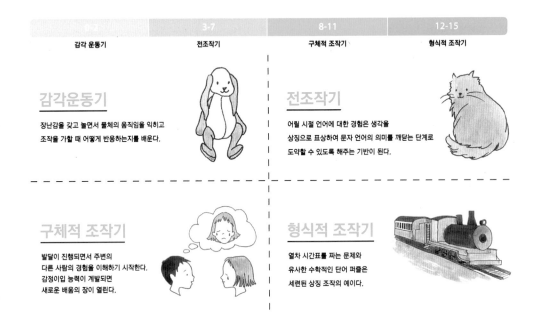

0-2	3-7	8-11	12-15
감각 운동기	전조작기	구체적 조작기	형식적 조작기

감각운동기
장난감을 갖고 놀면서 물체의 움직임을 익히고 조작을 가할 때 어떻게 반응하는지를 배운다.

전조작기
어릴 시절 언어에 대한 경험은 생각을 상징으로 표상하여 문자 언어의 의미를 깨닫는 단계로 도약할 수 있도록 해주는 기반이 된다.

구체적 조작기
발달이 진행되면서 주변의 다른 사람의 경험을 이해하기 시작한다. 감정이입 능력이 계발되면 새로운 배움의 장이 열린다.

형식적 조작기
열차 시간표를 짜는 문제와 유사한 수학적인 단어 퍼즐은 세련된 상징 조작의 예이다.

피아제의 이론은 어떤 학생이 발달 단계 중 어디를 거치고 있는지 판단하기 위해 교사들이 살펴볼 수 있는 다수의 특정 행동 양식을 제공합니다. 그러나 피아제의 연구 업적 이후 과학자들은 수십 년간 상당수의 예외 항목들을 발견하였고 현대 과학은 보다 단순하고 신뢰할 수 있는 행동 지표를 발굴해냈습니다. 피아제가 제시한 기본적 틀과 새로운 지표를 조합하면 두뇌 발달과 교육적 가능성에 대해 놀라울 정도로 유용한 측정 자료를 만들어 낼 수 있을 것입니다.

4. 언어 발달

피아제가 제공한 발달 단계를 통해 언어, 추리, 추상화와 같은 정신적 기술이 패턴 인식, 셈 하기, 물리적 직관 능력(아기들이 물건을 두드리고 물어뜯고 잡아당기며 얻은 지식)과 같은 단순한 기술에 겹겹이 덧쌓여서 구성되는 것임을 알 수 있습니다. 과학이 지난 10여년 동안 이룩한 발전을 통해 이러한 기본적 기술이 극적으로 규명되었고, 기술을 평가하고 개선하는 방법이 발달한 결과 교육자들은 괄목할 만한 도약을 해낼 태세를 갖추게 되었습니다.

하지만 먼저 우리는 지난 강의에서 학습한 시냅스 증식, 제거 및 뉴런의 미엘린화와 같은 과정을 통해 기본적 스킬이 발달한다는 점을 이해할 필요가 있습니다. 이것은 교육의 목적이 두뇌의 생물학적 변화에 영향을 미치는 행위임을 인정하고 기술 훈련을 시작해야 한다는 뜻입니다. 분명, **뇌 과학과 교육 사이의 연결은 이전 어느 때보다도 중요**합니다.

생물학과 교육이 서로 교차하는 최적의 예는 언어와 읽기에서 찾을 수 있습니다. 언어는 가장 고차원적인 행위이며 사회화를 위한 일차적 수단이기 때문에 학자들은 언어와 두뇌에 관심을 집중해왔습니다. 두뇌가 말소리를 처리하는 방법을 연구하면서 과학자들은 읽기처럼 보다 복잡한 기술을 구성하는 기본적 기술에 대해 배웠습니다. 보통 음소 **인식 능력**(*phonological awareness*)이라고 언급되는 것이 그 중 하나입니다. 음소 인식 능력이란 음성 언어가 말소리의 연속으로 이루어져 있음을 인지하는 것입니다. 의미에 차이를 만들어 내는 말의 가장 작은 단위를 **음소**(*phoneme*)라고 합니다. tick이나 pack의 경우처럼 동일한 끝 자음을 갖는 단어를 짝짓고 만들어 내는 것이 음소 수준 인식, 또는 음소 인식 능력의 예입니다. 연구 결과, 단어 속의 음소를 골라내고 발음하는 능력은 아이가 읽기 연습을 시작할 준비가 되어있는지에 대한 훌륭한 지표가 됩니다. bat이나 bite의 경우처럼 첫 자음 소리를 짝짓는 능력은 유치원을 마칠 즈음이 된 아이들에게서 전형적으로 관찰되고, 단어 속에 있는 서너 개의 음소를 골라내거나 조합하는 능력은 대개 초등학교 1학년 말이 되어야 나타납니다.

첫 자음이나 끝 자음을 인식하는 능력이 왜 아이가 읽기 학습을 할 준비가 되어있는지를 반영하는 것일까요? 두뇌의 생물학에 그 답이 들어있습니다. 아이의 언어 중추는 상대적으로 느리게 소리 처리를 시작합니다. 말소리가 줄줄 이어 나올 때 각 단어의 첫소리에 대개 주목하게 되죠. 그래서 어린아이가 bucket과 buckle이 buck이라는 똑같은 소리로 시작한다는 것은 쉽사리 구별할 수 있지만 끝 소리가 다른 것은 잘 구별하지 못합니다. **그러므로 양 끝 자음을 인식하는 능력을 갖추고 있느냐의 문제는 읽기를 위한 준비 여부를 판단하는 중요한 척도가 되는 것입니다.**

경험이 쌓이면서 언어 중추에 있는 시냅스 중 잘 쓰이지 않는 것은 제거되고 자주 사용된 경로가 미엘린화되면서 두뇌는 보다 빠르고 효율적으로 소리를 처리하게 됩니다. 결국 아이는 단어 속에 있는 모든 소리를 잘라낼 수 있게 되고 그 시점에는 마지막 자음을 짝지을 수 있습니다. 이제 tick/pack 끝에 나오는 ck 소리가 분명해지죠.

단어 속에 있는 개별 소리를 파악하고 골라내고 조작하는 능력의 발달이 왜 그렇게 중요할까요? **단어의 말소리 연속에 주의력을 기울이는 법을 배워야만 나중에 이 능력에 의해 소리와 글자가 서로 대응하는 규칙을 배울 수 있기 때문**입니다. 두뇌가 소리를 듣는 방법과 그 능력이 시간이 지나면서 어떻게 변하는지를 이해함으로써 교사들은 나이에 적합하며 효과가 극대화된 교육 전략을 고안할 수 있습니다.

인류 최초로 세련된 문자 체계를 구축했던 수메르인 언어 교사들은 독서 교육을 시작하기 전 음성 언어의 주요 특징에 대한 주의를 분명히 환기시켰다고 합니다. 그들은 단어의 의미에 근거하여 의미론적 측면에서 읽기를 가르쳤을 뿐 아니라 음운 체계를 분석하여 발음에 근거한 독서 지도법을 채택하였습니다. 오늘날에는 이러한 방식을 발음 중심 언어 교수법, 즉 파닉스(phonics)라고 합니다.[3]

아래 표에는 아이가 해당 연령대에 평균적으로 습득하는 언어 스킬 목록이 나와있습니다. 그러나 이 표가 절대적인 것이 아니므로 아이마다 다양한 발달 현상이 관찰될 수 있습니다.

6개월
- 억양에 맞게 소리를 냄.
- 자기 이름에 반응함.
- 시각적 단서가 없더라도 머리와 눈을 움직여서 사람의 목소리에 반응함.
- 친근하거나 화난 음조에 적절히 반응함.

18개월
- 한두 개의 유의미한 단어를 사용함.
- 목소리나 신체적 단서가 있을 때 단순한 지시 사항을 이해함.
- 문법적 굴절을 연습함.
- 말이 갖는 의의를 인식함.

1년
- 대략 5~20개의 어휘 능력을 갖춤.
- 주로 명사인 단어를 앎.
- 단어나 구를 반복적으로 따라 함(음성 모방).
- 감정을 실었으나 알아들을 수 없는 말을 함.
- 단순한 명령을 따를 수 있음.

2년
- 주변에 항상 있는 물건 상당수의 이름을 말함.
- 수도 명사와 동사를 조합하니 짧은 문장을 만듦.

---

3 Wolf(2009), 60, 62쪽

두뇌의 이해 제1부

- 대략 150~300개의 어휘 능력을 갖춤.
- 나, 너와 같은 대명사를 올바로 사용함.
- "눈(코, 입, 머리)을 보여줘"라는 명령에 반응함.

3년
- 복수와 과거 시제를 사용함.
- 주변 환경 및 활동에 관한 간단한 질문을 거의 이해함.
- 900~1,000개의 어휘 능력을 갖춤.
- 세 단어 수준의 문장을 자유로이 구사함.
- 동사를 주로 사용하기 시작함.

4년
- 그림책이나 잡지에 나오는 일상적 사물의 이름을 앎.
- 한 가지 이상의 색을 앎.
- 네 음절로 된 단어를 반복할 수 있음.
- 대부분의 모음 및 이중모음을 사용하며 'p, b, m, w, n'등의 자음을 마음대로 구사함.
- 단어, 구, 음절, 소리를 종종 따라 함.
- 일반적인 반의어를 앎(big–little, hard–soft, heavy–light 등).
- 10까지 셀 수 있음.

5년
- h, k, g, t, d, n, ng, y 등의 자음에 숙달됨.
- 중간에 방해 요소가 없으면 세 가지 명령을 수행할 수 있음.
- 상당히 긴 문장을 구사하며 중문(compound sentence)과 복문(complex sentence)을 사용함.

6년
- 의사 전달이 분명하고 사회적으로 용인되는 말을 구사함.
- f, v, sh, zh, th, l 등의 자음에 숙달됨.
- 그림 속의 사물과 사건을 보고 조리 있게 이야기를 구성할 수 있음.

7년	• sz, r, 무성음 th, ch, wh, 연구개음 g(Geroge의 경우)에 숙달됨.
	• 반의어 관계를 쉽게 유추함(boy−girl, sweet−sour, flies−swims 등).
	• 추상적 용어(alike, different, beginning, end 등)를 이해함.
	• 단순한 글을 읽을 수 있으며 상당수의 단어를 쓸 수 있음.

8년	• 중문과 복문을 자유롭게 구사함.
	• 어렵지 않게 글을 읽을 수 있고 간단한 작문을 할 수 있음.
	• 어른스러운 대화를 할 수 있음.
	• 반복하지 않아도 상당히 복잡한 지시를 수행할 수 있음.
	• 자음군(consonant clusters)을 비롯한 모든 말소리에 숙달됨.

이제 아이들이 강력한 언어 기술을 발달시킬 수 있도록 교육자들이 할 수 있는 것이 무엇인지 알아봅시다.

5. 언어 능력 기르기

각 연령대의 아이들은 언어 발달상 다양한 단계에 있을 수 있겠지만 교육자들이 어떤 아이들이든지 일정한 수준 이상으로 언어 능력을 계발하도록 도울 수 있는 방법은 많습니다.

아동발달연구원(*Child Development Institute*)의 실리아 게니시(*Celia Genishi*)는 『아동 구어 발달(*Young Children's Oral Language Development*)』이라는 책에서 아이들의 언어 능력을 배양하기 위한 지침을 다음과 같이 제공했습니다.

• 모든 아동의 언어나 방언도 그 아이의 가족과 공동체 속에서의 자아, 가치관, 경험을 반영하는 효과적인 의사소통 시스템임을 이해하라.

• 아이가 아직 말을 하지 못하더라도 대화가 잘 통하는 것처럼 대하라. 아이들은 어른

61 · ·

두뇌의 이해 제1부

과의 대화를 통해 대화 중 끼어들기, 주의를 기울여 응시하기, 표정 짓기 등의 대화 기술을 매우 일찍 학습한다.

- 아이들끼리 서로 상호작용할 수 있도록 고무하라. 특히 다양한 연령대의 집단인 경우 언어 발달에 있어 동년배끼리 나누는 대화가 매우 중요하다. 다채로운 자료를 이용하여 활동하면 대화가 촉진된다. 혼자서 하는 개별 활동과 협동하고 토의할 수 있는 그룹 활동 사이에 균형을 유지해야 한다. 그룹 활동의 예로는 연극하기, 블록 쌓기, 책 공유하기, 목공예 등이 있다.

- 부모, 교사, 보호자는 언어 발달을 위한 일차적 정보 제공자임을 기억하라. 아이들은 서로에게서 많이 배우기도 하지만 육아 시설이나 교실의 어른들이야말로 함께 대화하는 사람, 질문자, 청취자, 응답자, 언어 발달 지원자로서 언어가 발달하고 성장하도록 돕는다.

- 아이가 문자 언어를 더 많이 이해할수록 상호작용을 더욱 격려하라. 초등학교 수준의 아동들은 다양한 상황 속에서 서로 상담하고, 질문하고, 정보를 제공하면서 구어 능력을 계속 발전시킨다. 언어를 통해 교육 과정 전반이 향상되기에 활발한 학습자들이 넘쳐나는 교실은 정숙한 상태를 유지하는 게 어려운 법이다.

미국 노스웨스턴대학교 교수이자 공인 언어치료사인 마사 번스 박사(*Dr. Martha S. Burns*)는 "두뇌의 언어와 읽기"라는 월간 칼럼을 썼습니다. 아이가 훌륭하게 책 읽기를 할 수 있도록 준비시키기 위한 방법에 대한 다음 글을 읽어 봅시다.

두뇌 돌보기: 훌륭한 독서가로 아이를 키우는 법

마사 S. 번즈, Ph.D., 미국 공인 언어치료사

인간의 두뇌는 탄생하는 순간부터 읽기를 배울 준비를 갖추고 있음을 아는가? 뇌세포(뉴런)가 형성되어 아이가 읽을 수 있다는 것이 아니라 날 때부터 두뇌는 읽을 준비를 하기 시작한다는 뜻이다. 아동 발달 전문가들이 수집한 증거에 의하면, 신생아는 이미 엄마의 목소리를 다른 여성의 목소리와 구별할 수 있다. 난 지 몇 개월 이내에 아기는 모든 언어의 소리를 구별할 수 있고, 외국어이든 모국어이든 소리가 다른 것을 상관하지 않는다. 날 때부터, 아마도 태아 적부터 주변의 소리를 들으면서 아기의 두뇌는 소리를 범주화하기에 그런 것이다.

- ### 소리, 언어, 읽기

정상적인 청력을 가진 아기는 언제나 온갖 소리에 휩싸여 있다. 잠을 자고 있을 때도 마찬가지다. 개 짖는 소리나 전화벨 울리는 소리처럼 어떤 소리는 아이의 주변에서 벌어지는 사건과 관련이 있다. 어떤 소리는 음악이나 리듬 연속과 관련이 있다. 어떤 소리는 사람들이 내는 것이며, 이 소리들이 결국 말소리로 인식될 것이다. 아기는 눈은 감을 수 있어도 귀를 닫을 수는 없다. 남이 건드리는 것은 피할 수 있어도 소리를 피할 수는 없다. 소리는 어디에나 언제나 존재한다. 출생 전 마지막 3개월 동안 귀와 두뇌의 신경이 서로 연결되자마자 태아의 귀에는 엄마의 심장 박동 소리가 끊임없이 들린다.

인간의 두뇌는 유입되는 소리 정보를 그냥 흘려 버리지 않는다. 우리의 두뇌는 두 개의 소리가 비슷한 경우 동일한 세포와 관련 연결 부위가 흥분하도록 설계되어있다. 동일한 소리가 반복적으로 들리면 동일한 신경 연결이 반복적으로 흥분하게 되며 점차 그 소리에 익숙해진다. 다른 소리마다 다른 연결이 형성되기 때문에 다른 소리는 다른 세포 집단을 흥분시킨다. 서서히 아기는 익숙한 소리를 식별하고 소리가 나도록 한 사건과 연관 짓고 소리를 구별한다.

바로 이 과정이 모국어의 말소리를 배우기 위해 필요한 것이다. 예를 들어, 전 세계의 모든 엄마들은 "엄마(mama)"처럼 자기를 지칭하는 단어를 이용한다. 자주 반복해서 그 단어를 쓰지만 상황은 다 다르다. "엄마 왔어. 그만 울어." "엄마 보이니?" "엄마가 맘마 줄게." "엄마는 널 사랑한단다." 점차로 아기는 그 소리가 특별히 엄마를 가리키는 것으로 인식하기 시작한다. 또 "아빠(papa 또는 dada)"라는 단어를 들을 수도 있다. 이 경우에 모음은 같지만 자음 구성이 약간 다르다.

출생 후 불과 몇 개월 내에 아기의 두뇌는 이러한 차이점을 구별하고 mama의 /m/ 소리가 있거나 papa의 /p/ 소리가 있을 때 활성화되는 신경 연결을 만든다. 이런 과정을 거치면서 아기의 두뇌는 주변에서 들리는 각각의 말소리에 대해 머릿속 지도를 새겨나간다. 생후 6개월 정도까지 영어가 사용되면 아기의 두뇌는 모든 영어 음소(phoneme, 의미를 바꾸는 최소 말소리 단위)에 대한 신경 세포와 경로를 갖추게 되지만 다른 언어의 음소에 대해서는 그렇지 않다. 반면 만약 일본에서 태어난 아기라면 일본어의 소리에만 반응하는 신경 연결이 만들어진다.

두뇌가 말소리에 따라 조직되는 것은 결국 읽기를 위해 필요한 첫걸음이라고 할 수 있겠다. 아이가 '듣기'위해서는 이 소리들을 알아야 하고 그래야 그 소리가 나타내는 글자와 짝지을 수 있기 때문이다. /p/ 소리와 /b/ 소리를 구별하지 못하는 아이는 활자로 된 bull과 pull을 구별하여 읽을 수 없다. 하버드대학교의 샐리 셰이비츠(Sally Shaywitz)는 글자를 소리 내어 읽는 데 문제가 있으면 읽기에도 장애가 유발됨을 증명하였다.

• 읽기로 두뇌 젖먹이기: "동요 효과"

국립보건원의 아동발달행동부장인 리드 라이언(Reid Lyon) 박사는 읽기는 선천적으로 배울 수 있는 것이 아님을 강조한다. 말에 노출된 거의 모든 아이들은 가르치지 않아도 말하는 법을 배우지만, 읽기는 직접 가르쳐야 한다. 그러나 아이가 학교에 입학하기 오래 전부터 읽기를 위한 초기 단계가 이미 시작된다. 읽기를 위한 준비가 되어있는지 여부는 해당 언어를 구성하는 단어, 문장, 이야기의 소리에 대한 경험 자체에 달려있다.

직접 가르치는 것만으로는 아이가 훌륭한 독서가로 성장하도록 하기 위해 충분하지 않다. 훌륭한 독서가는 훌륭한 언어 능력을 갖고 있다. 나중에 멋진 책 읽기 능력을 갖출 미취학 아동들은 말소리 듣기를 즐기고, 이야기책과 동요 듣기를 사랑한다. 이런 현상을 "동요 효과(nursery rhyme effect)"라고 이름 붙일 수도 있겠다. 학교에 들어가기 오래 전부터 자주 듣기를 한 아이들은 그런 자극이 부족했던 아이에 비해서 훌륭한 읽기 능력을 보유하게 될 가능성이 훨씬 높다.

동요나 이야기가 차후 읽기 학습에 필요한 기술을 발달시키는 데 그렇게 중요한 이유가 무엇일까? 첫째, 동요는 짧은 편이고 반복이 매우 많다. 자꾸 반복되면 아이는 같은 단어들에 대해서 너 번씩 조율 과정을 거치게 되고 들은 것을 기억하기가 용이해진다. 반복되는 숫자가 있는 전화번호를 어른들이 더 잘 기억하는 것과 마찬가지로 아이도 반복되는 단어와 어구를 더 잘 기억한다.

• 음소 인식 능력 키우기

둘째, 동요에는 같은 글자로 시작하는 단어는 물론 각운(rhyme)이 많이 들어있는 편이다. 두운과 각운의 특성 덕분에 아이는 시작하거나 끝나는 단어의 소리가 같다는 것에 주목하게 된다. 이것이 바로 음소 인식 능력(phonemic awareness)의 시작점이다. 음소 인식 능력은 우리가 듣는 단어가 음절 등의 소리로 잘게 나누어 진다는 것을 이해하는 능력이다.

Peas porridge hot
Peas porridge cold
Peas porridge in the pot nine days old
Some like it hot
Some like it cold
Some like it in the pot nine days old

동요나 이야기로 아이들에게 소리의 패턴을 알려주면 아이의 두뇌는 내부 구조에 따라 단어를 범주화하기 위해 필요한 자극을 입력 받는다. 이것이 자모 법칙(alphabetic principle)을 알기 위한 전제 조건이다. 글자가 단어의 소리를 대표함을 인식하는 게 자모 법칙을 안다는 것이다. 그러므로 동요를 익히면 아이의 두뇌는 단어를 음절로 쪼개고, 운이 맞는 단어들 사이의 유사성을 들으며, 말소리를 가지고 놀 수 있게 되는 것이다. 리드 라이언 같은 읽기 전문가들은 이러한 음소 인식 능력을 습득하는 것이 읽기 활동에 대해 결정적으로 작용함을 강조한다. "동요 효과"를 통해 두뇌는 음소 인식 능력을 배우기 시작하며 읽기 위한 준비를 갖춘다.

• 대화로 두뇌 배 불리기: 줄이고, 반복하고, 바꿔 말하라

아이에게 책을 읽어주는 것은 정말 멋진 일이긴 하지만 이게 다는 아니다. 어린 시절 아이에게 계속 말을 걸고 함께 말을 나누어야 한다. 엄마, 아빠를 비롯하여 아이를 돌보는 사람들이 아이에게 자주 말을 걸고 아이가 뜻을 이해하도록 단순화하여 이야기해주면 아이의 두뇌는 모국어 속의 음소를 종류별로 정돈하도록 자극 받는다. 부모가 아이에게 말하면 아이의 두뇌는 그 소리들을 단어로 구분하고, 그 단어들을 명사, 동사 등 문법적 의미를 갖는 범주로 나눈다.

수년 전, 캐서린 스노(Catherine Snow)는 부모가 아이에게 자연스럽게 말을 걸어 아이가 언어를 배우도록 돕는 방법에 대해 광범위하게 연구했다. 스노 박사는 부모를 비롯한 아이를 돌보는 사람들이 직관적으로 아이가 이해하리라고 생각하는 바에 맞게 언어를 단순화하는 경우가 많음을 발견하였다.

• 줄이기, 반복하기, 바꿔 말하기

부모는 전달하고자 하는 바를 아이가 알 것이라고 여기는 몇 개의 핵심어로 줄여서 말한다. 또한 아이가 메시지 속에 들어 있는 핵심어에 주의를 기울이도록 돕기 위해 핵심어와 어구를 반복하며 아이가 똑같은 생각을 다양한 방식으로 표현할 수 있다는 것을 인식하도록 여러 가지로 바꿔 말해준다. 부모들은 목소리에 음률을 담아서 아이가 중요한 단어를 알아채도록 도와주기도 한다. 아이와 나가기 전 코트의 단추를 채워주는 동안 진행되는 아래 대화에 주목해보라. 아빠는 두 살 반 먹은 아이가 어떤 일이 생길지 이해하도록 줄여 말하기, 반복해서 말하기, 바꿔 말하기라는 세 가지 원칙을 따르고 있다.

공원 가자. 공원 가서 놀자.
공원에서 그네 타자, 그네 타자.
그네 타러 가자.
공원 가서 그네 타자.
(Off to the park. Play at the park.
Swing, swing at the park.
Let's go swing.
Swing at the park.)

아빠가 아이에게 "유아어(baby talk)"라고 보통 칭하는 미숙한 문법 규칙으로 된 문장을 말하고 있지 않다는 점에 주목하라. 아빠는 문법적으로 정확한 문장으로 아이가 듣고 이해하기에 아주 쉽게 말하고 있다. 아빠가 "그네 타자"라고 거의 노래하듯 천천히 말하는 장면이 눈앞에 선하다. 이렇게 하면 아이는 그 단어에 주의를 기울이고 "그네"라는 단어와 실제 행위가 서로 연계되어 있음을 알게 될 것이다. 공원이 뭔지 모르더라도 "그네 타다"와 공원이 서로 관계 있는 단어라는 것도 알아챌 것이다. 각운이나 두운이 들어 있진 않지만 동요처럼 반복과 단순화를 사용했다.

주변의 어른들이 자주 말을 걸고 책을 읽어주는 등, 언어 자극이 풍성한 환경 속에서 성장한 아이의 두뇌는 또 다른 이점을 누린다. 모든 청각 정보는 순식간에 사라지고 변화하므로 이야기를 들려주거나 책을 읽어줄 때 아이는 듣기 및 기억과 관련된 기술을 연습해야만 한다.

이렇게 연습한 기술은 그 아이가 나중에 학교에 가서 교사에게 주의를 기울이고 지시 사항을 따르기위해 요구되는 기술과 똑같다. 작업 기억은 책을 읽거나 듣는 동안 단기적 기억이 마음 속에 머무는 것으로 독해 능력을 익히기 위해 대단히 중요한 기술이다. 어릴 적에 청각 주의 능력과 기억을 훈련시키는 것은 아이의 두뇌를 충분히 배 불리기 위한 또 다른 방법이다.

동요 효과 및 부모 자식 간의 대화는 훌륭한 언어 능력과 탁월한 잠재적 읽기 능력을 갖춘 똑똑한 아이로 키우기 위한 핵심이다. 아이의 청력과 언어 능력에 문제가 없다면 자주 대화하고 책을 읽어주어 아이의 두뇌를 언어에 노출시키는 것은 아이에게 필요한 풍성한 언어적 자극을 제공한다. 세 살바기 아이에게 글자를 읽도록 가르치거나 색깔과 숫자에 대해 퀴즈를 낼 필요는 없다. 부모들이 아이에게 미국의 모든 주 이름을 가르치기 위해, 서너 음절로 된 단어를 소리 내도록, 긴 시를 암송하도록 무진장 정성을 기울이던 네 살짜리 아이가 있다. 이 아이가 부모와 함께 시간을 보낸 것은 잘 된 일이지만, 나중에 학교에 들어가서 하루 종일 자주 대화하고 책을 읽어준 아이보다 꼭 더 잘 읽거나 학습하게 되는 것은 아니다. 즐겁게 언어를 사용하며 아이와 함께 한 부모들은 나중에 학업적 성공을 거두기 위해 아이의 두뇌가 필요로 하는 관심과 양육을 충분히 제공한 것이다.

참고문헌(References)

Lyon, G. R. (1995). Toward an understanding of dyslexia. Annals of Dyslexia. 45(3), 27.

Snow, C. F. (1997). Development of conversation between mothers and babies. Journal of Child Language, 4,1-22.

Spodek, B. ,& Saracho, O.N. (Eds). (1993). Language and Literacy in Early Childhood Education. New York: Teachers College Press.

마사 번즈 박사는 미국 노스웨스턴대학교 겸임 부교수이며, Fast Forword와 Reading Assistant를 개발한 Scientific Learning사의 수석 컨설턴트이다. 30년 이상 언어치료사로서 일했다. 번즈 박사는 말과 언어의 신경학적 기초에 대한 다수의 논문과 세 권의 저서를 집필했다.

6. 자극이 풍부한 교실 환경

언어와 읽기를 가르치기 위해 발달과정에 적절한 교육적 전략을 만드는 것은 교육자들이 교실에서 두뇌 연구 결과를 활용할 수 있는 한가지 예일 뿐입니다. 또 다른 예는 실제 교실 환경 자체입니다.

매리언 다이아몬드 박사는 『뇌 과학이 밝혀낸 두뇌 성장의 비밀(*Magic Trees of the Mind*)』에서 풍부한 자극을 제공하는 환경이 갖추어야 할 포괄적 요소들을 다음과 같이 열거하였습니다.

- 일관성이 있으며 긍정적인 감정적 지원
- 단백질, 비타민, 무기질 및 열량이 풍부한 식단
- 여러 감각을 모두 자극할 것(동시에 자극할 필요는 없음)
- 유쾌하게 집중할 수 있는 강도의 활동이어야 하며, 너무 과도한 압박감을 주어서는 안 됨
- 발달학적으로 적절한 활동
- 광범위한 정신적, 육체적, 미적, 사회적, 감정적 기술과 흥미를 촉진하는 활동
- 아이가 스스로의 활동을 선택할 기회
- 아이가 자신이 투입한 노력을 평가하고 조절할 수 있는 기회
- 탐구와 배움의 즐거움을 고무하는 즐거운 분위기

• 아이가 수동적인 관찰자이기보다 능동적인 참여자가 될 기회

다음은 에릭 젠슨의 『초교수법(Super Teaching)』과 데이빗 소사의 『두뇌가 배우는 법(How the Brain Learns)』에서 발췌한 풍부한 자극을 제공하는 교실 창출 비결입니다.

• 다채로운 색깔로 벽을 꾸밀 것
• 교실 벽과 게시판에 있는 그림과 정보를 바꿀 것
• 의사 결정과 장식 과정에 학생들을 참여시킬 것
• 적절한 환기와 편안한 실내 온도를 유지할 것
• 동기를 자극하는 것들을 게시할 것
• 실내 조도가 적절할 것
• 활동에 맞는 좌석을 배열할 것(개별 활동과 그룹 활동에 따라)
• 가끔 자리를 재배치할 것
• 개방된 공간을 제공할 것
• 자리에서 일어나 스트레칭을 시킬 것
• 충분한 물을 마시게 할 것
• 모든 감각 기관을 동원하는 활동을 제공할 것
• 많이 칭찬하고 긍정적인 강화를 줄 것
• 개인적 성공 뿐 아니라 팀 단위의 성공을 발표할 것
• 동기를 부여하는 상을 제공할 것
• 학생과 활동 사이에 직접적이고 즉각적인 피드백을 제공하는 인과관계를 확립할 것
• 도전적인 활동이 되도록 할 것(지루하지 않을 정도로 어렵고 좌절하지 않을 정도로 쉬울 것)
• 참여를 유도하며 긍정적인 감정을 일으키는 활동을 제공할 것
• 학습하는 중 무엇에 대한 것인지 학생들이 대화할 수 있도록 할 것
• 연습하고 연습하고 또 연습할 것
• 호기심과 탐구심을 자극할 것
• 모든 대상을 가르치기 위해 음악, 율동, 미술을 사용할 것

7. 교실 현장에서 응용하기

제 1강에서 두뇌 발달과 자극이 풍부한 환경 사이에 직접적 상관관계가 있다고 했습니다. 교육자로서 당신은 그러한 환경을 학생들에게 제공하기 위해 현재 어떤 일을 하고 있습니까? 상호작용을 촉진하는 활동을 매일 제공하여 학생들로 하여금 문제 해결력을 키우고 다양한 학습 전략을 채택하여 개념을 탐구하도록 하고 있을지 모르겠습니다.

어떤 초등학교 교사는 매 학년 초에 교실에 있는 책상을 재배열하여 교실 한쪽에 책상이 없는 공간을 만듭니다. 독서 시간에 학생들이 바닥에 앉아 책을 읽을 수 있도록 한 것이죠. 어떤 해에는 책상 배열 방식을 학생들이 결정하도록 맡겼습니다. 그리고 학생들에게 책상을 배열하고 나서 독서 시간에 자유롭게 활용할 수 있는 여유 공간을 마련하는 것이 학급 목표라고 설명했습니다. 수업 첫날, 학생들은 책상이 교실 전체를 차지하도록 배치하였습니다. 둘째 날 아침, 기본 배치 형태는 그대로였지만 학생들은 책상을 몇 센티미터씩 서로 가깝게 이동했습니다. 그로 인해 생긴 작은 변화에 대해 토의하고서 교사는 학생들의 참여를 칭찬했습니다. 다음 며칠 간 이런 과정을 반복하자 하루는 책상들이 너무 다닥다닥 붙어 있다는 것을 아이들은 깨달았습니다. 서로 너무 붙어 있기 때문에 집중할 수가 없었습니다. 서서히 책상을 서로 떨어지도록 하면서 물리적 공간뿐 아니라 서로간의 상호작용 방식에 대해서 논의하였습니다. 결국 학생들은 최적의 책상 배치를 찾아냈습니다. 교사가 학생들을 위해 직접 책상 배치를 했을 때보다 더 넓은 독서공간을 확보하게 되었죠.

풍부한 자극을 제공하는 환경과 교실 책상 배치가 무슨 관련이 있을까요? 학생들에게 풍부한 자극을 제공해주는 환경을 창출하기 위한 열쇠 중 하나는 학생들이 능동적으로 배움의 과정에 참여하도록 보장하는 것이며 자발적 행위로 인해 거둔 효과를 직접 보도록 해야 한다는 것입니다. 학생들은 책상을 몸소 움직였고 새로운 책상 배치의 결과에 관해 즉각적인 피드백을 받았습니다. 교사는 그 과정에서 많은 격려를 했습니다. 또한 학생들은 본래의 틀을 깨지 않고(책상을 복도로 빼내는 것은 허락되지 않았습니다) 규범적인 환경 속에서 움직였습니다. 명백한 목표, 학생들의 상호작용과 참여, 행위의 인과관계를 볼 줄 아는 능력, 칭찬과 보상, 규범 속의 학습, 이 모두가 풍부한 자극을 조성하는 데 일조한 것이죠.

요컨대, 과학자들이 발견한 생물학과 교육학 이론을 적절히 배합하는 주체이자 요체는 교사들입니다. 인지적 발달의 중요한 특징 중 하나는 두뇌 계발에 대한 정보를 제공하는 창문 역할을 한다는 점입니다. 아이가 세상과 어떻게 상호작용하는지를 세심하게 관찰하는 교사와 학부모는 두뇌가 만들어내는 회로를 '관찰'할 수 있으며 발달 과정 속에서 정보 처리 능력이 어떻게 변화하는지 살필 수 있습니다. 최첨단 과학 장비도 찾을 수 없는 것을 주의 깊게 살피고 세심하게 정보를 수집하는 어른은 아이의 두뇌 상태에 대해서 알아낼 수 있으며, 바로 이러한 통찰이야말로 과학에 기초한 교육적 진보의 비결입니다.

각 질문에 대한 답을 선택지에서 한 개 고르세요.

1. 다음 중 아이가 읽기를 할 준비가 되어 있는지 여부를 알려주는 지표로 적절한 것은?

   (a) 아이가 책 보기를 즐긴다.

   (b) 아이가 음소 인식 능력을 익혔다.

   (c) 아이가 추상적인 사고를 하기 시작하였다.

   (d) 위 전부 다

2. 다음 중 학습 능력을 형성하는 생물학적인 발전으로 틀린 것은?

   (a) 시냅스 구성이 영구화될 때, 학습 능력이 진보한다.

   (b) 유아기에 시냅스가 증식하고 제거되는 것은 운동 능력 향상과 상통한다.

   (c) 두뇌의 언어 중추가 발달하는 것은 언어와 읽기 기술에 숙달되기 위한 필수 요소이다.

   (d) 청소년기에 전두엽이 미엘린화되는 것은 행동을 더 잘 통제하는 것과 상관관계를 갖는다.

3. 피아제 발달 단계 중 읽기를 위한 토대가 구축되는 기간은?

   (a) 감각운동기(*sensorimotor stage*)

   (b) 전조작기(*pre-operational stage*)

   (c) 조작기(*operational stage*)

   (d) 형식적 조작기(*formal operational stage*)

4. 다음 중 자극이 풍부한 환경의 특징이 아닌 것은?

   (a) 학생들이 능동적으로 학습 과정에 참여한다.

   (b) 학생들이 교사로부터 많은 칭찬과 보상을 받는다.

   (c) 학생들이 자기 행위의 결과가 무엇인지 볼 수 있다.

   (d) 학생들이 불규칙적으로 쉴 새 없이 변하는 환경에서 공부한다.

5. 다음 중 아이의 언어 발달을 촉진하기 위해 적절한 방법은?

(a) 아이가 전달되는 단어에 집중할 수 있도록 무표정하게 말한다.

(b) 질문하고, 들어 주고, 반응하여 언어 구사력의 모범을 보여준다.

(c) 상대적으로 어린 아이가 실망하지 않도록 연령대별로 그룹 활동을 하도록 한다.

(d) 위 전부 다

6. 다음 중 아이가 마지막 자음을 짝지을 수 있는 능력을 새롭게 익힌 것을 알려주는 지표가 되는 두뇌의 변화로 적절한 것은?

(a) 두뇌 속에서 자주 사용되는 통로가 미엘린화되었다.

(b) 두뇌가 더 신속하고 더 효율적인 정보 처리 장치가 되었다.

(c) 시냅스 제거를 통해 두뇌 속 언어 중추의 연결 일부가 제거되었다.

(d) 위 전부 다

- -

9. 나가며

두뇌를 이해하기 위한 기본적 요점에 대한 강의가 끝났습니다. 이제 제 2부에서 두뇌와 언어에 대해 보다 심화된 지식을 탐구할 준비가 되었습니다. 언어만 알아서는 언어를 제대로 이해할 수 없습니다. 두뇌 과학에 대한 지식을 인류의 위대한 문명의 견인차인 언어(외국어) 습득과 접목하고자 모색하는 새로운 장에 접어들게 된 것을 축하합니다. 수고하셨습니다.

정답 : b, a, b, d, b

각 질문에 대한 답을 선택지에서 한 개 고르세요.

1. 다음 중 발달 과정 동안 두뇌가 커지는 방법으로 적절한 것은?

   (a) 미엘린 절연 물질이 축삭 주위를 감싼다.

   (b) 두뇌 속에서 새로운 신경 세포가 생성된다.

   (c) 각 뉴런에서 수상돌기가 발아하고 분지하여 세포 표면적을 늘린다.

   (d) 위 전부 다

2. 다음 대뇌 반구에 대한 설명 중 옳지 않은 것은?

   (a) 주로 좌반구가 언어 처리를 관할한다.

   (b) 우반구는 문맥적 사안("큰 그림")을 처리한다.

   (c) 우반구는 주로 좌측 귀에서 유입되는 소리를 처리한다.

   (d) 대뇌 양반구는 피질이라고 하는 신경섬유 다발을 통해 정보를 교환한다.

3. 다음 중 대뇌 주요 부위에 대한 것으로 옳지 않은 것은?

   (a) 인간 대뇌의 피질은 네 가지 주요 부위로 나눌 수 있다.

   (b) 학습자가 복잡한 지시를 이해할 때, 주로 두정엽을 이용한다.

   (c) 학습자가 지시를 들을 때 측두엽을 이용하여 소리를 처리한다.

   (d) 학습자가 단어를 눈으로 볼 때, 후두엽을 이용하여 시각 정보를 처리한다.

4. 두뇌가 새로운 기술을 배우면 무슨 일이 생기는가?

   (a) 관여한 시냅스가 영구적으로 배선된다.

   (b) 관여한 시냅스의 상대적 강도가 변화한다.

   (c) 기존의 시냅스 중 일부는 제거되고 새로운 시냅스가 만들어진다.

   (d) (b)와 (c)

5. 다음 중 교실 내 과학 프로젝트를 수행하면서 모든 학생들의 학습 발전을 조성하는 최선의 방법으로 적절한 것은?

(a) 각 학생이 프로젝트 과정 전반에 참여하도록 격려한다.

(b) 일부 학생들이 다른 학생들에게 프로젝트를 시연하도록 한다.

(c) 슬라이드를 비롯한 시각적 보조자료를 활용하여 전체적으로 프로젝트를 설명한다.

(d) (b)와 (c)

6. 다음 중 자극이 풍부한 환경에 해당하지 않는 것은?

(a) 학생들이 영양가가 높은 간식을 먹는다.

(b) 학생들이 남북전쟁에 대한 연극 대본을 쓰고 공연한다.

(c) 학생들이 매일 자기주도적 학습을 할 수 있는 시간을 갖는다.

(d) 학생들이 학업 수행 능력에 대한 교사의 피드백을 매달 받는다.

7. 교육자들은 학생들의 정신적 발달 지표에 주목함으로써 어떤 이익을 얻는가?

(a) 연령대 별로 최적의 교육 전략을 채택할 수 있다.

(b) 중요한 기술이 순서를 무시하고 발달하도록 한다.

(c) 학생들이 보다 어린 나이에 추상적 추론 능력을 학습할 수 있도록 돕는다.

(d) 학생들이 음소 인식 능력을 습득하기 전에 읽는 법을 배울 수 있도록 돕는다.

8. 다음 중 아이가 읽기 지도를 받을 준비가 되었음을 가리키는 것은?

(a) 150개 정도의 어휘 지식

(b) 단순한 지시를 이해하는 능력

(c) 단어 속의 음소를 골라내는 능력

(d) 복수형과 과거 시제를 활용하는 능력

9. 다음 진술 중 맞는 것은?

(a) 유아기에 청각 계통에 질병이 생기면 말소리를 구별하는 아이의 능력이 손상될 수 있다.

(b) 우세한 눈에 안대를 씌우면 어떤 연령대라도 약시를 교정할 수 있다는 것이 발견되었다.

(c) 시냅스 증식의 이점은 기본적 생존 기능을 담당하는 두뇌 부위가 발달하도록 돕는 것이다.

(d) 외국어 발달에는 결정적 시기가 존재하며 그 이후에 새로운 언어를 배우는 것은 불가능하다.

제 2부

두뇌와 언어

과정 소개

언어는 "오직 인간만이 가지고 있는 고차원적이고 추상적인 상호 의사소통의 매개체로서 고도로 발달된 인류 문명을 가능하게 한 일차적 요소"라고 할 수 있습니다.[1] 본 과정에서 여러분은 언어 표현과 지각에 있어 핵심적 역할을 수행하는 두뇌 구조에 주안점을 두고 다채로운 두뇌 속 여행을 하게 됩니다. 듣기, 이해, 그리고 표현 등 학생들의 성공을 위한 중요한 언어적 기술에 중점을 두고 학습합니다. 언어라는 복잡하지만 매력적인 인지적 과업을 두뇌는 어떻게 처리할까요? 말소리로 전달되는 지시를 듣고 반응할 때 학생의 머릿속에서는 어떤 일이 벌어지고 있는 것일까요? 대뇌 좌우반구로부터 뉴런에 이르는 탐구를 하며 여러분은 두뇌가 문법, 의미, 소리를 다루는 방법을 이해할 수 있게 될 것입니다.

WHAT YOU WILL LEARN 📖 이번 과정에서 학습할 것들

- 두뇌 용량이 증가하는 주요 과정
- 수상돌기 분지(*dendritic branching*)와 미엘린화(*myelination*)의 정의
- 시냅스 증식(*proliferation*)과 제거(*pruning*)의 정의
- 학습과 발달에 있어서의 결정적 시기(*critical period*)
- 뇌세포, 즉 뉴런이 학습하는 방법
- 음운적 지식, 의미적 지식, 문법적 지식, 화용적 지식의 정의
- 화용론, 문법, 의미론, 음운론적 실수를 인식하는 법
- 언어를 표현하고 인식하는 것 사이의 차이점들
- 읽기에 있어 음성 언어의 역할
- 두뇌가 언어 속의 소리를 구별하는 방법

....

1 박순(2010). 13쪽

- 두뇌가 소리를 개념으로 번역하는 방법
- 두뇌가 언어를 표현하는 방법
- 읽기와의 연계성

과정 개요

오직 인간만이 고도로 발달한 의사소통 수단으로서 언어를 사용합니다. 언어는 인간 이성의 가장 고차원적 산물 중 하나이며 아직 어떤 언어학자나 과학자도 언어의 본질에 대해서 단언할 수 없습니다. 언어는 그 수준에 걸맞게 인간의 두뇌 자원을 총체적으로 동원하여 협주되는 거대한 교향악 같은 인지 예술이기 때문입니다. 하지만 최근 뇌 과학을 비롯한 과학 영역에서의 비약적인 발전 덕분에 인간 지성의 근원인 두뇌에 대하여 보다 심층적이고 객관적인 설명이 가능해지고 있습니다.

제 2부는 제 3부에서 전개될 심화 지식을 보다 쉽게 흡수하기 위한 또 하나의 기초 과정입니다. 뉴런과 시냅스의 변화를 통해 언어 학습의 원리를 조망한 뒤 음운론, 의미론, 통사론, 화용론 등의 언어적 측면을 다루겠습니다. 그리고 음성 언어가 우리의 두뇌 속으로 들어가서 어떻게 처리되는지 그 과정을 추적하겠습니다. 인간 문명의 한 축은 문자 언어 운용 능력, 즉 읽기와 쓰기라는 문식(文識) 및 문해(文解) 능력(literacy)입니다. 문명을 체현하는 놀라운 언어 능력에로의 여행을 다시 시작하겠습니다.

우리가 다룰 것

제 1강에서 두뇌의 부피를 극적으로 증가시키지 않으면서도 두뇌가 역량을 강화하는 핵심적 메커니즘에 대해 학습할 것입니다. 특히 이 책 전체의 핵심어 중 하나인 두뇌 가소성이란 무엇인지 알게 될 것입니다.

제 2강에서는 언어의 조직 및 언어가 인간의 의사소통과 학습을 촉진하는 방법에 대해 심층적으로 살펴볼 것입니다.

제 3강에서는 대뇌에서 구어가 처리되는 방법에 대한 세부적인 여행을 함께 하면서 학습한 내용을 총 정리할 것입니다. 음성 언어가 듣는 이의 귀로부터 대뇌 측두엽으로, 그리고 베르니케 영역으로 여행하는 과정을 함께 따라가보겠습니다. 또한 단어가 말하는 이의 마음에서 발원하여 브로카 영역으로 여행하고 소리 내어 말하도록 입과 혀 등의 조음기관들을 움직이는 경로를 추적해볼 것입니다.

- 두뇌는 어떻게 커지는가. 아직 어린 두뇌는 수상돌기 분지(*dendritic branching*)와 미엘린화(*myelination*) 과정을 통해 그 크기가 급속히 커집니다. 이로 인해 아이가 어떻게 배울 준비를 갖추게 되는지 배울 것입니다.

- 두뇌는 어떻게 스스로 재조직화하는가. 성장 속도는 줄어들더라도 두뇌는 쉬지 않고 변화합니다. 오히려 두뇌 각 부위의 배선이 끊임없이 바뀌죠. 이어지는 내용에서 시냅스 증식과 제거(*synaptic proliferation and pruning*)의 차이점 및 이 과정이 아이의 성장에 어떤 의의를 갖는지 배웁니다.

- 언어학적 고찰. 음운론, 의미론, 통사론, 화용론 등의 언어학적 측면에서 말을 음성과 문자로 이해하고 표현하는 과정을 체계적으로 조망하겠습니다.

- 언어에 대한 뇌 과학적 고찰. 두뇌가 말 속의 소리를 구별하여 개념으로 옮긴 다음, 적절한 발화를 수행하는 방법을 살펴보고 이 과정이 읽기와 어떤 관련이 있는지 배우겠습니다.

두뇌 가소성

나이가 들어도 두뇌는 여전히 역동적으로 변화한다.
두뇌의 사치? 시냅스를 필요 이상으로 만들어내는 이유는?
아까운 시냅스를 왜 없애버리는 것일까?
결정적 시기인가, 민감한 시기인가?
뉴런이 배우는 법은?

1. 들어가며

두뇌가 발달하는 두 가지 주요 방식에 대해 앞에서 배웠습니다. 수상돌기(dendrite) 뉴런 세포의 몸체에서 길게 돋아난 가지로 다른 뉴런들로부터 정보를 받는다. 에 가지가 돋아나는 것과 미엘린(myelin) 일부 뉴런의 축삭을 감싸는 지방질의 흰색 막. 미엘린은 절연체 역할을 하며 신경 신호가 더 빠르게 더 먼 거리까지 이동할 수 있도록 한다. 미엘린은 뉴런 축삭을 중심으로 동심원을 그리며 스스로를 감싸는 교세포(glia cell)가 만들어 낸다. 화 현상이었죠. 그러나 이 두 가지 변화만으로는 두뇌 발달 전부를 설명할 수 없습니다. 수상돌기와 미엘린은 상당한 공간을 차지하기 때문에 아기 두뇌의 부피는 탄생 이후에 네 배로 커집니다. 하지만 아이가 걷고, 달리고, 앉는 등의 활동을 하면서 비대하게 성장한 두개골의 무게에 짓눌리면 안 될 것이므로 두뇌는 다른 경로를 통해 발달하는 방법도 채택합니다. 두뇌는 어떻게 이러한 위업을 이룩해낼까요? 스스로의 조직을 바꾸는 과정을 통해서입니다.

얼마 전까지만 해도 과학자들은 두뇌의 구조가 평생 동안 거의 변화하지 않는다고 믿었습니다. 대뇌의 주름진 피질 표면이나 두 개의 반구로 나뉜 것, 그리고 전두엽, 측두엽, 두정엽, 후두엽의 네 개 주요 부위로 구분되는 것 등 기본적 특성은 모든 사람에게서 공통적으로 관찰되며 이러한 특성이 나이가 들어간다고 해서 바뀌지는 않는 것 같습니다. 하지만 두뇌의 구조가 똑같이 머물러있다면, 아이나 어른의 능력이 발전해가는 것, 초등학교 3학년짜리가 어떤 숙제를 해야 하는지 기억하는 것, 중학생이 헌법 조문을 외우는 것을 어떻게 설명할 수 있을까요? 기술이나 기억은 어딘가에 저장되어야 합니다. 두뇌의 어딘가가 변화되어야 한다는 뜻입니다. 사실, 신경 세포 수준에서 무슨 일이 벌어지고 있는지 아주 자세히 살펴보면 두뇌는 쉴 새 없이 재조직화하는 상태임을 알게 됩니다.

WHAT YOU WILL LEARN 📖 **이번 강의에서 배울 것들**

- 시냅스 증식(*proliferation*)과 제거(*pruning*)의 정의
- 학습과 발달에 있어서의 결정적 시기(*critical period*)
- 뇌세포, 즉 뉴런이 학습하는 방법

수상돌기 분지(*dendritic sprouting*) 정보를 받아들이는 쪽 뉴런에서 가지처럼 돋아나온 부분(수상돌기)이 뉴런의 정보 전달 능력을 증가시키기 위해 증식하는 과정 **및 미엘린화** 신경계에서 축삭을 절연물질로 감싸는 과정 **와 마찬가지로**, 뉴런들 간 연결이 증식하고 제거되는 과정은 각각 다른 시기 별로 다른 두뇌 부위에서 발생합니다. 이번 강의 말미에서 우리는 이러한 발달이 진행되는 동안 거쳐가는 결정적 시기(*critical period*)에 대해 살펴볼 것입니다. 뉴런들 간의 연결을 다른 말로 **시냅스**(*synapse*)라고 합니다. 두뇌가 일생 동안 재조직화하는 데 있어 결정적 역할을 하는 것이 시냅스입니다. 우선 시냅스의 기능에 대한 조사부터 시작해봅시다.

2. 시냅스 증식과 제거

시냅스
뉴런은 정보 소통에 특화되어 있음을 우리는 이미 알고 있습니다. 뉴런은 축삭을 통해

정보를 보내고 대개 수상돌기로 정보를 받아들입니다. 축삭과 수상돌기가 만나면 시냅스라고 불리는 접촉 지점을 형성합니다. 시냅스에서는 각 뉴런의 축삭과 수상돌기가 약 20나노미터(㎚) 떨어져 있기 때문에 전기가 직접 흐르지는 못합니다. 그래서 전기화학적 신호 혹은 신경전달물질(neurotransmitter) 형태로 정보가 하나의 뉴런에서 다른 뉴런으로 전달됩니다. 바로 이 시냅스들이 두뇌 재조직화의 주인공이죠. 뉴런들은 끊임없이 새로운 시냅스를 만들어낸 다음, 어떤 것은 보존하고 다른 것은 제거해버려서 뉴런이 시냅스로 보내는 정보를 본질적으로 바꿉니다.

모든 시냅스의 임무는 하나의 뉴런에서 다른 뉴런으로 정보를 전달하는 것입니다. 하지만 시냅스에서의 통신 상태는 끊임 없이 변화하죠. 어떤 시냅스는 뉴런들 사이에 정기적이고 지속적인 접촉을 구축하는 반면 다른 뉴런은 가끔씩만 메시지를 전달합니다. 어떤 시냅스는 아주 "시끄럽"거나 "튼튼"한 반면 다른 뉴런은 "조용"하고 "허약"합니다.

시냅스 연결은 이렇게 다양하며 뉴런 간 의사소통에 따라서 시시각각 조정되기 때문에 두뇌는 매우 유연하며 역동적인 인체 기관이 됩니다. 눈, 귀, 피부, 혀, 코 등과 같은 주변부로부터 수시로 새로운 정보를 수신하고 발신하기 때문에 두뇌 속에 있는 시냅스 조직은 쉴 새 없이 변화합니다. 다음 절에서 살펴보겠지만 어린이들의 두뇌가 가장 광범위한 변화를 겪습니다.

시냅스 증식

탄생 이후 한 살 때까지 아기의 두뇌는 엄청난 숫자의 시냅스를 만들어냅니다. 특정 뉴런이 다른 뉴런과 접촉을 구축하기로 결정하는 조건과 방법을 아직 과학자들은 알지 못하는 데다가 이 시기에 너무도 많은 시냅스가 형성되기 때문에 뉴런들이 그냥 무작위로 연결되는 것처럼 보입니다. 그러나 분명한 것은 두뇌의 상이한 기능적 영역 별로 상이한 시간대에 **시냅스 증식**(synaptic proliferation)이 일어납니다.

시각적 능력이 아직 온전히 형성되지 않은 두 달바기 아기를 생각해봅시다. 이 시기의 아기가 가지고 있는 시시각 능력으로는 정확한 초점을 맞추지 못하기 때문에 분명한 명암 대비나 검은 줄 정도만 응시할 뿐입니다. 장난감 제조사에서는 이 점에 착안하여 생후 두 달 정도 된 아기들을 대상으로 흑백 줄무늬가 주를 이루는 모빌이나 봉제 동물 인형을 만듭니다. 하지만 이런 시기는 조만간 끝납니다. 이어지는 두 달 동안 극적인 변화가 일어나죠.

두뇌의 뒤쪽에 위치한 시각 피질은 눈에서 들어오는 정보를 처리합니다. 시각 처리 작업은 매우 단순 명쾌해 보이지만 실은 비상하게 정교한 두뇌의 역량을 요합니다. 시각을 통해 우리는 물체의 윤곽을 구별하고 수많은 시점에서 동일한 대상을 식별하며 두 개의 눈으로부터 들어오는 정보 입력을 조화시켜 3차원 영상을 형성합니다. 아주 어린 아기들은 이런 일 대부분을 할 수 없습니다. 하지만 생후 4개월이 되면 아기들의 시각능력은 놀라운 진보를 이룩하게 되며, 시각 피질에 있는 시냅스가 급속히 증식하여 과포화 되는 현상이 이어집니다. 생후 2개월이면 아기의 시각 피질에 있는 시냅스의 숫자가 열 배로 증가합니다! 시냅스 증식 현상은 네 살 정도까지 계속되다가 제거 과정이 시작됩니다.

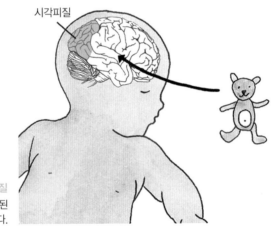

시각피질

시각피질
일차 시각 피질은 눈으로 유입된
정보가 처음 도달하는곳이다.

한편, 대뇌 전두엽에서 일어나는 시냅스 증식은 별도의 시간표를 따릅니다. 전두엽은 앞일을 계획하고 추상적인 사고를 관장하는 부위로서 이러한 능력이 발달하는 데에는 아동기를 지나 청소년기에 이르기까지 특히 오랜 시간이 소요됩니다. 이러한 영역 속에 있는 시냅스의 숫자는 열 살 정도까지 느리지만 꾸준하게 증가하다가 시냅스 제거가 시작됩니다.

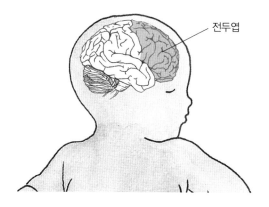

전두엽

전두엽
작업에 대한 기획과 충동적 행동을 억제하는 일을 담당하는 전두엽은 성년기에 접어들 때까지 계속 발달한다.

어린이 두뇌 발달에 있어서 시냅스 증식 현상이 중요하다는 것을 알게 되었지만, 별로 효율적인 작업 과정인 것 같지는 않습니다. 담당한 임무를 수행하기 위해 그렇게도 많은 수의 연결이 필요할 것 같지는 않으니까 말입니다. 그렇다면 왜 시냅스가 과도할 정도로 증식하는 것일까요?

적응 능력(Adaptivity)

시냅스 증식은 두뇌가 새로운 경험에 대해 열려있도록 하기 위해 취하는 방법입니다. 뉴런들 사이의 연결을 과포화될 정도로 만들어내면 살아가면서 마주칠 수 있는 다양한 환경에 대해 폭넓게 대비할 수 있게 되는 것이죠. 인간이 살아가면서 얼마나 다종다양한 경험을 하게 되는지 생각해보세요. 도시, 교외, 빈민가, 산 속, 밀림, 사막, 초원 등 수많은 거주 환경에 처할 수 있으며 각 경우마다 특유의 환경적 요구와 문화적 관습이 존재합니다. 반면에 다른 동물들은 그저 한가지 유형의 환경 속에서 생존하는 경우가 대부분이죠. 인간의 두뇌는 아이가 처하게 될 어떤 환경에서든지 잘 적응하고 그 상황에 대해 전문화될 수 있도록 어릴 적에 엄청난 양의 시냅스를 만들어내어 충분한 정신적 원자재를 제공하는 것입니다.

예컨대, 거의 모든 아이들은 자기가 탄생한 공동체의 언어를 말할 수 있는 능력을 발달시킵니다. 대한민국에서 태어난 아이들은 한국어를, 미국에서 태어난 아이들은 영어를, 멕시코에서 태어난 아이들은 스페인어를 말하는 법을 배웁니다. 하지만 아기가 세상에 막 나왔을 때 아기의 두뇌는 어떤 나라나 공동체 사회에 태어났는지를 모릅니다. 따라서 특정 언어에 대해 미리 완비된 상태로 출생하는 것이 아니라 뉴런으로 하여금 과도한 시냅스를 만들어 내게 해서 가능한 모든 언어에 대해 준비 태세를 갖추는 것이죠.

이러한 시냅스 과포화로 인해 생애 초기에 놀라운 능력을 발휘하기도 합니다. 예를 들어, **신생아들은 모든 언어의 말소리를 구별할 수 있습니다.** 태어난 곳에서 어떤 언어를 사용하든 상관없이, 아기는 /ba/와 /pa/, /ri/와 /li/와 같은 소리들의 미묘한 차이를 감지해냅니다. 아기의 생애 중 이 시기에 아기의 두뇌는 한국어, 영어, 일본어, 중국어, 아랍어를 비롯한 모든 말소리를 적절히 처리할 수 있는 능력을 갖고 있습니다. 자기 모국어 소리는 물론 외국어의 말소리도 다 흡수할 수 있는 능력을 보유하는 것은 시냅스 과포화 시기와 거의 일치합니다.

물론, 아기가 단어나 문장을 이해할 수 있는 것도 아니고 아직 말도 할 수 없으므로 공동체의 다른 구성원들과 구두로 상호작용할 수 없죠. 하지만 아기의 두뇌는 시냅스 증식을 통해 어떤 언어가 되었든 듣는 말소리를 구별하고 처리할 수 있도록 이미 기초 공사를 끝내 놓는 것입니다. 이어지는 2~3년 동안 아이는 자기 모국어를 유창하게 구사할 수 있게 됩니다. **어떻게 아이가 그렇게도 짧은 기간에 언어에 숙달되는지는 그 누구도 정확히 모릅니다. 그러나 시냅스 제거**(불필요한 시냅스를 선택적으로 가지치기하는 것)**가 중요한 역할을 한다는 것은 분명합니다.** 계속 알아봅시다.

IMAGINE 당신은 교육자, 두뇌 과학자, 언어학자를 대상으로 하는 학회에 가서 "아동의 언어 습득 원리"라는 주제의 패널 토의에 참석했습니다. 아이들이 선천적으로 갖고 태어난다고 믿는 언어적 요소를 적어도 한가지 묘사하고 왜 그런지 설명해보세요. 그리고 아이들이 환경에 따라 습득해야만 한다고 믿는 언어적 요소를 묘사하고 왜 그런지 설명하세요.

특별한 경우에 두뇌는 다른 패턴으로 시냅스를 증식시키고 제거합니다. 예를 들어, 두뇌의 시각과 청각 시스템은 최초 3년까지는 밀접히 연결되어 있지만 그 이후엔 분리됩니다. 하지만 선천적인 청각 장애우들의 경우엔 상황이 다르게 전개되죠. 청각 장애우는 성공적으로 의사소통하기 위해 청각적 입력보다는 시각적 입력에 의존합니다. 정상 아동들이 소리를 들을 때 반응하는 두뇌 영역이 청각 장애우의 경우 시각적 입력에 반응한다는 사실이 두뇌 영상 연구에서 밝혀졌습니다. 게다가 청각 장애우들은 극도로 예민한 주변시(peripheral vision)를 갖고 있답니다.

시냅스 제거

로사라는 멕시코 아이가 미국으로 이민을 왔습니다. 로사는 영어를 말할 줄도 모르고 이해할 수도 없습니다. 다른 친구들과 함께 공부하기 위해서 이 아이는 더 많은 관심과 교육을 필요로 합니다. 로사는 다른 급우들과 대화도 못하고 선생님들께 질문도 못하며 읽기 수업 내용을 이해할 수도 없습니다. 하지만 로사가 멕시코에 있을 때에는 학교에 가서 다른 아이들과 아무 문제없이 어울리고 부모들과 스페인어로 대화하고 다른 형제 자매들과 신나게 게임도 했겠지요. 로사는 멕시코라는 공동체 내에서는 아쉬울 것 없는 "전문가"였습니다.

우리는 모두 자신의 공동체 내에서는 전문가가 됩니다. 두뇌는 환경과 함께 작용하여 언어와 같은 고도로 특성화된 기술을 발달시켜 우리가 사회적 존재로서 아무 손색이 없도록 해줍니다. 로사나 영어를 모국어로 하는 미국 친구들은 모든 언어의 소리를 지각하고 구별할 수 있는 능력을 갖고서 생을 시작했습니다. 그러나 단지 몇 년 만에 그 아이들은 각자 다른 방향으로 전문화되었습니다. 어디에서 성장했는지에 따라 다른 언어에 능통하게 되었다는 점에 주목합시다. 이러한 **전문화 과정은 시냅스 제거**(synaptic pruning)**와 동시에 진행된다**고 과학자들은 믿습니다. 포화 상태로 만들어냈던 시냅스 연결을 선택적으로 제거하여 두뇌가 스스로를 섬세하게 다듬는다는 것이죠.

두뇌가 모국어에 대해서 스스로를 다듬어 가는 현상을 생각해봅시다. 열 살 또는 열한 살이 된 아이는 신생아 만큼 외국어 말소리를 구별할 수 없게 됩니다. 하지만 계속해서 노출되는 소리를 구별하는 능력은 점점 더 좋아지죠. 아기가 외국어 말소리를 구별하는 능력을 잃는 것은 미리 형성된 시냅스가 사라지는 것과 동시에 발생합니다. 그러나 모국어 말소리를 구별하기 위해 도움을 주는 시냅스는 여전히 활성화되어 살아 남고 쓰면 쓸수록 점점 더 튼튼해져서 두뇌는 더 효율적으로 언어를 처리하게 되는 것입니다.

미국 워싱턴대학교 교수인 패트리샤 쿨의 연구에 따르면 탄생한 지 얼마 안된 일본 아기는 영어의 /low/와 /row/를 정확히 구별할 수 있습니다. 하지만 10~12개월 동안 지속적으로 모국어 소리를 주로 접한 뒤에는 일본어 말소리는 기막히게 구별할 수 있지만 영어의 /low/와 /row/를 구별하는 능력을 상실합니다.

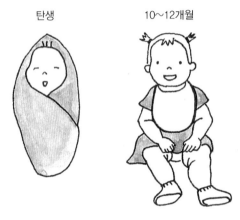

언어전문가
일본에서 태어난 아기라도 영어 말소리를 구별하는 능력을 갖고 있지만 첫돌을 맞이하면서 그 놀라운 능력을 상실한다.

 어떤 특정 능력을 상실하는 것이 전반적으로 더 나은 발달을 유도하게 되는 다른 예로는 무엇이 있을까요?

물론 로사는 아마도 새 학교에 잘 적응할 것입니다. 특별히 문제가 없다면 빠른 속도로 영어를 배워서 유창하게 말할 수 있게 될 테죠. 그런데 로사의 엄마와 아빠는 어떨까요? 영어로 진행되는 학부모회에 참석할 수 있을까요? 우리 상식으로 미루어 추측해보면 아이들에 비해 어른들이 새로운 환경에 적응하는 데 더 어려움을 겪습니다. 두뇌가 경험에 준하여 스스로를 다듬는 데 있어 시냅스 증식과 제거 과정 둘 다 생애 초기에 긴요한 역할을 하지만 발달이 진행됨에 따라 두뇌가 대규모로 재구조화 되는 것이 곤란해집니다. 다음 절에서 우리는 시냅스 증식과 제거 현상의 어두운 면을 조사해보겠습니다. 하지만 어른들도 아이들만큼은 아니더라도 놀라운 학습 능력을 유지한다는 점을 간과해서는 안되겠습니다.

이게 무슨 뜻일까요? 1890년에 『심리학의 원리(*The Principles of Psychology*)』를 저술한 윌리엄 제임스는 "배우는 것은 선택하는 것이다"라고 말했습니다. 시냅스 제거에 대해 방금 배운 내용을 가지고 이 문장이 무슨 의미인지 설명해보세요.

3. 결정적 시기

러시아의 아동문학가이자 문예비평가였던 코르네이 추콥스키(*Korney Chukovsky*)는 이렇게 말했습니다. "내가 보기에 모든 아이는 두 살 때부터 잠시 동안 언어의 천재가 되는 것 같다. 그리고 나서, 다섯 살 내지 여섯 살부터 그 재능의 빛이 바래기 시작한다. 여덟 살의 아이는 말에 대한 창의력이 더 이상 필요 없는 듯, 흔적조차 남아있지 않다."[2]

우리말을 사용하는 환경 속에서 자라는 아기는 모든 언어의 말소리를 구별하는 능력을 생후 1년 정도 지나면 상실한다고 했습니다. 하지만 대신에 뭔가를 얻게 되죠. 그 아기는 시끌시끌한 방 안에서도 "바위"와 "가위"를 구별할 수 있습니다. 체육 선생님이 소리치는 지시 사항, 교실에서 나오는 안내 방송, 수업 중에 교실 뒤에서 소곤소곤 말하는 친구의 속삭임에 이르기까지 다양한 상황 속에서 모국어를 이해할 수 있게 됩니다. 이 모든 게 가능한 이유는 **두뇌가 언어를 처리하는 데 있어서 유연하고 오류에 관용적인 시스템을 개발했기 때문**입니다.

---

2 Chuukovsky, k., & Morton, M. (1963). 7쪽

두뇌와 언어 제2부

NOTE

특히 음성 언어 활동에서는 순수한 말소리 이외의 수많은 소음이 같이 존재하기 마련입니다. 여러 사람이 함께 대화하는 상황을 상상해보면 즉시 이해가 될 것입니다. 모국어를 이상 없이 습득했거나 유창한 제 2언어 실력을 갖춘 사람은 온갖 소음 속에서도 목표로 하는 말소리를 구별해낼 수 있습니다. 이와 관련된 아래 글을 읽어봅시다.

말소리에 대한 두뇌의 관용성

착각이란 실제 감각 입력과 지각 사이의 불일치이다. 말이란 특정 순간에 발생하는 개별적 주파수와 강도 이상을 내포한다. 각 순간이 어떻게 서로 엮여 있는지에 의존하게 된다는 뜻이다.

말을 이해하는 것은 각 단어를 이해하는 수준을 넘어선다. "물고기가 자전거를 탄다"는 문장을 보면 이 점이 분명히 드러난다. 이 문장의 억양을 바꾸면 질문이 된다. 최근 이론에 따르면 아주 짧은 음향 정보를 무시하고도 말을 이해할 수 있다. 이러한 이론을 뒷받침하기 위해, 아주 작은 소리 분절의 시간적 패턴을 거꾸로 들려주어도 충분히 알아들을 수 있다는 점이 실험적으로 증명되었다.

아래 도표에서 볼 수 있듯, 말을 작은 분절로 나누어 들려주는 실험을 하였다. 각 분절을 거꾸로 틀어 놓았기 때문에 지엽적으로 혼동을 일으키긴 했어도 전체적 정보는 유지되었다. 아래쪽의 파형은 컴퓨터로 문장의 구 단위를 80밀리초 단위로 조각낸 후 역으로 돌리도록 처리한 것이다. 컴퓨터로 이렇게 처리한 분절 단위가 길면 알아들을 수 없게 된다. 그러나 분절이 짧아질수록 점점 더 문장을 이해하는 것이 가능하게 된다. 만일 문장 수준에서 이해할 수 없다면 단어를 식별하는 데도 곤란을 겪게 될 것이다. 하지만 문장을 안다면 알아들을 수 있는 단어들이 나타나

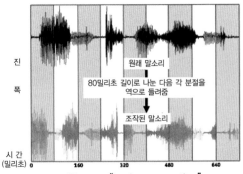

Phrase: "brain connection"

게 된다. 앞뒤 정황을 통해 많은 정보를 얻을 수 있기 때문이다. 문맥을 알면 동음이의어들(소리가 같은 단어들)을 구별할 수 있으며 대충 발음하거나 배경 소음에 잠긴 단어들을 추측하여 식별해낼 수 있다.

『네이처』(398: 760, 1999년 4월 29일자)지에 기고한 글에서 Kourosh Saberi와 David Perrott는 위와 유사한 방법을 사용하여 말소리를 조작하는 방법에 대해 보고하였다. 예를 들어, 여러 사람이 대화하는 중 누군가 기침을 한 경우 짧은 시간 동안 말소리 일부를 들을 수 없지만 대화를 이해하는 데 큰 문제가 없다. 처리된 분절의 지속 시간을 변화시켜서 말소리의 이해도를 측정하여, 이 연구자들은 낮은 빈도로 125~300밀리초 동안 변이를 지속하는 경우 언어 이해에 지장이 없지만 변이 빈도가 조밀해지면 이해가 불가능해짐을 증명하였다.

그러나 신비로운 **시냅스 증식과 제거 과정은 영원히 지속되지 않습니다.** 두뇌는 특정 유형의 환경적 입력에 따라 자체의 구조가 변하는 것을 허용하도록 설계되었지만 발달 과정의 일부 기간에만 그렇습니다. 일단 이러한 시기가 지나면 시냅스들은 보다 안정적인 구조로 정착되며 배열을 바꾸는 것이 보다 어려워집니다.

예컨대, 학부모, 교사, 의사는 혹시 어린아이의 귀에 감염이 생길까 우려합니다. 이것은 분명한 이유가 있기 때문이죠. 두뇌에 있는 언어 처리 센터 속의 시냅스가 여전히 활발하게 재조직화하고 있는 시기인데, 귀에 감염이 발생하면 미세한 말소리 차이를 구별하는 능력에 손상을 입게 됩니다. 만일 적절한 치료를 받지 못하면 문제가 눈덩이처럼 커지기도 합니다. 많은 단어들의 의미상 큰 차이는 아주 작은 소리 차이에 달려있기 때문에 (bit, pit, mitt의 경우처럼) 그 아이는 말을 이해하는 데 곤란을 겪게 될 수 있습니다. 게다가 문법적 요소도 의미에 있어서 큰 차이를 만들어 내는 아주 작은 소리 차이에 달려있으므로 (예를 들어, 복수 접사인 –s와 과거형 접사인 –ed), 아이는 문법에 있어서도 난관에 빠지게 될 수 있습니다. **외이염**(*otitis externa*) 외이(外耳)에 염증이 생기는 것으로 감염이나 물리적 손상으로 인해 발생한다., **중이염**(*otitis media*) 고막 안쪽에 감염이 생겨서 유스타키오관을 막아 고막에 가해지는 압력을 올린다., **진주종**(*cholesteatoma*) 중이(中耳)에 생기는 양성 종양으로서 고막 파열이 아물면서 조직이 비대하게 성장하여 생긴다. **같은 병에 걸리면 정상적인 청각 능력 발달이 지체될 수 있습니다.**

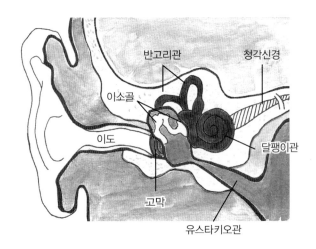

시각 시스템에도 역시 결정적 시기가 있습니다. 심한 편측 약시(*lazy eye*)인 아이를 본 적 있나요? 약시인 안구만 저 혼자 움직이죠. 만일 약시가 계속되면 두뇌는 약시인 눈에서 들어오는 정보를 무시하기 시작합니다. 그러면 한쪽 눈만으로 시각적 처리를 하게 되고 그 아이는 건강한 양안시를 발달시키지 못하게 되어 3차원으로 사물을 지각하는 능력을 상실합니다. 이 증세를 개선하기 위해 의사는 주기적으로 이상이 없는 건강한 눈을 안대로 가립니다. 약시인 눈이 제 역할을 하도록 강제하여 눈과 두뇌 사이의 시냅스 연결을 활성화하기 위해서입니다. 얼핏 단순한 치료 같지만 다섯 살이 넘어서면 효과가 없습니다. 이 시기 이후에 시각 시스템은 기본적 "배선"이 완료되었다고 간주하여 심도 지각(*depth perception*)과 같은 보다 복잡한 기술을 익히기 위해 재조직화하는 임무에 착수하기 때문입니다. 4세 전후에 시각 피질 내의 시냅스 성장이 느려지기 시작한다는 것이 기억납니까? 5세 이후에도 약시를 교정하는 것이 가능하긴 해도, 일단 결정적 시기가 종료된 후에는 시각 시스템의 기본적인 시냅스 연결을 변화시키기 위해서는 훨씬 집중적인 훈련이 요구됩니다.

왜 두뇌 성장에 결정적 시기가 존재하는 것일까요? **두뇌가 보다 복잡하고 세련된 학습을 하기 전에 일단 기초적 기술 습득을 완료할 필요가 있기 때문**입니다. 방금 배웠듯 심도 지각을 학습하는 아이는 발달 순서상 두 개의 눈을 사용하는 법을 우선 알아야 합니다. 그러므로 두뇌가 결정적 시기 동안 "벼락치기"를 한 다음, 이후 단계 학습을 준비하기 위해 시냅스 연결을 안전하게 보존하는 것이 합리적인 선택입니다.

두뇌는 평생 사용할 수 있을 만큼 주변 세상에 대한 표상을 지속적이고 견고하게 형성하는 일을 합니다. 일단 이러한 표상 중 일부를 형성하면 **연결을 안정화**시킵니다. 물론 두뇌는 비록 짧은 기간이지만 환경적 입력에 스스로를 노출시키는 모험을 감행할 때도 있습니다. 두뇌가 특정 언어에 대해 준비 완료된 상태로 세상에 나선다면 걱정할 거리가 전혀 없겠지만, 그렇게 되면 갖가지 환경에 대한 적응 능력이 떨어지게 됩니다. 그래서 두뇌는 협상을 했습니다. 일정한 시기 동안만 경험에 의거하여 일부 중대한 두뇌 부위를 성형하는 것이죠.

그러나 평생 학습하기를 원하는 성인들에게도 좋은 소식이 아직 남아있습니다. 비록 뇌 과학자들이 두뇌 속의 수많은 기능적 영역들을 찾아냈더라도 두뇌 대부분은 미지의 영역으로 남아있습니다. 실제로 과학자들은 아직 알려지지 않은 부분을 "**연합령**(association area)"이라고 부르며, 이렇게 이름을 붙인 이유는 연합령이 서로 떨어져 있는 두뇌 부위들로부터 모여드는 정보를 연합하여 유기적인 전체로 통합하기 때문입니다. 당신이 바라보는 그림과 읽는 시, 혹은 당신이 맡고 있는 냄새와 그로 인해 연상되는 추억과 같이 복잡한 연상 작용을 고차원적 학습이라고 합니다. 그리고 **연합령은 성인기로 접어들더라도 여전히 가장 말랑말랑한 영역으로 남아있습니다.**

이게 무슨 뜻일까요? 일리노이대학교의 뇌 과학자인 윌리엄 그리노는 두뇌에 두 가지 유형의 발달이 존재한다고 믿었습니다. 첫째 유형의 발달은 경험 기대적(experience expectant)이고 둘째 유형의 발달은 경험 의존적(experience dependent)이라고 하였습니다. 방금 결정적 시기에 대해 배운 바에 의거하여 그가 무엇을 의도했다고 생각하는지 설명하고 각 발달 유형에 대한 예를 들어보세요.

지금까지 발달하는 아이의 두뇌가 어떻게 성장하며 스스로를 재구성 하는지에 대해 배웠습니다. 이러한 발달 중 일부는 "결정적 시기" 동안의 환경 입력에 의존하지만 다른 부분들은 평생 동안 재조직된다고 했습니다. 바꿔 말해, 두뇌는 늘 가소적(*plastic*)인 상태를 유지합니다.

두뇌를 아주 면밀하게 살펴보면 아이나 어른이나 배움에 있어서 근본적인 특성을 공유함을 알 수 있습니다. 비록 서로 많이 다르더라도 말입니다. 이러한 특성을 살펴보기 위해 또 다시 뉴런으로 돌아가보겠습니다. 뉴런은 두뇌의 통신사입니다.

4. 뉴런이 배우는 법

외국어를 배우면서 "사용하지 않으면 녹슨다(*Use it, or lose it*)"는 말을 들어본 적이 있습니까? 배운 외국어도 자꾸 쓰지 않으면 힘들여 학습한 것을 잊어버릴 가능성이 높아집니다. 다른 기술도 마찬가지입니다. 교육을 받은 성인이라면 덧셈과 뺄셈을 할 줄 압니다. 쇼핑을 하면서 일상적으로 쓰기 때문이죠. 그러나 포물선 그래프를 그리는 법이나 이차 방정식 풀이법은 기억하지 못할 수 있습니다. 처음에 엉터리로 배워서 그런게 아니고 사용하지 않았기 때문입니다.

"사용하지 않으면 녹슨다"는 아주 멋진 교육적 명구이면서 두뇌가 근본적으로 어떻게 작동하는지에 대한 정확한 통찰이기도 합니다. 이미 몇 가지 예를 든 적이 있습니다. 태어난 지 10개월 된 아기는 본래 모든 말소리를 구별할 줄 알지만 사용하지 않으면 그 능력을 상실합니다. 편측 약시가 심한 쪽의 눈을 사용하지 않으면 그쪽 눈은 시력을 잃습니다. 무슨 일이 벌어지는 것일까요? 언어 및 시각 처리에 관여하는 뉴런들이 더 이상 성공적으로 연결되지 못하기 때문입니다. 그러나 **적절한 입력이 주어지면 대단히 놀라운 일이 벌어집니다.** 뉴런들 사이의 연결이 튼튼해지고 보다 빠르고 효율적으로 정보를 보냅니다. 그런데 뉴런 한 개의 수상돌기들은 수십 개 혹은 수백 개의 다른 뉴런으로부터 정보를 받습니다. 어떻게 뉴런은 그 모든 정보를 파악하게 될까요?

뉴런은 다른 뉴런으로부터 유입되는 메시지에 반응하는 방식을 실제 바꿀 수 있습니다. 이 과정이야말로 인간의 학습과 기억 능력의 바탕이라고 과학자들은 추정합니다. 뉴런이 어떻게 다른 뉴런과의 연결을 강화할 수 있으며 어떻게 두뇌의 일부가 구조를 바꾸는지 이해하기 위해 피아노 연주를 배우는 과정을 생각해봅시다.

강렬한 vs. 약한 메시지

피아노 연주법을 배울 때 개별 음표뿐만 아니라 화음, 템포, 운지법, 몸의 자세 등도 배웁니다. 한 달에 한 번 달랑 30분짜리 레슨에 다니면서 이 모든 개념을 배우려 한다고 가정해봅시다. 피아노 소나타 한 곡을 연주하려면 도대체 얼마나 걸릴까요? 매일 한 시간씩 레슨을 받으면 어떨까요? 가뭄에 콩 나듯 배우는 것보다 훨씬 빠르게 피아노 연주법을 배울 테죠.

뉴런 사이의 시냅스 연결도 비슷하게 돌아갑니다. 서로 더 자주 연결될수록 연결이 강화됩니다. 매일매일 피아노 연습을 하면 곧 모든 동작이 물 흐르듯 자동적으로 되기 때문에 각 음표와 손가락 위치에 신경 쓰지 않으며 연주할 수 있게 되는 것과 똑같이 시냅스 연결이 강화될수록 더 **자동화**됩니다. 마찬가지로 시냅스 연결 빈도가 낮아질수록 신호는 더 약해지죠. 어떤 뉴런이 다른 뉴런에 약하고 간헐적으로만 메시지를 보내면 수신 측 뉴런도 보통 약하게 반응하거나 아니면 아예 묵묵부답이 됩니다.

뉴런이 메시지를 파악하는 방법

강렬한 메시지가 활성화된 뉴런과 만나다

어떤 뉴런이 높은 빈도와 강도로 보낸 메시지가 상대편 뉴런이 활성화 상태일 때 도달한다고 가정해봅시다. 이것은 많은 시간을 들여 익힌 애창곡을 자신 있게 연주하기 위해 피아노 앞에 착석한 상황과도 비슷합니다. 그렇게 전달된 시냅스 메시지도 마찬가지로 해당 뉴런들 사이의 연결 정도가 지속적으로 증가하도록 도와주며 수신 측 뉴런은 보통 더 강렬하게 반응합니다. 이렇게 강화된 연결은 수일부터 수주까지 지속될 수 있습니다.

강렬한 메시지와 희미한 메시지가 동시에 도달하다

강한 메시지와 약한 메시지가 동일한 뉴런에 동시에 도착할 때 두 개의 메시지를 서로 비슷하게 받아들입니다. 즉, 뉴런은 다른 종류의 메시지에 대해 정확히 같은 방식으로 반응합니다. 적은 정보로도 해당 뉴런은 점차 자동적으로 반응하게 됩니다.

5. 연결 배우기

  우리가 지금까지 배운 내용이 아이들과 무슨 관련이 있을까요? 읽는 법을 배우는 아이를 상상해봅시다. 활자로 찍힌 문자를 이해하기 위해 아이는 이미 알고 있는 말소리와 잘 모르는 활자화된 상징을 연결해야 합니다. 어떤 이야기를 읽고 이해하기 위해서 아이는 누군가 그 이야기를 소리 내어 읽어줄 때 반응하는 것과 마찬가지로 활자로 된 상징에 반응하는 법을 배워야 합니다. 읽는 법을 꾸준히 연습해서 자동적으로 할 수 있게 되어야 하죠.

  IMAGINE 어떻게 생각하십니까? 새로운 학습 자료를 도입하기 전에 학생들이 이미 알고 있는 특정 주제를 먼저 꺼내는 것이 도움이 됩니까? 왜 그럴지 여러분이 방금 뉴런이 학습하는 법에 대해 배운 내용에 비추어 설명해보세요.

  물론 글자를 해독하는 것은 말소리와 문자 사이의 일대일 대응 관계를 찾는 단순한 과정일 수도 있지만, 읽기 활동을 비롯한 대부분의 학습은 언제나 서로 단순하게 상응하지는 않으며 복잡한 정보의 통합을 요구합니다. 그렇더라도 뉴런이 서로 정보를 교환하는 법을 면밀히 조사한 끝에 두뇌의 비밀 한 가지가 드러났습니다. '연습으로 완벽해진다 *(Practice makes perfect)*. 뉴런도 마찬가지'라는 것이죠. 두 개의 뉴런 사이의 정보 교환을 보다 빈번하게 연습하면 서로의 결합이 강건해지며 적은 인지적 자원을 들이고도 그 일을 해낼 수 있습니다.

  독일의 문예비평가 발터 벤야민이 연습을 통해 얻게 되는 자동성을, 의지가 신체기관들에게 자리를 내주며 물러나는 것으로 비유한 바와 같습니다.
  "휴식이 창조적이 되도록 하는…능력은 바로 신들이 땀의 노고에 대해 치러준 대가(代價)이다… 대가(大家)가 기진맥진해서 지칠 때까지 열성과 노력을 다 하게 되면 마침내 몸과 그의 각각의 사지는 그들 자신의 이성에 따라 행동할 수 있게 된다. 이것을 사람들이 연습이라 칭한다. 의지가 몸의 내부에서 신체기관들에게―예를 들어 손에게―자리를 내주며 물러나게 되면 성공하는 것이다."**3**

도널드 헵과 실험용 쥐들을 기억하나요? 자극이 풍부한 환경 속에서 산 쥐들의 두뇌는 뉴런 학습을 촉진하는 물질을 분비하는 것으로 밝혀졌었습니다. 분비된 물질은 쥐들이 새로운 기억을 생성하는 능력을 증진시킵니다. 비록 과학자들이 아직 비슷한 환경 속에서 아이들의 두뇌도 동일한 물질을 분비하는지를 밝혀내진 못했지만, 아마도 그러할 확률이 높습니다. UC버클리대학교의 다이아몬드 박사가 다음과 같이 썼듯이 말입니다.

"어린 시절 배웠다가 나중에 다시 배우는 기술의 경우처럼 무언가를 최초로 학습할 때보다 재학습할 때 더 쉽다는 것을 우리 대부분은 안다. 성인이 되더라도 아이 적에 누린 기쁨과 활동으로 회귀하기 마련이므로, [자극이 풍성한 환경이 뉴런의 학습을 촉진하는 특별한 물질을 생성하는 데 도움이 된다는] 발견은 아동기와 청소년기에 광범위한 경험과 기술을 맛보는 것의 중요성을 역설하고 있다."

....

3 발터 벤야민(2007), 191쪽

6. 퀴즈

각 질문에 대한 답을 선택지에서 한 개 고르세요.

1. 다음 중 두뇌의 발달에 대한 진술 중 맞는 것은?

(a) 대뇌의 모든 부위의 발달 속도는 똑같다.

(b) 두뇌의 크기는 출생 시부터 성년기까지 똑같다.

(c) 각각의 뉴런의 정보 전달 능력은 쓸수록 더 좋아진다.

(d) 신경 세포의 숫자는 늘어나지만 시간이 지나면서 수행 능력이 발전하지는 않는다.

2. 다음 중 "결정적 시기" 동안 주로 발생하는 것은?

(a) 신경전달물질이 시냅스를 통해 전달된다.

(b) 두뇌의 연합 영역 내에 시냅스 연결이 구축된다.

(c) 모국어 말소리들의 미묘한 차이를 구별하는 법을 배운다.

(d) 위 전부 다

3. 다음 진술 중 틀린 것은?

(a) 뉴런이 다른 뉴런에게 응답하는 방식은 변화한다.

(b) 시냅스의 정보 전달률이 좋아질수록 더 튼튼해진다.

(c) 성인의 두뇌에는 어린이보다 더 많은 시냅스가 있다.

(d) 뉴런의 수상돌기는 수많은 다른 뉴런으로부터 신호를 받는다.

4. 일부 아이들이 한쪽 눈의 약시(*lazy eye*)로 인해 시력을 잃는 이유는?

(a) 시각 피질 내 시냅스가 과도하게 증식해서

(b) 연합 뉴런 연결이 제대로 이루어지지 않아서

(c) 제한적인 안구 움직임으로 인해 망막이 이탈해서

(d) 약시인 눈에서 시각 피질로 과도한 정보가 전달되어서

5. 다음 진술 중 맞는 것은?

(a) 결정적 시기는 시냅스가 영구적으로 정착된다는 사실을 증명한다.

(b) 결정적 시기는 기본적 기술과 동시에 고난도 기술이 발달한다는 증거이다.

(c) 결정적 시기를 거치면서 보다 복잡한 두뇌 계발을 위해 필요한 기초적 연결이 구축된다.

(d) 위 전부 다

6. 다음 중 시냅스가 학습에 미치는 영향으로 적절한 것은?

(a) 자주 강렬한 신호를 전달하는 시냅스는 강화된다.

(b) 가끔씩 약한 신호만 전달하는 시냅스는 제거될 수 있다.

(c) 시냅스 결합의 상대적인 강도에 따라 두뇌 구조가 변화한다.

(d) 위 전부 다

7. 나가며

이번 강의에서 두뇌가 스스로 재구조화하기 위해 활용하는 메커니즘에 대해 배웠습니다. 1부에서 배운 내용에 더하여 이제 두뇌가 생물학적으로 어떻게 발달하는지에 대해 훌륭히 이해하게 되었을 것입니다. 이어지는 강의에서는 지금까지 두뇌 개발에 대해 배운 내용이 교육 현장의 언어 활동에 어떻게 응용되는지에 대해 배울 것입니다.

교실 속 언어 살펴보기

바탕 공부를 위한 장이다.
음운론, 의미론, 통사론, 화용론?
듣기와 말하기는 동전의 양면인가?
듣기와 말하기를 잘하면 읽기는 저절로 해결되나?

1. 들어가며

평범한 화요일 아침입니다. 입 밖에 내는 모든 말이 다 실수 덩어리인 것만 빼고 말입니다. 학급에서 찰리 채플린에 대한 토의가 진행되는 동안 당신은 채플린이 "스탭슬릭(stapslick, 본래 '슬랩스틱(slapstick)'임)" 유머의 전형이라고 발표해버렸습니다. 게다가 채플린의 조용한 영화(quiet movie), 아니 무성 영화(silent movie)는 지금까지도 고전으로 남아있다고 말하며 횡설수설했습니다.

남의 일이 아닌 것 같지 않습니까? 기운 내세요. 언어는 너무도 다양한 방식으로 우리 일상 생활을 장악하고 있기 때문에 언제나 정확하게 언어를 구사하기가 쉽지 않습니다. 그래서 실수도 많죠. 언어적 실수를 잘 살펴보면 언어가 과연 무엇으로 구성되어 있는지를 알아낼 수 있습니다. 예를 들어 "스탭슬릭"은 음절 첫머리음('st-'와 'sl-')이 잘못된 음절에 따라 붙는 현상으로서 보편적인 말 실수의 대표격입니다(이런 말실수를 '두음 전환

(spoonerism)'이라고 합니다).

WHAT
YOU WILL
LEARN ☑ 이번 강의에서 배울 것들

- 음운적 지식, 의미론적 지식, 문법적 지식, 화용적 지식의 정의
- 위의 각 범주에 해당하는 실수를 인식하는 법
- 언어를 표현하고 이해하는 것 사이의 차이점
- 읽기에 있어 음성 언어의 역할

아이는 탄생 직후(혹은 태아 적부터)부터 언어 습득이 시작됩니다. 음소 인식 능력(*phonemic awareness*)을 최우선으로 하는 음운 인식 능력을 필두로 글자─소리 대응(*letter-sound correspondence*)을 비롯한 자모 법칙(*alphabetic code*)을 배우고, 자주 노출되는 어휘를 차곡차곡 쌓아가는 동시에 형태소 인식 능력(*morphological awareness*), 의미론적 지식(*semantics*), 통사적 지식(*syntax*), 그리고 화용적 언어 운용 능력(*pragmatics*)이 발달합니다. 어휘 습득 속도는 특히 형태소 인식 능력을 구축하면서 가속도가 붙습니다. 소리 언어를 매체로 대화하거나 문자 언어로 정보를 입력하고 이해하는 경우, 시간 요인이 매우 중요한 역할을 합니다. 상대방이 "안녕하세요?"라고 말한 후 5초쯤 지나서 "예, 잘 지냅니다"라고 대답하는 식이라면 정상적인 대화가 불가능할 것입니다. 일반적인 의사소통에서 벗어나지 않으려면 듣거

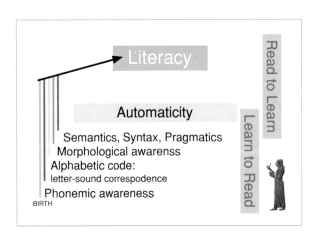

탄생부터 문식 · 문해 능력(literacy)
의 습득까지

나 읽은 것을 빠른 속도로 인지하는 것이 중요하며 이러한 상태에 접어들었을 때 **자동성**(*automaticity*)이 생겼다고 합니다. 충분한 속도와 이해 능력을 기초로 유창한 언어 활용 능력이 확립되면 이제 아이는 **읽기를 배우는 단계**(*learn to read*)에서 자립하여 **배우기 위해 읽는 단계**(*read to learn*)로 나아 갑니다. 아래에 나온 도표(104쪽)에 이러한(특히 문자) 언어 발달 단계가 묘사되어 있으며 제 3부에서 이에 대해 보다 상세히 살펴보겠습니다.

2. 음운적 지식

외국 억양을 가진 사람과 대화를 해 보았거나 나이가 들어 외국어로서 영어를 학습했던 일본, 중국, 우리나라 학생을 만나 보면 각 나라 언어마다 다른 소리를 갖고 있음을 쉽사리 알게 됩니다. 그 발음을 가만히 들어보면 어느 나라 출신인지를 거의 정확하게 판단할 수 있죠.

영어에는 **음소**(*phoneme*)라고도 알려진 약 44개의 상이한 소리 목록이 있습니다. 이 음소들의 조합을 통해 유의미한 단어와 문장이 만들어지고 모국어를 사용할 때 사람들은 어떤 음소 조합이 가능하고(예를 들어, splink는 가능) 어떤 음소 조합은 불가능한지(예를 들어, slpnki는 불가능)를 직관적으로 압니다.

음소들은 알파벳 자모의 글자들로 표현하기 때문에 교사들은 음소에 각별한 주의를 기울여야 합니다. 따라서 **초보 독자들에게는 음소와 활자화된 표상을 정확하게 연결 짓기 위해 먼저 음소 구분 능력이 필요합니다.** 이것은 쉬운 일이 아닙니다. 자연스러운 말은 딱딱 끊어지지 않고 물 흐르듯 쉴 새 없이 흘러나오기 때문이죠. 말소리는 음소와 음소 사이에 거의 간격이 없이 쏟아져 나오므로 한 소리가 어디에서 끝나고 어디에서 시작하는지를 판단하는 게 쉽지 않습니다. 더구나 우리는 상황에 따라 같은 영어 글자라도 다르게 발음하기까지 합니다. 예를 들어 cakes에서 s는 부드럽게 소리 나는 반면 cars에서는 z처럼 소리가 나죠.

"찰리야, 엄마가 아기를 어떻게 공원에 데리고 오니?"
"고기잡이 배(troller)에 실어서 밀어요."

이 만화에서 무슨 일이 벌어지고 있나요? 찰리는 "유모차(stroller)"라는 단어 첫 부분에서 s를 빼먹는 음운적 오류를 범했습니다. 특히 어린아이들은 str–과 같은 자음 연속(consonant clusters)을 모두 발음하는 것을 어려워합니다.

태어난 지 얼마 안 된 아기들은 인간의 모든 언어 속에 들어있는 소리들을 지각하고 구별하는 능력을 갖고 있기 때문에, 어떤 언어로 된 말소리든 들으면 모국어이든 외국어이든 비슷한 뇌파 신호를 발합니다. 그러나 **출생 후 1년 이내에 두뇌가 모국어에 특화되기 때문**에 이런 능력을 잃게 되죠. 대단히 빠른 속도로 모국어 소리에 "통달" 하게 되는 것입니다. 그리고 이렇게 습득한 **음운적 지식**이 있어야만 문자도 읽고 쓸 수 있게 됩니다. 모국어든 외국어든 이 순서는 대단히 중요한 의미를 갖습니다.

이에 대해서는 제 3부에서 자세히 알아보겠습니다.

? DID YOU KNOW
음운론적 특성이 없다면 언어는 어떤 식일까요? 수화(sign language)가 가장 좋은 예입니다. 수화에는 다른 구어와 마찬가지로 심도 있고 복잡한 화용론, 문법, 의미 요소가 전부 들어있습니다. 그러나 수화를 이용하는 사람은 소리 대신에 손짓을 이용해서 단어와 문장을 만듭니다.

쉬는 시간에 한 학생이 이렇게 외치는 것을 들었다고 가정해봅시다. "I splink, he splinks, yesterday they splank!"

학생이 말한 것 중 몇 가지 주목할 만한 점이 있군요. 우선 그 학생은 문법적 규칙을 지켰습니다. 주어가 he인 경우 주어와 일치시키기 위해 현재 시제 동사에 −s를 붙였습니다. splank는 불규칙 과거 동사형을 만들어 낸 것입니다. 이 과정에서 그 학생은 과거형이 drank인 drink처럼 기존 동사의 변화 패턴을 따랐습니다. 하지만 가장 중요한 것은 그 학생의 말에 아무런 의미도 없다는 점입니다. 영어에는 splink라는 단어가 존재하지 않기 때문에 그 학생이 말한 것은 문법적으로는 오류가 없어도 무슨 말인지는 알 수가 없습니다.

의미론(*semantics*)적 지식은 특정 언어를 모국어로 하는 모든 화자들이 동일한 대상과 개념을 지칭하기 위해 (거의) 동일한 방식으로 사용하는 일련의 단어와 정의를 제공하여 횡설수설하지 않도록 해줍니다. 상대방이 말하는 단어를 들을 때 우리는 "마음 속 사전(*mental dictionary*)"에서 그 단어를 찾아서 해당 의미를 검색하게 됩니다. 거의 즉각적으로 보편적인 단어의 의미에 접근하는 능력은 언어를 제대로 쓰기 위한 핵심 요소 중 하나입니다.

물론 의미는 단어에 한정되지 않습니다. 단어들이 문장으로 조합되면 무한한 수의 의미를 만들어 낼 수 있죠. 그 문장이 사용되는 상황에 따라서 의미도 달라집니다.

질리야, 탐이 메리에게 얼마를 주어야(give) 하니?
탐이 메리에게서 2달러를 빌려야(borrow) 해요.

이 만화에서 무슨 일이 벌어지고 있나요? 찰리는 산수 문제는 맞췄는지는 몰라도 의미적으로는 오류를 범했습니다. "빌려주다(lend 또는 give)"라는 표현 대신 "빌리다(borrow)"라는 단어를 사용한 것이죠. 의미론적으로 올바른 문장은 다음과 같아야 합니다. "탐이 메리에게 2달러를 빌려줘야(lend 또는 give) 해요."

문법과 의미는 두뇌의 다른 영역에서 처리됩니다. 두뇌의 특정 영역(특히 베르니케 영역)에 손상을 입은 성인은 문법적으로는 올바른 문장을 말할 수 있어도 유의미하고 일관성 있게 말하는 능력은 상실할 수 있습니다. 또 한가지 중요한 사실은 특정 단어에 대해 확고한 의미 체계를 갖추고 있을수록 단어를 인식하고 이해하는 데 걸리는 시간이 줄어듭니다. 얼마나 풍부한 의미론적 지식 네트워크가 구축되어 있느냐에 따라 읽는 속도가 달라지는 것입니다.

4. 문법적 지식

문법 없는 언어를 상상해본 적 있습니까? 무작위로 나열된 다음 단어들을 배열해봅시다. coffee, Jane, drink. 별로 힘들이지 않고, 그저 −s만 부가하여 동사를 일치시켜서 "Jane drinks coffee."라는 유의미한 문장을 만들 수 있습니다. 참고로 동사 drink에 붙인 −s를 형태소(morpheme)라고 하며 제 3부에서 자세히 다룰 것입니다.

이제 순서 없이 나열된 다음 단어 목록 please, Sandy, Jan을 보세요. 이번에는 쉽지않군요. 이 단어를 조합해서 만들 수 있는 유의미한 문장이 여러 개인데다 각 문장이 서로 다른 의미를 갖습니다.

1. "Jan pleases Sandy(Jan이 Sandy를 기쁘게 한다)."
2. "Sandy pleases Jan(Sandy가 Jan을 기쁘게 한다)."
3. "Jan! Sandy! Please!(Jan! Sandy! 제발 부탁해!)"

문법(grammar)은 단어들 사이의 분명한 관계를 확립시켜주는 일련의 규칙 집합을 제공해주어 서로 나누는 언어 정보에 혼선이 발생하지 않도록 해줍니다. 문법 규칙을 이용하여 우리는 누가 무엇을 그리고 누구에게 하는지를 표현할 수 있죠. 예를 들어, 영어 문법이 제공하는 규칙 덕분에 우리는 문장 1과 2의 주어가 처음에 오고 기쁘게 하는 행위를 하는 사람을 가리킨다는 것을, 반면에 목적어는 뒤에 나오며 기뻐하는 사람을 가리킴을 알게 됩니다. 다른 언어에서는 주어와 목적어의 순서가 다르게 배치될지 모르지만 그 언어들도 모두 나름의 문법 규칙 집합을 갖고 있습니다.

통사론(syntax)이라고도 하는 문법은 우리가 말하고 쓰고 읽고 듣는 거의 모든 것에 대한 구조를 제공해줍니다. 앞서 언급한 커피에 관한 단순한 문장에서도 영어 문법에 따르면 우리는 삼인칭 단수 현재로 동사 drink를 표현해야 합니다. 물론 우리는 모국어 문법에 대한 직관적 지식을 가지고 있기 때문에 너무 곰곰히 생각할 필요가 없습니다. 아이가 엄청난 속도로 이러한 문법 활용 능력을 갖추게 되는 것은 실로 언어의 엄청난 신비 중 하나입니다.

찰리야, 방송에서 운동장 상황이 어떻다니?
애들이 많대요. 그네 탄대요.

이 만화에서 무슨 일이 벌어지고 있나요? 찰리는 문장의 주어를 빼먹는 통사적 오류를 범했습니다. 우리말이나 스페인어 등의 언어는 문장 서두에 주어를 생략하는 것을 허용하는 반면 영어 문법은 주어가 반드시 표시될 것을 요구하죠. 찰리가 사용한 문장이 문법적으로 옳기 위해서는 이렇게 말해야 합니다. "She describes lots of children. They play on the swings."

영어에 대한 지식이 충분하지 못해서 통사적인 오류가 발생하기도 합니다. 학생이 사용하는 사투리의 특색 때문에 통사적 오류가 일어나기도 하죠. 그러나 두뇌가 소리를 충분히 빠르게 처리하지 못하기 때문일 수도 있습니다. 삼인칭 단수 현재를 표시하는 −s나 과거 시제를 표시하는 −ed와 같은 문법적인 영어 어미는 짧습니다. **두뇌의 소리 인식 능력이 부족하여 이러한 짧은 어미를 제대로 포착하지 못하는 상태라면 통사적**(문법적) **오류가 초래될 수 있습니다.**

5. 화용적 지식

최근에 마지막으로 나눈 대화를 생각해보세요. 휴식 중인 학생과의 대화였을 수도 있고 점심 식사 중에 동료와 나눈 대화였을 수도 있겠습니다. 순서대로 말을 나누었나요? 특정 주제에 대해 토론했나요? 질문을 하고, 어떤 말을 분명히 하기 위해 설명도 곁들였나요? 이해하지 못한 것을 다시 말해달라고 부탁했나요? 요점을 잘 전하기 위해 유머나 감정적 요소를 이용했나요?

사람들 사이의 성공적인 의사소통을 위해서 화용적 기술은 결정적인 역할을 합니다. 맥락 속에서의 의미를 다루는 언어학의 한 분야인 **화용론**(pramatics)은 말하는 사람의 의도를 이해하는 데 도움을 줍니다. 왜 화용론 같은 것이 필요할까요? 언어는 현실을 그대로 전달하지 않습니다. 그저 현실에 대한 추상적 기호들만을 제공하죠. 특정 내용을 함께 이해하기 위해서는 상대방이 사용하는 것과 동일한 방식으로 언어의 추상적 상징을 사용해야만 합니다. 그런데 이게 쉬운 일이 아니죠! 대화하는 두 사람이 똑같은 것에 대해 말하고 있다고 확신하기 위해서는 화용적 지식이 있어야 합니다.

찰리야, 돌고래가 포유류니?
음… 아브라함 링컨이요?

이 만화에서 무슨 일이 벌어지고 있나요? 찰리가 주제를 부적절하게 전환하여 화용적인 오류를 범했기 때문에 대화가 단절되어 버렸습니다. 주의를 기울이지 않았거나 질문을 정확하게 듣지 못했을 수 있습니다. 찰리가 화용론적으로 적절하게 답변했다면 아마 다음과 같이 말했을 것입니다. "다시 질문해 주시겠어요?"

대뇌 좌반구가 문법과 어휘를 담당하는 반면, 우반구는 말 속에 들어있는 감정적인 어조를 처리합니다. 이런 측면에서 **우반구는 대화 중의 미묘한 감정적 판단에 의지하는 화용적 기술을 다루는 중요 부위**입니다.

6. 듣기

지금까지의 예들은 학생들이 말하는 상황이었습니다. 어떤 아이가 언어를 발화할 때 범하는 오류를 찾아내는 것은 비교적 쉽지만 듣기 활동, 즉 언어 지각 활동에서 언제 오류를 범하는지를 알아내는 것은 훨씬 어렵습니다. 왜냐하면 그 학생이 지각한 것을 정확하게 알아낼 방법이 없기 때문이죠.

듣기와 말하기는 분명히 서로 관련되어 있습니다. 아이들은 주로 주변 사람들의 말을 들으며 말하기를 배웁니다. 성인이 되더라도 우리는 다른 이들의 말을 들음으로써 새로운 어휘, 제2 혹은 제3의 언어를 계속 배웁니다. 말은 재잘재잘 능숙하게 하지만 듣기에는 취약한 아이들을 본 적이 있을 것입니다. 어떤 아이들은 말은 별로 없지만 주의 깊이 듣습니다.

두뇌에서 듣기와 말하기가 처리되는 영역은 별도로 분리되어 있습니다. 어떤 성인이 두뇌 손상으로 인해 말하기 능력에 결손이 있더라도 듣기나 이해력에는 문제가 없는 사례를 보면 알 수 있습니다. 또 어떤 사람들은 이해력에는 손상을 입었어도 문법적으로 복잡한 문장을 말하는 능력에는 아무 이상이 없는 경우도 있습니다. 그러므로 듣기와 말하기는 화용적 지식, 문법, 의미, 소리 관련 특성이 개입하기 때문에 비슷한 인지 자원을 활용하더라도, 둘은 별개의 기술입니다.

"누가 키친에서 요리하고 있니?"
"휴이가 치킨을 먹으려고 한다구요?"

이 만화에서 어떤 일이 벌어지고 있나요? 이 학생은 교사가 말한 문장을 엉뚱하게 들었습니다. 이렇게 잘못 지각하는 경우가 다반사죠. 그래서 이미 말한 것에 대해 의문을 품거나 확인하는 화용론적 기술이 중요한 것입니다.

7. 읽기

언어는 일련의 추상적 기호로 구성됩니다. 특정 언어를 사용하는 사람들은 거의 똑같은 기호 집합을 보유하고 있습니다. 각 기호들이 대표하는 것이 무엇이며 의미를 만들어내기 위해 기호들을 어떻게 조합해야 하는지에 대한 공감대가 형성되어 있는 것이죠. 아이들은 별도로 학습하지 않고도 언어 기호를 활용하는 법을 매우 빠르게 익힙니다. 대부분의 아이들이 두세 살 정도가 되면 자기 모국어로 온전한 문장을 말할 수 있습니다. 학령기에 도달하자마자 아이들은 이미 보유하고 있는 언어 자원을 투입하여 읽고, 쓰고, 사회적 기술을 개발하고, 비판적으로 사고합니다. 이러한 기술을 배우는 데 있어서 아이의 언어 발달 정도가 결정적 역할을 합니다.

언어가 활자화되면 추상화 정도가 한층 더해집니다. 문자 언어는 음성 언어와 마찬가지인 문법 및 의미 시스템을 사용하지만 소리를 표상하는 알파벳 글자를 매체로 하기 때문이죠. 물론 영어 알파벳만 가지고 모든 게 다 해결되지는 않습니다. 예를 들어 sword, knee, phone 등의 철자만 가지고는 어떻게 발음하는지 알 수가 없습니다. 음성 언어가 현실을 정확하게 반영하지 못하는 것과 마찬가지로 알파벳도 음성 언어를 정확하게 반영하지 못합니다. 그리고 아이들은 **듣기와 말하기의 경우와 달리 활자로 된 언어의 운용 원리를 직접적으로 학습하지 않고서는 읽기와 쓰기를 자연스럽게 저절로 배울 수 없습니다.**

음성 언어의 기반이 갖춰져 있어야만 문자 언어가 구축되며, 두뇌 영상 연구에 따르면 듣기 활동을 하는 동안 활성화되는 두뇌 영역이 읽기 활동 시에도 똑같이 활성화된다는 강력한 증거가 있습니다. 난독증 환자들은 이러한 영역 중 일부에서 다른 활성화 패턴을 보이며 과학자들은 시각적 문자 처리보다는 음성 언어 처리에서 문제가 발생한 것이 난독증의 원인이라는 데 의견 일치를 보고 있습니다.

각 질문에 대한 답을 선택지에서 한 개 고르세요.

1. 다음 중 말하는 이의 의도를 연구하는 언어학 분야는 무엇인가?

(a) 화용론

(b) 통사론

(c) 의미론

(d) 음운론

2. 다음 의미론에 대한 것 중 잘못된 것은?

(a) 의미론만으로는 문장의 의미를 완벽하게 표현할 수 없다.

(b) 어떤 학생은 문법적으로는 정확해도 의미론적으로는 부정확할 수 있다.

(c) 의미론 덕분에 "has given"과 "gave"의 동사 형태 차이를 구별할 수 있다.

(d) 의미론은 우리가 사용할 수 있는 단어들의 의미에 대한 "마음 속 사전"을 제공한다.

3. 다음 중 음소가 중요한 이유는?

(a) 투명한 철자법을 구현해준다.

(b) 모든 언어의 구성 단위가 된다.

(c) 의미상 오류와 화용적 오류의 차이를 구별할 수 있게 해준다.

(d) 위 전부 다

4. 다음 중 문법적 오류가 가장 잘 드러나 있는 문장은?

(a) "Plhxst."

(b) "I learned on the tamp."

(c) "Sally wondered me a question."

(d) "Sally bit me, but I didn't bit her back."

5. 다음 중 학생이 문법적 오류를 범하는 이유가 아닌 것은?

(a) 다른 사투리를 쓰기 때문에

(b) 어휘의 쓰임을 정확히 알아서

(c) 영어를 완벽하게 알지 못해서

(d) 정확한 문법을 이해할 정도로 충분히 소리를 처리할 수 없기 때문에

6. 다음 중 옳은 것은?

(a) 말하기가 먼저고 듣기는 그 다음이다.

(b) 두뇌는 듣기와 말하기를 정확히 동일한 영역에서 처리한다.

(c) 사람들은 12세 이후에는 새로운 어휘를 거의 배우지 못한다.

(d) 학생이 틀린 답을 하는 것을 들으면 듣기에 어떤 문제가 있는지 짐작할 수 있다.

정답 : a, c, b, d

9. 나가며

　이제 언어와 읽기에 관여하는 두뇌 영역 속으로 여행을 떠나서 각 영역이 어떻게 서로 상호 연결되어 있는지를 배우게 되는 3강을 시작할 준비가 되었습니다. 3강에서 음성 언어가 듣는 이의 귀로부터 대뇌 측두엽으로, 그리고 이해가 가능하도록 최종적인 처리를 하는 베르니케 영역으로 여행하는 과정을 함께 살펴볼 것입니다. 또한 단어가 말하는 이의 마음에서 발원하여 브로카 영역으로 여행하고 소리 내어 말하도록 얼굴 및 혀 근육을 움직이는 경로를 추적해볼 것입니다.

단어가 들어가서
단어가 나오다

이제 본격적인 응용 뇌 과학으로 들어가게 된다.
의미와 개념을 이해하는 두뇌 부위는?
듣고 이해한 뒤, 떠올린 개념을 단어로 표현하는 두뇌 부위는?
우리가 말 하도록 해주는 두뇌 부위는? 각회가 하는 일은?
그리고 작업 기억에 관한 매우 중요한 글 한 토막.

1. 들어가며

  교실에 있는 모두가 볼 수 있도록 그림을 들고 "무슨 색깔의 고양이 인가요?"라고 학생들에게 묻습니다. 아무도 답이 없기에 당신은 주연이를 시켜봅니다. "무슨 색깔 고양이 인가요(*What color is the cat*)?"라고 묻습니다. 주연이는 "오렌지색 고양이 입니다(*The cat is orange*)!"라고 답합니다.

  문장 한 개 아니 단어나 소리 한 개를 말하는 순간, 당신이 말을 거는 학생은 반응을 보입니다. 선생님이 질문하고 학생이 답하는 과정은 듣기, 분석하기, 이해하기, 답 만들기, 그리고 답하기라는 온갖 사건들의 연속입니다.

  어떻게 이런 일이 벌어지는 것일까요? 사람들이 귀, 두뇌, 입은 어떻게 음 성 언어를 함께 처리하는 것일까요? Cat이라는 단어가 당신의 입에서 나와서 주연이의 두뇌를 거쳐가는 경로를 따라가 봅시다.

- 두뇌가 언어 속의 소리를 구별하는 방법
- 두뇌가 소리를 개념으로 번역하는 방법
- 두뇌가 언어를 발화하는 방법
- 읽기와의 연계성

?
DID YOU
KNOW

왼손잡이이든 오른손잡이이든, 청력이 어떻든 상관없이 90퍼센트 이상의 사람들은 두뇌 좌반구에서 주로 언어를 처리합니다.

---

8. 음성 신호를 전기 신호로

"무슨 색깔 고양이인가요?"라는 당신의 질문은 주연이의 귀에 음파 형태로 들어갑니다. 당신의 질문을 이해하기 위해 주연이는 우선 당신의 질문 속에 들어있는 소리를 처리해야 하며, 이 과정을 청각적 처리(*auditory processing*)라 합니다. 청각적 처리의 첫 단계는 귀에서 두뇌로 가는 여정이죠. 당신의 질문 속에 있는 cat이라는 단어의 음파는 주연이의 청각 처리 경로를 거쳐갑니다. cat에 해당하는 음파는 내이(內耳, *inner ear*)에서 전기파로 전환되어 두뇌 속으로 들어갑니다.

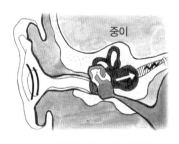

전기 신호가 두뇌로 유입

물론 이 과정은 매우 빠르게 진행되고 무의식적 수준에서 일어납니다. 이제 두뇌가 소리를 구별하는 방법을 살펴봅시다.

3. 소리 구별하기

Cat이라는 소리를 나타내는 전기파가 주연이의 두뇌로 이동하면 대뇌 좌반구 측두엽에 위치하고 있는 청각 피질(*auditory cortex*)에 도달합니다. 청각 피질은 소리를 주로 처리하는 영역입니다. 청각 피질과 그 주변 영역에서 주연이의 두뇌는 전기파를 음성 언어로 인식하여 cat이라는 단어임을 알아냅니다.

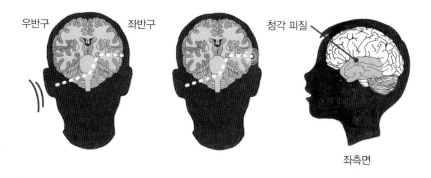

그러나 마리는 주연이 바로 옆 자리에 앉아있는데도 cat이라는 단어를 알아내지 못합니다. 마리의 두뇌 속에서는 무슨 일이 벌어지고 있는 것일까요?

마리는 소리가 두뇌 속을 여행하는 속도를 따라잡는 데 어려움이 있을지도 모릅니다. 소리 처리 속도는 학습자가 매우 빠르고 연속적인 말소리를 얼마나 잘 구별할 수 있는지를 결정짓습니다. 마리는 /k/는 물론 /b/나 /t/와 같이 빠른 자음 소리를 구별하지 못하기 때문에 당신이 말한 것이 cat인지 bat인지 tat인지를 이해하지 못할 수 있습니다. 마리는 당신이 왜 오렌지색 고양이(*cat*) 그림을 들고서 박쥐(*bat*)의 색깔을 물어보는지 궁금해하고 있을지도 모릅니다. 만일 마리가 빠르게 변화하는 말소리를 이해하는 데 곤란을 겪고 있다면 언어 및 읽기 기술을 학습하는 데도 역시 어려움을 겪을 수 있습니다.

청취력 난조 등 여러 이유로 마리는 교실에서 진행되는 토론 대부분을 정확하게 듣고 이해하지 못할 수 있습니다. 아마 몽상을 하거나 거짓 연기를 하면서 좌절감에 빠져들고 있을지도 모릅니다. 이제 두뇌가 어떻게 의미를 단어와 연결 짓는지 살펴봅시다.

4. 의미 이해하기

단어 cat을 나타내는 전기파는 청각 피질을 떠나 두뇌 속의 언어 처리 경로를 따라 더 멀리 나갑니다. 주연이의 두뇌는 **베르니케 영역**(*Wernicke's area*) _{언어를 이해하는 데 있어 핵심적인 대뇌} 좌측두엽 영역으로서 단어가 해당 의미와 연결되는 곳이다. 에서 단어와 의미를 연결 짓는 작업을 하죠. 베르니케 영역은 기타 다양한 언어 관련 활동을 수행하지만 단어와 의미를 연결하는 작업을 주로 담당합니다.

단어 cat이 가질 수 있는 다양한 의미를 검토해봅시다. 단어가 속해 있는 문장의 의미론적 측면은 무엇이며 어떻게 그 단어가 해당 의미에 들어맞게 될까요? 그리고 그 단어에 어떤 감정적인 면을 포함하고 있으며, 말하는 이는 어떤 감정을 전달하고 있을까요? 베르니케 영역은 단어 cat을 다음과 같은 네 가지 방식으로 분석합니다.

1. 베르니케 영역은 단어 cat을 이리저리 검색하여 '털이 많고 애완용인 고양잇과의 동물'이라는 대응 의미를 찾아냅니다. 이제 고양이/고양잇과 등이 서로 연결됩니다. 주연이의 두뇌는 단어와 그 뜻을 서로 연결하게 됩니다.

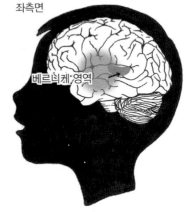

좌측면
베르니케 영역

2. 베르니케 영역은 문장의 의미론적 측면도 고려합니다. 베르니케 영역은 '무슨 색깔의 고양이인가요?'라는 질문을 분석하여 질문 속에 들어있는 단어들 사이의 관계를 알아냅니다. 당신이 고양이에 대해 질문한다는 것, 특히 고양이의 색깔에 대해, 그리고 더 나

아가 현재 교실에서 보여주고 있는 고양이의 색깔에 대해 질문한다는 것을 알아내는 것입니다.

3. 베르니케 영역은 다른 연상 작용도 수행합니다. 싫든 좋든 주연이는 cat과 비슷하게 들리는 bat, 최근에 책에서 읽은 고양잇과 동물인 치타, 가장 좋아하는 뮤지컬 「캣츠」에 나오는 고양이들, 집에서 기르는 고양이인 '네로'등을 떠올립니다. 그러나 주연이의 두뇌에서 책상, 액자, 꽃 등이 떠오르지는 않습니다. 이 단어들은 cat과 함께 연관된 적이 없기 때문입니다.

주연이의 두뇌는 "무슨 색깔 고양이인가요?"라는 질문 속에 있는 단어들에 의미를 할당하는 작업을 이제 막 끝냈군요. 이제 주연이의 대뇌 우반구도 나설 차례입니다. 우리 두뇌가 가지고 있는 또 하나의 경이로운 능력은 **대뇌 좌반구에 있는 베르니케 영역에 상응하는 부위가 우반구에도 있다**는 점입니다. 우반구에 있는 이 영역의 뒤쪽은 감정, 강조, 의도와 같은 언어 요소를 검사합니다.

4. 대뇌 우반구에 있는 이 영역은 "무슨 색깔 고양이인가요?"라는 질문을 세심하게 살펴보고 당신이 질문을 하면서 기분이 좋은지, 화가 났는지, 궁금한지, 피곤한지, 그 특정 고양이에 대해 흥미가 있는 것인지 아니면 색깔에 보다 흥미가 있는지를 이해하려 합니다.

이제 단어 cat과 이 단어가 들어있는 문장의 소리와 의미까지 이해되었으므로 cat을 나타내는 전기 신호는 이해를 완수하기 위해 요구되는 마지막 요소를 수집하는 단계로 들어가게 됩니다. 그 요소는 바로 개념 지식입니다.

두뇌 각각의 영역마다 다른 종류의 단어를 다룹니다. 명사는 두뇌 속 별도의 영역(주로 측두엽)에 저장되고 접근되며, 그 종류에 따라 또 다른 영역에 저장됩니다. 예를 들어, 독특한 장소와 사람의 이름, 일반적인 이름, 특정 물건(이를 테면 도구나 기구의 종류들)을 지칭하는 단어들은 모두 저장되는 영역이 다릅니다.

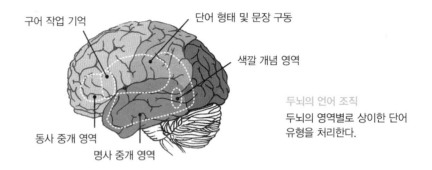

구어 작업 기억

단어 형태 및 문장 구동

색깔 개념 영역

동사 중개 영역

명사 중개 영역

두뇌의 언어 조직
두뇌의 영역별로 상이한 단어
유형을 처리한다.

NOTE

1870년대에 베르니케 영역의 존재를 보고했던 칼 베르니케에 대한 글을 읽어 보기 바랍니다.

칼 베르니케

두뇌에서 언어가 어떻게 작동하는지에 대한 대부분의 정보는 언어 장애 연구를 통해 알려졌다. 실어증(aphasia)이라고 하는 언어 장애는 보통 뇌졸중이나 머리 부상으로 인한 대뇌 손상으로 인해 발생한다. 실어증 연구의 선구자 두 사람은 프랑스 신경외과 의사 폴 브로카(Paul Broca)와 폴란드계 독일 신경학자 칼 베르니케(Carl Wernicke, 1848-1904)이다.

베르니케 영역은 단어의 소리와 의미를 연결 짓는 역할을 담당하는 대뇌 피질 영역이다. 1874년에 칼 베르니케가, 유창하긴 하지만 의미는 없는 말을 하고 언어를 이해하는 능력 결손을 특징으로 하는 장애를 기술한 덕분에 베르니케 영역이 세상에 알려지게 되었다. 이러한 장애를 베르니케 실어증(Wernicke's aphasia)이라 한다. 베르니케 실어증은 대뇌 좌측두엽에 있는 베르니케 영역을 비롯한 뇌 부위가 손상되어 발생한다.

베르니케 실어증 환자는 힘들이지 않고 물 흐르듯 정상 속도로 대화를 하려고 하지만 단어와 음소의 선택 오류 및 개별 소리와 소리 연속의 순서를 뒤바꾸기 때문에 도저히 알아들을 수 없는 말을 한다. 베르니케 실어증에 걸리면 정확한 단어 선택, 상대방의 말을 이해하는 것, 그리고 읽기에 문제를 보이게 된다.

5. 개념 이해하기

베르니케 영역에서 단어 cat을 나타내는 전기 신호가 이해와 연상 작용을 자극하여, 주연이의 두뇌는 cat의 소리를 인식하고 cat의 사전적 의미를 알아내고 cat과 연계된 다양한 시각적 이미지 및 소리를 떠올리게 되었습니다.

주연이의 두뇌에 있는 개념 시스템은 이제 소리, 의미, 연상된 정보들을 보유하고 있는 개념 지식과 비교합니다. 개념 시스템은 고차 사고 및 연상(*higher-order thinking and association*)과 관련된 두뇌 전반의 영역들로 구성되어 있습니다.

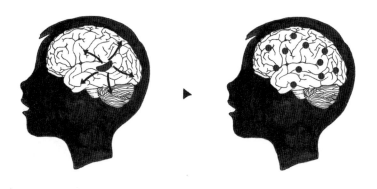

두뇌 개념 시스템은 이미 만들어진 연상 경로를 추적하므로 주연이의 두뇌는 이미 알고 있는 cat에 대한 중요 정보를 완벽히 이해할 때까지 새롭게 입력된 단어 cat을 이전 경험을 통해 형성된 cat에 대한 경로로 이송합니다. 단어 cat과 '고양이의 색깔은 무엇인가요?'라는 질문의 의미를 완벽하게 이해하게 되었으니 말소리로 답변을 할 준비가 되었습니다. 두뇌가 어떻게 개념을 단어와 연결 짓는지 이어서 살펴봅시다.

이제 '무슨 색깔 고양이인가요?'라고 당신이 질문한 의미를 이해하기 위한 여정이 완료되었으니, 답을 만들어낼 차례입니다. 고양이와 색깔에 대해 구축해 놓은 두뇌 속 경로에 접근하면서 주연이의 개념 시스템은 고양이와 색깔 사이에 존재하는 두뇌 속의 연상 정보들을 떠올립니다. 오렌지색이라는 생각이 개념 시스템에 걸려들면 주연이의 답이 만들어지는 과정이 시작됩니다.

개념이 일단 잡힌 다음에는, 바깥 세상을 향해 말로 선 보이기 전에 적절한 형태로 바꿔줄 필요가 있습니다. 다른 사람들이 이해할 수 있도록 주연이의 두뇌는 자기 개념을 단어로 표현하는 작업에 돌입합니다. **브로카 영역**(Broca's area) 언어를 외부로 표현하는 중추 영역. 보통 대뇌 좌반구 전두엽에 위치하고 있으며 단어, 단어 소리, 통사적 구조의 이해, 작업 기억 등을 담당한다. 이라고 불리는 영역 근처에서 개념 시스템은 자신을 가장 잘 표현할 수 있는 단어들이 무엇인지 파헤칩니다. 측두엽 아래쪽 부분이 "the, is, orange"와 같은 순서 없이 섞여 있는 단어들에 더해 cat과 같은 명사도 제공해줍니다.

다음으로 개념과 단어는 바깥 세상이 자신들을 이해할 수 있도록 문법적인 구성 요소를 선별해야 합니다. 언어 표현을 담당하는 브로카 영역에서 주연이의 두뇌는 뒤죽박죽 존재하는 단어들을 영어에 맞는 순서로 배열합니다.

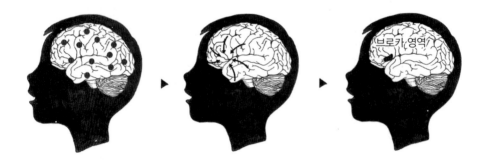

이제 마지막 단계에 대뇌 우반구가 끼어듭니다. 브로카 영역에 상응하는 우반구의 영역은 감정, 강조, 의도를 파악하기 위해 개념과 단어를 조사합니다. 만일 고양이에 대하여 어떠한 감정적인 연상 요소가 존재한다면 주연이는 대뇌 우반구로 하여금 오렌지색 고양이에 대한 감정적인 면을 불어 넣도록 합니다. 브로카 영역에 해당하는 우반구 앞 부분에 위치한 피질 부위 덕분에 주연이는 실제로 답변을 하면서 목소리를 상황에 맞게 강조할 수 있게 되죠.

? DID YOU KNOW

이제 주연이의 두뇌는 당신의 질문에 문장으로 답할 준비가 되었습니다. "그 고양이는 오렌지색입니다!" 동사와 명사는 완전히 다른 위치에 저장되어 있습니다. 명사는 측두엽 하부 영역에 저장되고 접근되며, 동사를 찾으려면 브로카 영역과 소뇌 우측 측면 부위가 가동되어야 합니다.

NOTE

1860년대에 브로카 영역을 보고했던 폴 브로카에 대한 글을 읽어보기 바랍니다.

폴 브로카(Paul Broca, 1824–1880)

브로카 영역은 언어의 표현을 담당한다. 1861년에 폴 브로카는 좌측 전두엽에 손상을 입은 환자가 언어 장애를 앓고 있음을 발견하였고, 이곳이 훗날 브로카 영역이라고 알려지게 되었다. 브로카 영역과 주변 및 아랫부분이 손상되면 브로카 실어증(Broca's aphasia)이라는 언어 난조 현상이 발생한다.

브로카 실어증 환자들은 발음이 어눌하고 억양이 단조로운 것이 특색이며 매우 힘들여 말한다. 브로카 실어증에 걸리면 명사는 대부분 옳게 사용하지만 동사, 접속사 등의 문법적 단어 사용 능력에 문제가 생긴다. 개별 단어와 상식에 의존할 수 있는 의미가 담긴 문장을 이해할 수는 있지만 작업 기억 능력을 필요로 하는 복잡한 문장을 이해하는 데 곤란을 겪는다.

7. 말하기

이제 브로카 영역에서 주연이는 말할 문장을 거의 다 만들어냈습니다. 그러면 당신에게 그 문장이 어떻게 전달될까요?

우선 발화 행위를 일으키는 두뇌 영역이 활동을 개시합니다. 말을 한다는 것은 후두나 입, 혀 등 각종 발성 및 조음 기관을 움직이는 행위이므로, 이 영역은 접근성이 용이하도록 대뇌 좌반구의 보조 운동 영역(*supplementary motor area*)에 위치하고 있습니다. 보조 운동 영역은 운동을 통제하는 운동 영역(*motor area*) 근처에 있죠.

다음으로 브로카 영역은 안면 근육을 움직이는 영역에 신호를 보냅니다. 대뇌 양쪽 반구 깊숙이 들어있는 자그마한 부분인 뇌섬엽(*insula*, 도피질이라고도 함)이 개입하여 적절한 순서로 음소들을 발음하기 위해 필요한 조음(調音) 운동을 일으킵니다. 주연이의 문장에 사용되는 자음과 모음을 발생시키기 위해 전두엽 뒤쪽에 위치한 운동 피질은 입술, 혀, 후두부가 적절한 모양을 형성하도록 명령을 내립니다.

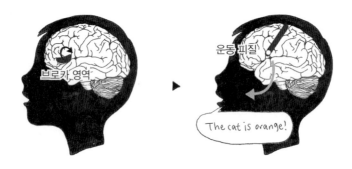

'고양이는 오렌지색입니다!'라는 주연이의 답변은 당신의 청각 경로를 가로질러 진동하는 음파로 전환되고 대뇌 좌반구 측두엽으로 이동합니다. 그리고 동일한 여정이 다시 개시됩니다.

작업 기억(working memory)은 성도(聲道) 근육에 반복적인 명령을 계속 내립니다. 작업 기억으로부터 근육에 명령이 하달되더라도 반드시 실제 말로 되어 나오지 않을 수 있습니다. 예를 들어, 저녁 거리로 치킨을 배달시키려고 하는 상황을 생각해봅시다. 일단 치킨 집 전화번호를 외운 다음, 전화 번호를 누를 때까지 번호를 기억하려면 실제 말소리를 내려고 하는 것처럼 작업 기억에서 그 번호를 말하라는 명령이 나옵니다. 하지만 실제로 소리 내어 그 번호를 입 밖으로 말하지 않을 수 있죠. 이렇게 하면 더 이상 그 전화 번호를 외우고 있을 필요가 없을 때까지 전화번호를 기억할 수 있게 됩니다. 브로카 영역은 조음(調音)에 관여할 뿐만 아니라 작업 기억도 활용하는 것입니다.

8. 이제 읽기로

진화론적 관점에서 읽기는 비교적 최근에 발달된 기술입니다. 인간이 진화함에 따라 우리는 기존에 존재하는 구조와 과정을 기초로 하여 새로운 기술을 덧붙이죠. 프랑스의 신경학자인 스타니슬라스 드앤(Stanislas Dehaene)은 이것을 "신경 재활용(neuronal recycling)"이라고 명명했습니다. 읽기를 수행하기 위해 새로운 뇌 영역을 구축할 수 있도록 인간 유전자가 변형되려면 아마 수만 년 이상의 엄청난 시간이 소요될 것입니다. 하지만 기존에 있던 회로를 빌려서 읽기에 사용하면 훨씬 짧은 시간(약 5,000년 내외에서 2,000시간 내외)에도 가능하게 된다는 것입니다. **문자 형태로 언어가 표현되더라도 그 이면에는 기존의 음성 언어 시스템이 자리잡고 있습니다.**

이 점을 염두에 둔다면 비록 듣기는 청각적 과정이고 읽기는 시각적 과정일지라도 언어를 이해하는 과정은 궁극적으로 동일한 경로를 밟음을 미루어 짐작할 수 있습니다.

주연이가 orange란 단어를 읽을 때, 활자로 된 단어로부터 반사된 빛이 눈으로 들어가고 이 빛은 전기 신호로 변환됩니다. 단어 orange를 나타내는 전기파는 시각 피질로 이동하며 그곳에서 모양, 공간, 방향, 형태, 색깔이 분석됩니다.

시각 피질이 각 모양들을 글자로 확인하고 나면 전기 신호는 언어 연합 영역으로 이동하고 주연이가 본 시각 정보는 그 소리에 상응하는 청각 정보와 통합됩니다. 주연이의 두뇌는 cat을 소리 단위, 즉 음소(*phoneme*) 모든 음성 언어의 인식 가능한 최소 말 소리. 음소를 합하면 음절이 되며, 음절을 통해 단어를 만들어 낼 수 있게 된다. 예컨대, "ox"는 /a/, /k/, /s/라는 세 개의 음소로 구성되어 있다. (영어에는 약 44개의 음소가 있다.) 로 쪼갭니다. 음소는 인식 가능한 말의 최소 단위죠. Cat에는 /k/, /æ/, /t/, 세 개의 음소가 들어 있습니다. 주연이의 두뇌는 각 음소를 인식한 다음 이 모두를 다시 합칠 수 있습니다.

이것은 음운적 인식(*phonological awareness*)의 한 가지 유형입니다. 음운적 인식이란 단어가 음소로 구성되어 있음을 이해하고 음소들 사이의 유사점과 차이점을 지각하며 언어의 소리를 식별하고 조작할 수 있는 능력을 말합니다. 음운적 인식은 측두엽 뿐 아니라 두정엽 피질 하위부, 그리고 전두엽에도 의존합니다.

일단 글자와 소리가 파악되면 orange를 나타내는 전기파는 주연이의 두뇌를 가로질러 측두엽까지 계속 전달됩니다. 주연이의 두뇌는 시각적 단서와 음소 처리를 완료하였고, 베르니케 영역은 orange에 대한 사전적 의미를 검색합니다. 물론 주연이의 경험 속에 존재하는 orange와 함께 연상되는 것들, 이를 테면 과일, 일몰, 엄마가 좋아하는 옷의 색깔 등도 함께죠. 그 후 orange는 **각회**(*angular gyrus*) 언어 처리에 관여하는 좌측두엽 부분으로 글자 모양, 단어 인식, 의미, 소리에 대한 정보를 통합하며 후두 피질을 베르니케 영역과 연결한다. 로 전달되고, 여기에서 orange에 대한 모든 정보가 수집됩니다. 각회는 후두엽, 두정엽, 측두엽이 만나는 경계점에 위치하고 있기 때문에 다양한 두뇌 속 정보를 서로 연결시키기 위해 가장 이상적인 부위에 자리잡고 있습니다. 각회는 orange에 대한 정보 다발을 개념 시스템으로 보내고 드디어 orange와 관련된 모든 것에 대한 이해가 완료됩니다.

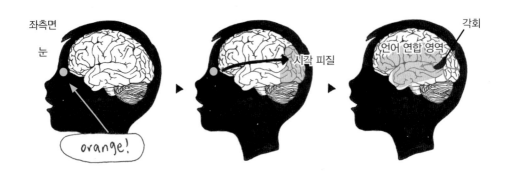

읽기 처리가 취하는 일반적 경로를 간략히 정리하겠습니다. 우선 주연이는 글자를 인식해야 하고, 다음으로 글자와 연계된 소리를 인식해야 합니다. 다음으로 주연이는 글자를 조합하여 단어를 만든 뒤, 그 단어의 의미를 결정해야 합니다. 마지막으로 그 단어에 대해 이미 가지고 있는 과거의 경험과 연결 짓습니다. 이 모든 일은 밀리초(1천분의 1초) 단위에서 완수되며 두뇌의 다양한 영역을 고속으로 흐르는 전기 신호 형태로 이루어집니다. 이 과정 중 단 한 곳에서라도 이상이 발생하면 주연이는 읽기를 해낼 수 없습니다.

대부분의 학생들은 상당한 수준의 듣기 기술과 기본적인 문법 능력을 갖추고 유치원에 들어가며, 초등학교 과정에서 학습하게 될 읽기 기술을 습득할 준비를 합니다. 그러나 기본적인 기술이 제자리를 찾지 못한 상태인 학생들에게 읽기를 학습하는 것은 대단한 도전이 될 수 있습니다.

? DID YOU KNOW

영어에는 약 44개의 음소가 있습니다. 한 단어에 들어있는 음소의 수는 글자의 수에 상응할 수 있습니다. 예를 들어 cat의 경우 /k/ /æ/ /t/ 세 개의 음소가 있죠. 하지만 그렇지않은 경우가 많습니다. ox의 경우에는 글자 수는 두 개이지만 음소는 /a/ /k/ /s/ 세 개 입니다.

각 질문에 대한 답을 선택지에서 한 개 고르세요.

1. 다음 중 인간의 내이(內耳, *inner ear*)의 기능으로 적절한 것은?

   (a) 인간에게는 내이가 없다.

   (b) 음파를 전기파로 변환시킨다.

   (c) 음파가 측두엽으로 흐르도록 한다.

   (d) 음파가 후두엽으로 흐르도록 한다.

2. 다음 중 베르니케 영역의 활동이 아닌 것은?

   (a) 문장의 의미론적 뜻을 찾아내는 것

   (b) 어떤 것을 묘사하기 위한 최적의 단어를 찾는 것

   (c) "마음 속 사전"과 일치하는 단어의 의미를 찾는 것

   (d) 문장의 의미를 이해하기 위해 중요한 단어 연상들을 찾는 것

3. 베르니케 영역에 문제가 발생하면 다음 중 어떤 문제가 생길 수 있는가?

   (a) 유창하지만 무의미한 말

   (b) 동사는 바르게 사용하지만 명사와 관사는 잘못 사용

   (c) 명사는 바르게 사용하지만 동사와 접속사는 잘못 사용

   (d) 위 전부 다

4. 다음 중 브로카 영역이 처리하지 않는 것은?

   (a) 들은 단어를 의미와 일치시키는 것

   (b) 문법적 구성 요소를 개념 및 단어와 일치시키는 것

   (c) 대뇌 우반구 입력을 통해 감정적 어조를 부가하는 것

   (d) 단어를 묘사하거나 표현하기 위해 최적의 단어를 개념과 일치시키는 것

5. 브로카 영역에 이상이 발생하면 다음 중 어떤 문제가 생길 수 있는가?

(a) 유창하지만 무의미한 언어

(b) 동사는 바르게 사용하지만 명사와 관사는 잘못 사용

(c) 명사는 바르게 사용하지만 동사와 접속사는 잘못 사용

(d) 위 전부 다

6. 대뇌 좌반구 언어 처리 과정에 더하여 감정적 요소가 처리되는 방법은?

(a) 베르니케 및 브로카 영역이 감정을 고려한다.

(b) 대뇌 피질을 통해 좌반구에 있는 개념과 우반구에 있는 개념이 서로 소통한다.

(c) 베르니케 및 브로카 영역에 상응하는 우반구 영역에 감정적 요소를 고려하는 부분이 있다.

(d) 좌반구에 있는 개념이 베르니케 및 브로카 영역을 향해 진행하는 도중 우반구를 거쳐 간다.

7. 다음 중 말을 표현하는 것과 관계 없는 두뇌 부위는?

(a) 전두엽

(b) 후두엽

(c) 브로카 영역

(d) 뇌섬 엽(*insula*)

정답 : d, d, a, a, c, c, b

10. 나가며

지금까지 학습한, 의사소통의 기본이 되는 세 가지 핵심 요소는 단어의 소리, 단어의 의미, 그리고 개념입니다. 소리와 의미가 연결되는 베르니케 영역은 다른 사람의 말을 이해하는 데 중대한 역할을 담당합니다. 말이 표현되는 브로카 영역은 다른 사람과 언어로 소통하기 위해 막중한 임무를 맡습니다. 처리 속도가 충분하지 않거나 음소 인식 능력이 적절히 기능하지 않으면 두뇌의 영역 중 그 어떤 부분도 온전히 가동될 수 없습니다.

DID YOU KNOW

이번 강의는 듣기에 문제가 없는 사람과 말로 표현되는 언어에 주안점을 두었으나 듣기에 문제가 있는 학습자들에게도 본 강에서 배운 내용은 그대로 적용됩니다. 발화와 청취는 언어 구현을 위해 필수적인 요소가 아닙니다. 인간이 선천적으로 보유하고 있다고 생각되는, 의사소통에 대한 욕구만 있다면 언어는 학습되고 생성될 수 있는 것입니다. 문장을 받아들여서 이해하고 생각하여 그것을 표현하는 언어 처리 과정은 그 문장이 말로 제시되든 수화로 제시되든 관계없이 여러분이 학습한 동일한 경로를 따르게 됩니다.

NOTE

작업 기억(*working memory*)은 언어를 비롯한 정신 활동에 있어서 대단히 중요한 기능을 담당하므로 반드시 숙지해야 할 핵심 항목 중 하나입니다. 제 3 부로 들어가기 전에 작업 기억에 관한 아래 글을 미리 읽어 두기 바랍니다.

작업 기억, 언어, 그리고 읽기

맥신 L. 영, 미국 공인 언어치료사

여덟 살 먹은 제니퍼는 선생님 말씀을 열심히 들었다. "수학 문제지를 다 풀면, 읽기 책을 꺼내서 15쪽 아래 부분에 나와 있는 질문에 모두 답하세요." 다른 학생들은 즉시 문제 풀이를 시작했지만 제니퍼는 쭈뼛쭈뼛 손을 들고는 선생님께 지시 사항을 다시 한 번 말해달라고 한다. 제니퍼는 아주 영리한 학생임에도 방금의 경우처럼 일상적인 구두 지시 내용을 파악하는 데 어려움을 겪는다. 제니퍼의 주의력에 문제가 있는 것인가, 아니면 그저 망각한 것인가? 제니퍼는 오히려 평균 이상의 지능을 가졌지만 작업 기억에 문제가 있는 아동이다. 작업 기억이 제대로 기능하지 않으면 말로 전달되는 긴 지시를 기억하는 것 등의 일상적 과제가 복잡해지고 난감해진다.

• 작업 기억이란 무엇인가?

작업 기억은 단기 혹은 장기 기억과 다른 것인가? 작업 기억은 아동의 언어와 읽기 능력에 어떻게 영향을 미치는가? 1980년대에 앨런 배들리와 그레엄 히치라는 두 명의 영국 학자들이 문제를 풀이하거나 과제를 수행할 때 몇 가지 사실이나 생각을 임시로 기억 속에 저장하는 능력을 칭하기 위해 "작업 기억(working memory)" 이란 용어를 만들어 냈다. 배들리의 연구는 또한, "중앙 집행부(central executive)", 즉 두뇌의 앞쪽 부분에 있는 신경 시스템으로서 작업 기억에 있는 정보의 처리를 담당하는 부위가 존재한다는 것도 밝혔다. 배들리는 "음운적 순환 회로(articulatory loop)"라는 용어도 만들어냈는데, 기억해야 할 정보를 언어로 반복하는 과정으로서 정보를 작업 기억 속에 단기간 보존하기 위해 상당히 도움이 되는 저장 시스템 요소를 말한다.

작업 기억을 이해하기 위해 다음 예를 살펴 보자. 자동차를 운전하여 모임 장소에 가던 중 길을 잃은 상황을 상상하라. 주유소에 들러서 길을 묻자 직원이 이렇게 말한다. "첫 번째 적색 신호등에서 우회전 하세요. 정지 표지판이 나올 때까지 세 블록을 간 다음 좌회전해서 윌로우 거리로 들어가세요. 윌로우 거리를 따라 두 블록 반 정도 간 다음 커다란 녹색 표지판을 찾으세요, 그리고 주차장으로 들어가시면 됩니다." 이 문장을 읽으면서도 어떤 독자들은 자기 자신의 음운적 순환 회로를 이용하여 직원이 안내해준 내용을 작은 소리로 자꾸자꾸 반복했을 것이다. 이렇듯 무엇인가에 대해 작업을 수행하면서 마음 속에 정보를 담기 위해 필요한 유형의 기억을 작업 기억이라 한다. 단기 기억은 정보를 마음 속에서 처리하는 동안 단 몇 초 간만 저장한다. 장기 기억은 이렇게 처리된 정보가 영구적으로 저장되는 곳이다. 작업 기억은 두뇌의 정보 처리 영역에 존재하는 매개적이며 역동적인 기억 시스템이다. 작업 기억은 우리 대부분이 매일매일 사용하는 중요한 기억 시스템이다.

• 언어, 학습, 그리고 작업 기억

수많은 학령기 아동과 성인들은 작업 기억 약화 증세에 빠져 있다. 음성 언어를 이해하기 위해, 읽은 것을 이해하기 위해, 문장과 단락과 스토리를 쓰기 위해, 문제 해결 과제를 수행하기 위해, 수학 연산을 해내기 위해서는 작업 기억이 필요하다. 비언어적 지능은 정상이지만 언어 발달이 정상보다 훨씬 늦는 언어 지체 아동에 대한 연구에 따르면 이들은 모두 작업 기억에 문제를 가지고 있다.

이 아동들의 문제를 단순 언어장애(SLI: specific language impairment)라 하며 읽기 능력에도 장애를 갖게 될 위험성이 높다. 단순 언어장애 및 제한된 작업 기억 용량을 가진 4세에서 6세 사이의 아이들은 어휘 발달이 지체된다.

아이의 통사적 발달은 작업 기억의 영향을 받는다. 통사적 특성이란 의미에 기여하는, 문장 내 단어들의 순서를 말한다. 다음 두 문장은 어순, 즉 통사적 특성의 차이 때문에 달라진다. "The dog bit the boy(개가 소년을 물었다)," 그리고 "The boy bit the dog(소년이 개를 물었다)."

읽기에 문제를 겪고 있는 학령기 아동들에 대한 연구를 살펴 보면, 이 아이들이 작업 기억 용량과 관련된 통사적 이해 문제도 또한 가지고 있음이 드러난다. 작업 기억 용량이 제한된 학생들은 새로운 개념이나 어휘를 도입하는 강의를 들으면서 맥을 놓치게 될 수 있다. 청소년 및 대학생 인구 집단 구성원 중 강의 노트 작성이나 독해력 문제를 갖고 있는 이들의 원인을 작업 기억의 한계로 추적하는 연구가 다수이다.

읽기 불능에 빠진 성인들에 대한 연구도 역시 작업 기억 결손 탓으로 원인을 돌린다. 수학에 있어서도 작업 기억은 중요한 역할을 수행한다. 아이가 줄마다 덧셈과 뺄셈이 교차하여 나오는 단순한 단자리 수학 문제 한 쪽을 풀이할 때 각 행을 더하거나 빼는 게 가능하도록 해주는 것이 바로 작업 기억이다. 내일 점심에 먹을 수 있는 쿠키가 접시 위에 몇 개 남았는지 계산할 때 아이는 순차 기억(serial memory)이라는 형태의 작업 기억을 사용하여 쿠키의 숫자를 헤아린다. 쿠키 한 개를 두 번 이상 세지 않도록 기억하는 것도 역시 순차 기억의 기능이다.

어른들도 미리 결정한 양을 넘어서지 않도록 쇼핑 카트에 담은 식품의 총액을 마음 속으로 덧셈하며 계산할 때 작업 기억을 이용한다.

작업 기억이 양호하지 않으면 문장을 이해하는 것이 거의 불가능하다. 예를 들어, "소년을 안고 있는 광대가 소녀에게 키스하고 있다"는 복잡한 구조로 된 문장을 이해하기 위해서 작업 기억이 요구되는 것이다. 다음과 같은 긴 문장을 이해하기 위해서도 마찬가지다. "책 말미에 나오는 정답을 확인하기 전에 15쪽에 나오는 다른 모든 문제와 16쪽 문제 전부를 풀어라." 그리고 "더러운 것은 소년의 공이고 소녀의 공은 아니다."라는 문장을 올바르게 이해하는 것처럼 어순(통사적 특성)을 기억 속에 보존하는 것이 중요한 경우 우리는 작업 기억을 사용한다. 단어들의 순서를 이해하고, 장기 저장을 위해 처리하며 언어 문제 해결 과제를 수행하기 위해 청취자는 언어적 정보를 마음 속에 충분히 오랫동안 유지해야 하는데 작업 기억 덕분에 이것이 가능한 것이다.

• 자동성

어떤 과제에 대한 정보를 처리하는 데 반복적으로 광범위한 연습을 하면 더 적은 노력으로도 보다 자동적으로 할 수 있게 된다. 알파벳 글자 이름을 학습하는 것, 덧셈표나 구구단을 외우는 것, 그리고 즉각 인식할 수 있도록 어휘를 익히는 것이 그 예이다. 이런 기술이 자동화되면 두뇌는 정보의 개별 단위를 처리하는 부담에서 해방된다.

자동성 덕분에 두뇌는 보다 복잡한 정보와 문제 해결 과제를 해낼 수 있게 된다. 또한 자동성으로 인해 작업 기억 시스템 효율이 증진된다. 몇몇 연구가 시사하는 바에 따르면 성인 두뇌의 정보 처리 능력과 작업 기억 용량의 증가는 자동성이 늘어났기 때문이다. 청각 처리에 문제가 있는 아이들은 작업 기억 능력에 이상이 있다.

이런 아이들이 음성 언어를 이해하는 과정에는 자동성이 결여된다. 각 단어의 소리 하나하나를 처리하느라 엄청난 에너지를 써버리기 때문에 언어를 이해하는 능력에도 문제가 발생한다.

독해력이 작업 기억 용량에 의존하는 정도는 지대하다. 독해력에 문제가 있는 학생들은 부모와 교사의 우려 대상이다. 어떤 아이들은 책 한 쪽에서 다음 쪽까지 단어를 음절마다 소리 내어 발음하는 것 자체가 싸움과도 같기 때문에 독해력에 문제를 갖는다. 다른 아이들은 어휘를 즉각 인식하는 능력이 충분히 개발되지 않았을 수 있다.

어휘 발달이 취약한 아동들은 독해력 습득에서도 위기에 처해 있다. 하지만 단어를 정확하게 소리 내어 발음하고 어휘력도 잘 발달되었으며 문장을 유창하게 읽을 수 있으면서도 읽은 것을 기억하고 이해하지 못하는 아이들과 성인들이 있다. 활자화된 글이 의미를 갖지 못하게 저해하는 것은 바로 작업 기억 용량이 제한되어 있기 때문이다.

• 작업 기억과 읽기

작업 기억에 문제가 있으면 어떻게 독해력이 간섭을 받게 되는 것일까? 읽기는 광범위한 두뇌 처리 과정의 동시 활성화를 요하는 복잡한 기술이다. 단어를 읽을 때 독자는 글자의 시각적 형상과 배치를 인식해야 하고 낱말 작업(단어를 개별 소리로 쪼개는 것)을 해야 한다. 그 후, 인식 가능한 단어를 형성하기 위해 작업 기억 속에 남아 있는 동안 음소들(글자의 소리)을 합성하고 혼합해야 한다.

문장을 이해하기 위해서는 몇 가지 기술이 더 필요하다. 독자는 단어를 해석해야 할 뿐만 아니라 통사적 특성을 이해하고 단어의 순서를 알고 문맥적 단서를 활용하며 적절한 수준의 어휘 지식을 갖고 있어야 한다. 문장이 이해되기 위해서는 이 모든 일이 동시에 이루어져야 한다. 게다가 작업 기억 속에 문장들이 유지된 상태에서 서로 통합되기도 해야 한다. 각 문장은 이전 문장 등과 읽히고 이해되고 연결되고 통합된다.

독자는 전체 문단을 다 읽은 뒤에도 읽기 작업을 계속한다. 하나의 장(chapter)을 다 읽을 즈음, 세부 정보와 요지가 기억 속에 남아 있어야 한다. 그렇지 않으면, 독자는 사실의 조각은 기억하고 있을지언정 사건의 순서를 알지도 못하고 요지도 이해하지 못할 것이다.

우리는 작업 기억 능력을 당연시한다. 말하고 듣고 특히 읽을 때 하루 종일 이 중요한 기억 능력을 활용하고 있다. 작업 기억에 문제가 있는 다수의 아이들과 성인들은 읽기를 꺼려하게 될 것이다. 이것이 학교에서 읽을 수는 있으나 읽고 싶어 하지 않는 아이들이 보통 처해 있는 상황이다. 이런 아이들은 어떤 이야기를 자기 말로 다시 표현하지 못한다. 대단히 영특한 학생들도 작업 기억 용량이 부족하기 때문에 학교에서 낙제하든지 교육과정을 따라가느라 악전고투하고 있을 수 있다. 이 학생들에게 있어 읽기는 필요악일 뿐이다. 이로 인해 아이들은 독후감용으로 단편소설을 고르고 고전 작품은 읽기보다는 영화로 보는 것을 선호하기도 한다.

위에 나온 문제들은 그다지 눈에 띄지는 않을 수도 있다. 그렇다면 작업 기억에 문제가 있다는 다른 징후는 무엇인가? 부모나 교사는 어느때 그런 문제가 존재하고 있는지를 의심하게 될까? 다음 "적신호들"이 있다면 작업 기억에 문제가 있다고 짐작할 수 있다. 1) 긴 지시 사항을 이해하지 못할 때 2) 말로 된 긴 문장을 이해하지 못할 때 3) 대화하면서 주제를 놓칠 때 4) 다단계 수학 문제를 잘 풀지 못할 때 5) 독해력에 문제가 있을 때 6) 기억력에 문제가 있을 때. 어떤 사람이 기억력에 문제가 있다는 의심이 간다면 작업 기억이 약화된 것과 다른 어려움 사이를 구별하기 위해 쓸 수 있는 몇 가지 테스트도 있다. 작업 기억 용량이 제한되어 있는지 결정하는 것은 적절한 개입 조치를 취하기 위해 중요하다.

맥신 영은 미국청각학위원회(the American Board of Audiology) 공인 자격을 취득한 청능사(audiologist)이며 펜실베이니아 주 브룸몰에서 활동하고 있는 공인 언어치료사이다. 청각 처리 장애, 난독증, 학습 장애에 대하여 다수의 논문을 발표했고 광범위한 강연을 하고 있다.

각 질문에 대한 답을 선택지에서 한 개 고르세요.

1. 다음 중 시냅스가 증식하는 동안 생기는 일은?

(a) 두뇌가 광범위한 환경과 경험에 노출될 것에 대비한다.

(b) 과도한 신경전달물질이 시냅스간극(*synaptic cleft*)에 분비된다.

(c) 모국어에 숙달되어가는 학생의 경우처럼 학습된 기술이 섬세해진다.

(d) (b)와 (c)

2. 다음 중 열 살 먹은 아이의 두뇌에서 시냅스 제거 현상이 가장 활발하게 일어나는 부분은?

(a) 시각 피질

(b) 계획과 추상적 사고를 담당하는 영역

(c) 외국어 말소리 구별을 담당하는 영역

(d) 생명 유지를 위해 필수적인 기능을 조절하는 영역

3. 다음 중 두뇌 가소성에 대해 과학자들이 최근 발견한 것은?

(a) 두뇌는 평생 동안 계속 변화한다.

(b) 두뇌 속의 모든 구조물은 세월과 함께 변한다.

(c) 두뇌는 20세까지 성장을 계속하다가 퇴행하기 시작한다.

(d) 두뇌는 언어를 처리할 때 변화하지만 수 개월이 지나면 도로 원상회복된다.

4. 다음 정의 중 잘못된 것은?

(a) 문법은 언어의 구조를 말한다.

(b) 의미론은 언어의 맥락에 관한 것이다.

(c) 음운론은 언어의 소리를 연구하는 분야이다.

(d) 화용론은 언어의 사회적 목적성에 관한 분야이다.

5. 다음 중 언어학적 관점에서 문법이 중요한 이유는?

    (a) 상대방이 농담을 하고 있는지 해석할 수 있게 해준다.

    (b) 다른 사람들에게 존중 받도록 말하는 방법을 가르쳐준다.

    (c) 상대방이 이해할 수 있는 어순으로 단어들을 배열할 수 있도록 해준다.

    (d) 답 없음

6. 다음 중 음소가 중요한 이유는?

    (a) 투명한 철자법을 구현해준다.

    (b) 모든 언어의 구성 단위가 된다.

    (c) 의미상 오류와 화용적 오류의 차이를 구별할 수 있게 해준다.

    (d) 위 전부 다

7. 다음 중 활자화된 언어가 음성 언어보다 어려운 이유는?

    (a) 활자화된 언어는 음성 언어에 추상성을 부가하기 때문이다.

    (b) 활자화된 언어는 음성 언어보다 빠르게 처리되어야 하기 때문이다.

    (c) 묵독(*silent reading*)할 때 두뇌의 "듣는"부분이 꺼지기 때문이다.

    (d) 음성 언어는 현실과 직결되어 있지만 알파벳은 그렇지 않기 때문이다.

8. 다음 중 청각 처리 속도가 중요한 이유는?

    (a) 소리가 두뇌 속을 빠른 속도로 여행할 때 매우 큰 소리를 들을 수 있기 때문에

    (b) 소리가 두뇌 속을 빠른 속도로 여행할 때 매우 조용한 소리를 들을 수 있기 때문에

    (c) 소리를 충분히 빠른 속도로 처리하지 못하면 천천히 아주 힘들여 말해야 하기 때문에

    (d) 소리를 충분히 빠른 속도로 처리하지 못하면 음성 언어의 급격한 변화를 식별할 수 없기 때문에

9. 다음 중 개념을 이해할 때 관여하는 두뇌의 부분(들)은?

(a) 브로카 영역

(b) 두뇌 전반의 영역들

(c) 베르니케 영역

(d) 대뇌 좌반구의 전반적 영역들

10. 다음 중 언어를 이해하고 표현할 때 두뇌가 수행하는 역할 중 일부를 바르게 요약한 것은?

(a) 뇌섬엽(*insula*)은 개념을 이해할 수 있도록 도와주고 전두엽은 말을 조직화한다.

(b) 대뇌 좌반구는 단어의 의미를 이해할 수 있도록 도와주고 우반구는 언어를 표현한다.

(c) 브로카 영역은 단어의 의미를 이해할 수 있도록 도와주며 베르니케 영역은 언어를
표현한다.

(d) 답 없음

정답 : a, b, a, c, b, a, d, b

제 3 부

영어 책 읽는 두뇌

마지막 과정인 제 3부에서 여러분들은 단어, 문장, 문단, 그리고 더 긴 글을 이해하고자 노력하는 학생처럼 종횡무진 두뇌를 관통하는 역동적 여행을 하게 될 것입니다. 특히 이 과정은 교육자들이 처한 상황을 염두에 두고 집필되었기 때문에 읽기와 관련된 영어 자체는 물론 다른 많은 사안들도 탐구합니다. 관련 요인 중 몇 가지만 들어 보자면 단어 인식, 통사적 구조의 이해, 작업 기억 및 언어 관련 기술 등이 있습니다. 학생들의 언어 및 읽기 능력 개발에 대한 연대기적 추적을 통해 교육 계획을 세우도록 돕는 것은 물론 읽기와 관련된 고충도 살펴보게 될 것입니다. 왜 읽기에 어려움을 겪게 되며 두뇌의 어떤 부분이 관련되는지를 알아볼 것입니다. 각 학생의 읽기 학습 기회를 최적화하고 더 나은 독자가 될 수 있도록 하기 위해 교실 내에서 적용할 수 있는 요점들을 소개하면서 대단원의 막을 내립니다. 3부 각 강의 결론 부분에서는 주요점을 정리하고 핵심 개념 및 용어 목록이 제시되어 있어 학습한 내용을 반복하여 복습 정리할 수 있습니다. 그만큼 복잡하고 생소한 개념이 전에 비해 많이 등장한다는 뜻이며 이제 지금까지 달려온 길이 도착점에 근접한다는 의미입니다. 지대한 관심과 기대를 안고 인류가 발명한 가장 위대한 업적의 근본을 심층 탐색해봅시다.

WHAT YOU WILL LEARN 이번 과정에서 학습할 것들

- 읽기를 배우기 위해 아이들이 거쳐야 할 단계들
- 문자로 된 영어의 도전과 즐거움
- 읽기를 배우고 더 나은 독자가 되기 위해 필수적인 기술
- 언어 및 읽기 기술 발달 단계
- 문자로 된 단어가 두뇌 속에서 따라가는 두 가지 경로와 읽기 정보가 둘로 나뉘는 이유
- 독자가 자동화된 단어 인식 능력을 구축하는 방법

- 유창한 읽기 능력을 습득하기 위해 읽기 연습이 중요한 이유
- 긴 문장에서 독자가 만나는 도전
- 문자 텍스트 속에 담긴 여러 정보를 학습자가 디코딩(*decoding*)하는 방법
- 형태소 인식, 통사적 기술, 작업 기억 용량이 유창한 읽기에 기여하는 방법
- 여러 모습의 문장 이해를 위해 관여하는 뇌 부위들
- 읽기가 능숙하지 못한 학생이 특히 어려움을 겪는 읽기 학습 측면
- 읽기 난조 증상 및 학생이 읽기 난조에 빠져 있음을 보여주는 징후들
- 읽기 난조 전반에 관련된 요인들
- 읽기 난조와 관련된 두뇌 부위들

과정 개요

우리가 다룰 것

제 1강

언어 자체가 자동적인 것처럼 보이는데도 읽기를 가르쳐야 하는 이유를 살펴보는 것으로부터 읽기 두뇌의 안팎을 가로지르는 여행이 또다시 시작됩니다. 영어 자모로부터 음소 인식, 형태소 인식, 구어 대 문어의 통사 등 복잡한 영어 문자 체계에 이르기까지 읽기를 배우고 있는 학생들이 직면하는 도전을 이해하기 위한 기초 정보를 제공하겠습니다. 언어 발달과 읽기 기술 사이의 연계점도 제시됩니다. 도착점 행동을 미리 기획하는 데 도움이 될 수 있도록 언어 읽기에 대한 상세한 연대기적 고찰로 마무리됩니다.

제 2강

문제의 핵심(우리의 경우엔 두뇌)으로 돌입하는 본 강에서 단어 인식 경로 두 가지가 소개됩니다. 단어 인식을 위해 음성학적 이해 경로를 채택하는 초보 독자의 두뇌 속을 단어가 어떻게 흘러가는지 추적하겠습니다. 그리고 단어 인식을 위해 직접 회상 경로를 채택하여 유창성을 습득한 독자의 두뇌 속을 흐르는 단어의 흐름을 이어서 추적하겠습니다.

제 3강

2강에 이어 3강에서는 문맥 속에서 단어를 만날 때 무슨 일이 생기는지 설명하고 형태소 인식, 통사, 작업 기억에 대해 심도 있게 탐구하겠습니다. 통사적 이해 능력을 바탕으로 문장, 문단, 글 전체를 이해하는 데 관여하는 두뇌 영역에 대해 알아보고 독자가 작업 기억 속에 모든 것을 생생하게 간직하는 방법에 관해서도 조사하겠습니다.

제 4강

읽기에 난조를 보이는 학생들의 경우 어디에서 읽기 처리가 중단되어 버리는지 살펴보고 예의주시해야 할 경고 증상을 배울 것이며 교실에서 읽기를 가르치기 위한 기초적 정보도 제공하겠습니다.

영어 읽기와
그 도전

이제 드디어 절정으로.
영어는 음성 언어를 형태음소적으로 표현한
문자로 활자화된다.
음소 인식 능력이란? 형태소 인식 능력이란?
읽기 발달에도 시간표가 있다.

1. 들어가며

현대 사회에서 읽기 능력은 성공을 위해 반드시 필요합니다. 만일 현대 문명이 출현하는 데 기여한 것들 중 단 한 개만 뽑으라고 한다면 읽고 쓸 수 있는 능력일 것입니다. 읽고 쓸 수 있는 능력 덕분에 사람, 국가, 세대들은 서로 지식과 사상과 전략을 나눌 수 있게 되었고 이전 세대의 성공을 발판 삼아 새로운 세대가 도약하고 동 세대 간에도 성공적인 경쟁이 가능하게 되었습니다.

하지만 읽기는 저절로 발달하는 선천적 능력이 아닙니다. 왜 그럴까요? 언어는 그냥 생겨난 것 같지 않나요? 부모님, 형제자매들, 급우들, 또 TV 등 말이 넘쳐나는 환경 속에서 언어를 배운다는 것은 별게 아닌 것 같습니다. 읽기는 왜 어려운 것일까요? 활자는 어디에나 있습니다. 집에는 책이 있고 학교에도 마찬가지고 어디에나 광고판이 가득하며 신문은 어딜 가나 발에 채일 정도로 많고 지하철 역 가판대에도 읽을 거리가 잔뜩 쌓여 있지 않습니까? 사탕 한 개를 사도 글씨가 인쇄되어 있습니다. 그런데 왜 아이들은 저절로 읽기 시작하지 않나요?

일단 그럭저럭 읽는 법을 배웠다고 해도 철자법은 왜 또 그리 어려운 것일까요? "나뭇잎, 닭, 여덟"등을 생각해보세요. 영어의 경우엔 "colonel"이나 "dialogue"가 좋은 예이겠습니다. 아이들은 어휘력을 어떻게 확장시킬까요? 글 속에 들어있는 통사적 구조는 또 어떤 도전이 되는 것일까요?

끝으로, 읽기를 배우는 시간적 과정은 무엇일까요? 어떤 읽기 관련 능력이 언제 발달하며, 아이들이 어느 정도의 읽기 능력을 지금쯤 갖추어야 한다고 기대할 수 있을까요? 내 아이가 일곱 살쯤이면 『해리 포터』를 읽을 수 있을까요? 몇 살이 되어야 정지용의 시를 함께 읽을 수 있을까요?

이번 강의를 통해 이 모든 질문에 대한 답을 얻게 될 것입니다. 읽기에 몰입하고 있는 두뇌 회백질로 뛰어들 준비하시고, 즐겁게 한번 가 봅시다!

WHAT YOU WILL LEARN 📖 이번 강의에서 배울 것들

- 읽기를 배우기 위해 아이들이 거쳐야 할 단계들
- 문자로 된 영어의 도전과 즐거움
- 읽기를 배우고 더 나은 독자가 되기 위해 필수적인 기술
- 언어 및 읽기 기술 발달 단계

2. 읽기 배우기

왜 아이에게 읽는 법을 가르쳐야 할까요?

읽기를 집중적으로 학습하고 가르쳐야 하는 가장 분명한 이유는 **문자가 의도적으로 만들어진 시스템**이기 때문입니다. 기원전 4000년말 경 최초의 문자 체계가 고안된 이래 약 2,000년 이상이 지난 다음에야 그리스인들의 완벽한 알파벳 시스템이 탄생할 수 있었습니다. 두뇌가 이 새로운 문자 체계에 적응할 수 있을 정도로 유전자 진화가 이루어지기에

2,000년은 너무도 짧은 세월입니다. 하지만 인간의 두뇌는 그 놀라운 가소성과 적응성으로 복잡다단한 상징 체계를 학습할 수 있었습니다.

본래 인간의 두뇌는 글을 읽도록 선천적인 회로가 깔려 있지 않기 때문에 말에 비해 문자를 능숙하게 활용할 정도로 습득하려면 대략 2,000일 이상 의도적이고 명시적인 교육이 요구됩니다. 문자 활용이라는 고도의 인지적 위업을 달성하기 위한 대가는 적지 않은 것이죠. 지금으로부터 수천 년 전, 수메르어나 아카드어 문자 시스템에 숙달하도록 가르치고 배우기 위해서는 보통 6년에서 7년 정도가 걸렸다고 합니다. 운전을 하고 자전거를 타려면 요령을 배우고 연습해야 하는 것과 마찬가지로, 온갖 글자가 가득히 담긴 글을 읽고 쓰도록 하려면 의도적이며 명시적으로 문자를 가르치고 꾸준히 연습시켜야 합니다.

문자가 만들어진 시스템이라는 것이 의미하는 또 한 가지는 문자로 의사소통하기 위해 내포된 원리들이 많다는 점입니다. 음성으로 된 말로 생각을 전달하고 다른 이의 아이디어를 듣기 위해 어떤 원리가 말 속에 숨어 있는지 아이는 분석할 필요가 없습니다. 그러나 **읽는 법을 배우려면 문자 언어 속에 감추어진 원리들을 학습해야 합니다.** 이제 찬혁이라는 한 평범한 아이가 읽기를 배워나가는 과정을 지켜봅시다.

읽기를 배우려면 찬혁이는 최우선적으로 음성언어적 기술을 갖춰야 합니다. 단어를 구성하는 소리들을 구별하고 단어 사이의 차이점을 들을 수 있어야 하죠. 그래야만 찬혁이는 음성 언어 단계에서 문자 언어 수준으로 도약할 수 있고 청취한 소리를 글자라고 알려진 표시와 짝지어 머릿속에 지도처럼 그려 나갈 수 있습니다.

앞으로 읽기를 해낼 수 있으려면 찬혁이는 단어들이 **음소**(phonemes, 의미 차이를 만들어 내는 언어의 최소 소리 단위)로 구성됨을 알아야 합니다. 또 이해해야 할것은 활자라는 것이 그림책 속에 딸려있는 장식물이 아니라 나름의 이유를 가지고 존재한다는 사실입니다. 그래야 책에 활자로 인쇄된 것들이 실은 글자임을 인식할 수 있습니다. 이렇게 **음소 인식 능력** (phonemic awareness)을 갖추고 나면 이것을 이용하여 글자에 대해 배우고 **자모 법칙**(alphabetic code)가 근자가 인정한 소리 단위(음소)를 대표하는 원리 을 깨치게 됩니다.

이제 찬혁이는 자모로 된 언어에 익숙해져야 합니다. "ㄱ"이 "ㄱ"이며 "ㄴ"이 "ㄴ"임을 즉각 알아볼 수 있게 되면 그 지식을 이용해 다음 단계로 나아갈 수 있습니다.

찬혁이는 이제 단어 인식 능력을 배우는 일을 할 차례입니다. 더 많이 읽을수록 찬혁이는 더 빨리 단어들을 인식하게 됩니다. 신속 정확하게 단어들을 인식할 수 있게 되면 다음 단계로 갑니다. 문장과 문단 단위에 능숙해지는 것이죠. 자동적 단어 인식 능력을 갖춘 다음, **형태소 인식 능력**(*morphological awareness*)을 추가해야 합니다. 형태소 인식 능력이란 **형태소**(*morpheme*) 사용법을 이해하는 것이죠. 형태소란 뜻을 가진 가장 작은 말의 단위입니다. 영어의 경우, 형태소는 어근(cat의 경우), 접미어(복수형을 만드는 -s나 부사를 만드는 -ly 등), 접두어(어근에 붙여 반의어를 만드는 un- 등)를 말합니다.

이제 최종 단계입니다. 찬혁이가 읽은 것을 포괄적으로 이해할 수 있는 단계로 진입하려면, 단어의 정의를 내리고 해석하며 문법적 구조를 이해하고 작업 기억 속에 텍스트의 문자들과 개념을 일정 단위로 저장하는 법을 배워야 합니다. 이 과정을 거치며 찬혁이는 텍스트가 전달하는 메시지에 대해 더욱 완벽하고 복합적인 정신적 표상을 구축해갑니다. 찬혁이가 지금 책을 읽고 있다면 지금까지 거론한 이 모든 기술을 동시에 동원하고 있는 것입니다.

전체를 아우르는 용어인 디코딩 기술(*decoding skill*)에는 다음 항목들이 포함됩니다.

- **음운적 기술**(*phonological awareness*). 음소 인식 능력, 음절 구분, 발음, 압운(*rhyme*), 동음이의어(*homophone*) 구별 능력
- **철자법**. 글자-소리 대응 관계, 글자 조합, 이중자음, 이중모음, 특정 모음 철자법, 및 모호한 철자법을 이해하는 것
- **어휘력**. 자동 단어 인식 능력, 개별 어휘 및 파생 어휘군(*word family*), 의미론적 특성, 동의어, 반의어, 동음이의어, 동형이의어(*homograph*)를 아는 것
- **형태소 활용 능력** : 형태소 인식, 대명사, 조동사, 복수 및 과거 시제 어휘, 굴절 접사(*inflectional suffix*), 파생어(*derived word*) 등 형태소적으로 중요한 단어들을 인식하고 활용하는 것
  - **동음이의어**(*homophone*): 소리는 같지만 철자나 뜻이 다른 단어. heir와 air의 경우.
  - **이중 자음**(*digraph*): child의 ch의 경우처럼 두 글자가 하나의 음을 나타내는 것

- **이중 모음**(*diphthong*): boy의 oy처럼 소리를 내는 도중에 입술 모양이나 혀의 위치가 처음과 나중이 달라지는 모음
- **의미론적 특성**(*semantics*): 문장과 단어가 표현하는 뜻
- **동의어**: 같은 것을 뜻하는 다른 단어
- **반의어**: 반대 뜻을 갖는 단어
- **동형이의어**(*homograph*): 철자는 같지만 다른 것을 뜻하며 다르게 발음되기도 하는 단어. '성냥'을 뜻하는 match와 '시합'을 뜻하는 match의 경우.
- **형태소**(*morpheme*): 뜻을 전달하는 말의 최소 단위. 형태소는 단어일 수도 있고 접사(예, 과거 시제 '-ed'처럼 문법적인 접미사)일 수도 있다.
- **굴절형태소**(*inflectional morpheme*): 수, 시제, 인칭, 격을 가리키는 의존 형태소로서 단어의 품사를 바꾸지는 않는다.
- **파생어**(*derived word*): 어근에 파생형태소를 붙여 만드는 단어

디코딩 항목을 모두 포함하는 이해 기술(*comprehension skill*)에는 다음 세 가지가 추가됩니다.

- 통사적 기술(*syntactic skills*): 문법을 이해하고 활용하는 능력
- 작업 기억(*working memory*)능력: 지속 시간이 짧고 용량이 한정된 기억 시스템으로서 작업을 완수하기 위해 정보를 동시에 저장하고 조작할 수 있도록 함
- 전체 글 이해 능력: 요지, 세부 정보를 문자적으로 이해하는 것, 인과관계를 이해하는 것, 대명사가 참조하는 항목, 생소한 단어의 뜻, 행위 연속 등을 유추하여 이해하는 것

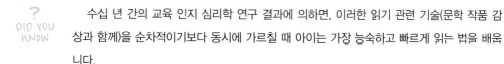

? DID YOU KNOW　　수십 년 간의 교육 인지 심리학 연구 결과에 의하면, 이러한 읽기 관련 기술(문학 작품 감상과 함께)을 순차적이기보다 동시에 가르칠 때 아이는 가장 능숙하고 빠르게 읽는 법을 배웁니다.

THINK

읽기가 자동화되면 듣기에 비해 더 적은 기억이 요구된다고 합니다. 왜냐하면 듣기 활동은 녹음하지 않는 이상 다시 듣기를 할 수 없지만 글은 다시 돌아가 읽을 수 있기 때문입니다. 그러나 구어는 문어에 비해 문법적으로 쉽습니다. 말하는 이는 음조와 억양을 변화시키고, 중요한 단어를 더 강하게 소리 내고 적절한 타이밍에 뜻과 의도를 전달합니다. 이러한 운율적 요소(prosody) 말에 담긴 리듬, 억양, 강세 등의 음악적 측면 와 화용적 특징(pragmatics) 사회적 맥락에서 언어가 쓰이는 법에 관한 규칙으로 말하는 이와 듣는 이의 관계, 시간 및 장소의 적절성 등이 대화 규칙에 영향을 미친다. 은 문자 언어로는 전달하기 어렵습니다.

3. 문자로 된 영어

우리는 영어를 외국어로 익히는 과정에서 읽는 법을 가르치거나 배울 때 영어 글자와 씨름하는 게 다반사입니다. 정교한 200가지 음운 규칙을 프로그램 해놓은 컴퓨터 조차도 철자법을 제대로 맞출 확률이 50퍼센트에 그칩니다. 도대체 왜일까요?

최초의 문자 시스템은 5,000에서 10,000년 전의 미술(예술 활동이자 문자로 여겨지는 동굴 벽화 등)에서 생겨났습니다. 그 이후 문자 체계가 퍼져나가면서 진화한 것이죠. 우선 의미를 나타내는 상징이 활용되기 시작했습니다. 기원전 3100년에 사용되었던 고대 수메르 문자에서 태양의 상징은 산 봉우리 사이 골짜기에 내리쬐는 태양을 본뜬 두 개의 반원이었습니다. 이렇게 시작한 수메르 문자들은 서서히 변형되며 진화하였습니다.

기원전 3300년에서 3200년 사이에 수메르인들이 사용하기 시작한 문자 상징은 초기에는 사물의 모습을 비슷하게 본 딴 그림 문자로서 개념을 직접 표상하였지만 서서히 설형 문자(cuneiform)로 추상화되면서 발전합니다. 이 문자는 아직 굳지 않은 진흙 면에 갈대 끝으로 기록하여 모양이 마치 쐐기처럼 생겼기 때문에 설형(楔形) 혹은 쐐기 문자라고 합니다. 주변 사물을 비슷하게 모사하거나 숫자를 기억하는 데 도움을 주도록 사용한 표식 등을 알아보기 위해서는 특별한 두뇌 회로를 개척할 필요가 없었습니다. 하지만 문자 시스템이 서서히 추상화되기 시작하면 본래의 모습과 많이 달라진 문자를 알아보고 이해하기

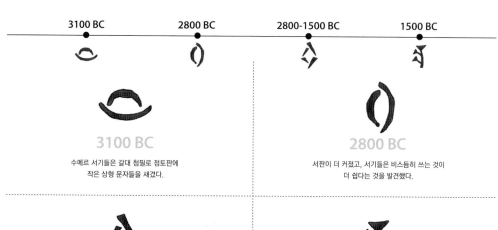

| 3100 BC | 2800 BC | 2800-1500 BC | 1500 BC |

3100 BC
수메르 서기들은 갈대 첨필로 점토판에
작은 상형 문자들을 새겼다.

2800 BC
서판이 더 커졌고, 서기들은 비스듬히 쓰는 것이
더 쉽다는 것을 발견했다.

2800-1500 BC
서기들은 무딘 칼끝처럼 생긴 도구로
점토판을 눌러 문자를 기록하는 게 쉽다는 것을 발견했다.

1500 BC
사실적 형태로 된 문자는 사라지고
완전히 추상화된 기호로 변했다.

위해서 명시적인 교육과 의도적인 훈련이 필요하게 됩니다. **문자 상징은 점점 더 특별한 인지적 재조직화를 요구하게 되었다**는 뜻입니다. 수메르인이 개발해낸 문자 체계의 의의에 대해 미국 터프츠대학교의 매리언 울프 교수는 다음과 같이 말했습니다.

"글을 쓰고 읽고 가르칠 때 필요한 새로운 인지 능력을 감안했을 때 [수메르 문자가] 갖는 의미는 가히 엄청난 것이라고 할 수 있다."[1]

문자 시스템은 새로운 도구를 이용하여 기록되면서 더욱 발전해 갔습니다. 돌로 돌에 쓰던 것이 갈대로 점토에 쓰는 단계로 그리고 잉크로 양피지에 기록하다가 이제는 디지털 신호를 활용한 픽셀 형태로 변해왔습니다. 이렇게 보다 세련된 필기 도구의 진화로 인해 음성 언어를 대표하는 문자 시스템이 보다 보편적으로 나타나게 되었습니다. 단지 사물의 모습을 모방하는 수준에서 말소리를 문자로 표현하게 된 것입니다.

물론 각 시스템 별로 결과물은 다릅니다. 한자는 대부분 의미지향적인 **표의 문자** (logographic)이지만 소리를 나타낸 표지도 있죠. 그래서 한자를 사용하는 중국어를 표

---

1 Wolf(2009), 52-54쪽

의음절 문자(logosyllabary)로 분류하기도 합니다. 일본의 문자 시스템 중 하나인 히라가나는 음절을 대표하는 **음절 문자**(syllabary)입니다. 그러나 스페인어는 영어와 같은 **자모 문자**(alphabetic)라도 한 글자가 한 가지 소리에 대응하기 때문에 철자법이 규칙적입니다. 즉 스페인어의 **표음 문자**(phonogram)성이 보다 뛰어나죠. 우리 한글도 자모 문자이자 표음 문자의 범주에 들어갑니다. 한 언어에서 사용되는 모든 음성을 한정된 자음과 모음으로 표현하여 전달하는 방법을 고안한 것은 언어역사상 위대한 대발견이었습니다. 이렇게 대략 20~30여개 정도의 글자로 모든 말소리를 문자로 표현할 수 있게 되면 기억 등을 비롯한 인지적 효율이 극대화되어 놀라운 사고 능력으로 도약할 수 있기 때문입니다.

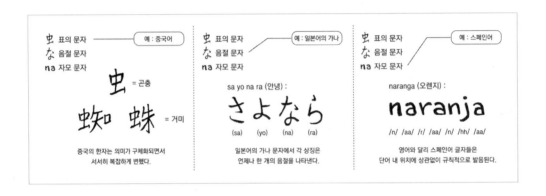

한 가지 흥미로운 사실은 각 문자 체계마다 읽기에 동원되는 두뇌 회로가 다르다는 것입니다. 그럴 수밖에 없는 이유가 있습니다. 중국 한자와 같은 표의 문자를 인지하려면 주로 시각 정보와 개념 시스템이 연결되어야 하고 표음 문자를 이해하기 위해서는 시각및 청각적 기억 그리고 음운적 요소가 서로 연결되어야 합니다. 영어나 한글, 중국어나 일본어 등 대부분의 문자는 사실 표의적 요소와 표음적 요소가 섞여 있으므로 음운적, 의미적 분석이 동시에 요구되며 추상화 능력이 필요하므로 상당한 대뇌 피질 자원이 활성화되어야 합니다.

자모 문자인 영어나 한글과 달리 표의 문자 비중이 훨씬 높은 중국어를 읽는 독자의 두뇌의 경우 대뇌 우반구가 보다 광범위하게 개입합니다. 표의 문자는 그 특성상 상당한 시각적 처리 능력과 공간적 분석력을 요구하기 때문입니다. 또한 중국어를 읽을 때 전두엽

운동기억(*motor memory*) 관련 영역이 훨씬 더 많이 활성화된다고 합니다. 아마도 한자를 배우는 초기에 반복적으로 직접 써보면서 배우기 때문인 것으로 추정됩니다.[2]

한편, 영어는 **형태음소 문자**(*morphophonological*)입니다. 영어 알파벳 한 개와 그 소리(음소) 사이에 관계성이 있으며 영어 단어의 철자와 그 뜻 사이에도 관계성이 있는 경우가 많다는 뜻입니다. 즉, 영어 단어는 소리를 나타내기도 하고 그 철자 속에 형태소적 어원이 살아 남아있기도 합니다.

예를 들어, nation을 생각해봅시다. 왜 이 단어에는 /sh/ 소리가 날 자리에 t가 들어있는 것일까요? 그것은 nation이 native와 같은 어원에서 나왔기 때문입니다. 저명한 학자 노암 촘스키가 언급했던 muscle도 영어 단어 속에 말의 역사가 보전되고 있음을 드러내는 좋은 예입니다. 근육을 뜻하는 단어 muscle의 c는 소리가 나지 않으니 삭제해도 아무 상관이 없을 것 같지만 동일한 어원에서 유래한 muscular의 경우에는 c가 자기 음가를 갖고 있습니다. 바꿔 해석해보면, muscular속의 c는 영어의 음소적 측면을 나타내고, muscle 속의 c는 형태소적 양상을 잘 드러내준다는 것입니다. 따라서 영어는 단어의 역사적 어원과 음성 언어적 표상이 둘 다 녹아있는 언어라고 할 수 있습니다.[3]

200여 가지 음성학 규칙을 입력해놓아도 50퍼센트 확률로밖에 영어 철자법을 맞추지 못하는 컴퓨터에 단어의 **형태론적 정보**(의미)와 **어원적 정보**(단어의 기원)를 프로그램해 넣으면 거의 완벽에 가까운 정확도로 철자법을 맞출 수 있습니다.

? DID YOU KNOW

아이가 처음 읽기를 시작하면 단어를 소리 대 의미 대응 관계로 파악하기보다 그림으로 생각하는 편입니다. 즉 단어의 모습을 그 단어가 대표하는 물체에 대응시키는 것이죠. 예를 들어, "뱀(snake)"이 긴 단어인지 짧은 단어인지 물어보면 어린 아이는 길다고 대답하는 경우가 많습니다. 반면에 "애벌레(caterpillar)"는 짧은 단어라고 하죠. 결국 문자 시스템이 진화해온 변천 과정과 비슷하게 아이들은 단어가 묘사하는 물체나 개념과 단어 자체가 별개의 것이라는 사실을 이해하기 시작하며 단어의 소리와 뜻 사이의 연관성에 관심을 두게 됩니다.

---

2 Wolf(2009). 57-58쪽
3 Wolf(2009). 66-67쪽

영어를 사용하는 사람들은 표의적(의미 지향적) 문자 시스템을 쓰기도 합니다. 바로 숫자가 그렇죠. 아라비아 숫자(1, 2, 3)는 단어(*one, two, three*)에 대응하지만 아라비아 숫자 자체에는 이 단어들의 발음에 대한 정보가 전혀 들어있지 않습니다.

아래의 표에는 알파벳을 사용하는 언어들의 음소(*phoneme*) 대 자소(*grapheme*, 字素) 숫자가 나와있습니다. 자소(또는 서기소)란 한 언어의 문자 체계에서 음소를 표시하는 최소의 변별적 단위로서의 문자 혹은 문자 결합을 말합니다. 예를 들어, 음소 /p/를 표시하는 자소로는 pin의 p, hopping의 pp, hiccough의 gh가 있습니다.[4] 음소 당 자소의 수가 많으면 소리를 문자화하는 경우의 수가 많다는 뜻이 됩니다.

언 어	음소의 개수	철자하는 방법
이 탈 리 아 어	33	25
스페인어	+35	38
프랑스어	32	+250
영어	±44	+1,100

영어에 있는 26개의 알파벳이 약 44개의 음소를 표현하기 위해 사용됩니다. 그런데 44개의 음소를 자소로 표현하는 방법은 자그마치 1,100가지가 넘으니 과연 영어의 철자법이 "미쳤다"라고 외칠만합니다. 반면에 이탈리아어에는 33개의 음소가 있지만 철자하는 방법의 수는 불과 25가지뿐입니다. 바꿔 말하면 이탈리아어나 스페인어의 음성 언어를 문자 언어로 쓰는 원리 몇 가지만 익히면

-----

4 국립국어원 표준국어대사전

읽고 쓰는 데 큰 지장이 없다는 뜻입니다. 실제 연구 결과에 따르면 이탈리아어 사용자 중 글을 읽는 데 문제를 가지고 있는 사용자의 비율은 영어 사용자에 비해 극히 낮다고 합니다. 이렇게 **상대적으로 어려운 영어 철자법에 숙달하도록 하는 비결은 오직 문자에 많이 노출시켜가며 연습하도록 하는 것뿐**입니다. 특히 아이들에게 음소 인지와 자소 대 음소의 대응 관계를 명시적으로 직접 가르치는 방법이 매우 성공적이라는 연구가 절대 다수입니다.[5]

영어 철자법이 이렇게 되어버린 배경에 대한 다음 글을 읽어봅시다.

영어 철자법이 엉망이 된 역사적 배경

- 14세기가 되어서야 영어 철자법이 표준화되기 시작했고 18세기까지 표준화가 계속되었기 때문에 초창기 필경사(scribe)들은 제 멋대로 단어를 철자하였다.
- 지난 15세기 동안 음소상 발음이 일치했던 단어들이 사라져갔다. 예를 들어, right속에 있는 gh는 구개음 h로 발음된 적이 있다. 지금도 스코틀랜드인들은 richt로 발음한다.
- 프랑스어에 온 chalet나 그리스어에서 온 scholar 같은 단어들의 경우처럼 상당수의 영어 단어들은 외국에서 차용한 것이고 본래 철자 그대로 쓰기도 했다. 원래 불규칙적인 철자로 된 단어를 들여오기도 했다.
- 15, 16세기 인쇄업자들은 단어 사이를 띄우기 보다 글자를 더해서 여백을 맞추는 경우가 많았다.
- 변호사 서기들은 문서 속 문장의 길이에 따라 돈을 받았기 때문에 철자를 길게 늘여 쓰곤 했다.
- 대모음변이(The Great Vowel Shift): 15, 16세기에 알 수 없는 이유로 스페인어나 프랑스어와 같은 대륙 언어 식으로 발음되던 장모음들이 현대식 영어 발음으로 변해버렸다. 단모음은 변하지 않았다. 하지만 그때 당시 이미 철자법이 표준화되어 있었기 때문에 발음의 변화에 맞추어 철자법이 바뀌지 못했다.
- 미국의 대표적 사전학자 노아 웹스터는 영국식 영어에서 colour라고 철자하던 단어를 color로 단순화하는 식의 철자 개혁을 단행하였다.

---

5 Torgessen et al. (1999).

4. 언어에서 읽기로

문자 언어로서의 영어를 형태음소 언어적(*morphophonological*) 뜻과 소리에 기반한 문자. 영어 단어 다수의 철자에는 단어의 어근을 나타내는 글자들이 포함되어 있기 때문에 영어는 형태음소적 문자이다. 음성 언어를 표상하는 것이라고 규정해 놓으면 유창한 독서가를 양성하기 위해 필요한 맞춤 처방을 내릴 수 있게 됩니다. 그 무엇보다 미래의 독서가는 문자 언어를 디코딩하기 위해 요구되는 음소 인식 능력을 개발하기 위해 음성 언어적 기술을 습득할 필요가 있습니다.

음소 인식 능력(*phonemic awareness*)은 단어가 개별적 소리로 구성되어 있음을 이해하는 것이고 언어의 소리들을 식별하고 조작할 줄 아는 것을 말합니다. 음성학적 능력을 갖추면 찬혁이와 같은 어린 나이의 청취자는 주변에서 들리는 소리 중 특히 "쿠키"나 "잘 시간이야!"와 같은 중요한 단어들의 의미를 배우는 데 도움이 됩니다.

찬혁이의 어휘력은 새로운 단어를 듣고 사용하면서 쑥쑥 성장하고 주변 세상에 대한 일반 지식도 키우게 되며 이것은 단어들이 개념을 전달하게 위해 어떻게 함께 기능하는지 이해하기 위해 중요합니다. 그러므로 "차에 기름을 넣어야겠다"라는 말을 들은 후 이어지는 사건(주유소로 차를 몰고 가서 연료통에 주유기 노즐을 넣고 기름을 넣고 돈을 지불하고 나오는 등)을 경험하면서 찬혁이는 차에 기름을 넣는다는 개념과 관련된 조각들을 추가하여 맞춰나가기 시작합니다. 이렇게 쌓은 지식은 상황이 어떻게 돌아가는지 이해하도록 해줄 뿐만 아니라 사건에 대한 논리적 사고력을 키우게 되어 기름을 넣고 지도를 사는 것 사이의 차이점과 기름 넣는 것을 깜빡하는 것과 같은 망각 행위에 주목하고 그로 인해 초래되는 결과를 이해하기 시작합니다.

읽기를 배우면서 찬혁이는 언어적 기술과 사고력을 통해 자기의 언어적 지식을 문자 언어와 연결하여 마음속에 도식화하고 문자 언어를 디코딩해내는 법을 배웁니다. 언어와 사고력에 더하여 세상에 대한 지식을 쌓으면 단어들이 전달하는 개념을 총체적으로 이해하는 단계로 들어갑니다.

그러나 능숙한 독서가가 되려면 언어와 지식만으로는 부족합니다. 스스로 읽고자 하는 욕구를 가져야 하죠. 비슷한 연령대의 아이들이 그렇듯 주변 세상에 대해 무진장 호기심이 넘치더라도 책에 흥미와 관심을 가지려면 책에 늘 노출되어 있어야 합니다. 그래야 책이 열어주는 재미와 모험의 세계가 얼마나 값진 것인지를 알게 됩니다.

요컨대, 찬혁이에게 **책을 읽어줘야 한다**는 말입니다. 그것도 **많이 읽어줘야 합니다.** 연구에 따르면 세 살 정도의 나이에 동요를 많이 들었을수록 음소 인식 능력에서 뛰어나게 됩니다. 글자, 글자의 이름, 읽기에 보다 자주 노출되면 학령기가 되었을 때 더 높은 수준의 음소 인식 능력을 발휘하며 이런 아이들은 어린 시절 읽기 활동을 별로 하지 않은 아이에 비해 더 빠르고 더 쉽고 더 유창하게 읽는 법을 배웁니다.

읽기 능력을 적절한 시기에 습득하지 못한 아이와 그렇지 않은 아이들이 세 살까지 들은 어휘 수의 차이가 약 3,000만 단어에 달할 수 있다는 연구 결과도 있습니다.[6] 읽기 능력을 제때 습득하는 것이 얼마나 중요한지에 대해 『뇌과학으로 알아보는 혁신적 영어 학습법』은 마태 효과(Matthew effect)를 언급하면서 다음과 같이 지적합니다.

음소 인식과 소리 내어 읽기 과정을 거치면서 어휘 학습을 위한 여건도 자연스럽게 조성되기 마련입니다. 단어의 발음을 알고 소리 내어 읽는 과정 자체로부터 어휘 학습에 대한 욕구가 자랄 것이기 때문입니다. 적절한 피드백을 통해 학습자가 일정 단어 수준에 도달하게 되면 이제 스스로 많이 읽을 수 있는 태세를 갖추게 됩니다.

읽기 능력이 숙달되면 문자를 해독하기 위해서 들여야 하는 인지적 에너지 소모가 줄어들게 되고 이로 인해 보다 수월해진 읽기 행위를 통해 일반적인 지식을 쌓을 수 있을 뿐만 아니라 어휘는 물론 통사적 이해의 심도가 더욱 깊어지게 됩니다. 읽기 행위는 언어적·인지적 스킬 발달에 있어서 가장 지대한 공헌을 합니다. 따라서 읽기 행위와 인지적 역량의 발달은 서로 피드백을 주고받으며 강력한 상호 상승 효과를 내기 때문에 일단 충분한 읽기 능력을 보유하게 되면 지적인 능력이 비약적으로 발달할 수 있게되는 것입니다.

능숙하게 읽을 수 있는 학생과 그렇지 않은 학생 사이의 격차가 점차 커지는 현상이 벌어집니다. 1968년에 로버트 머튼이라는 사회학자가 '마태 효과(Mathew Effect)'라는 용어를 만들어냈습니다. 신약성경의 마태복음 25장의 "무릇 있는 자는 받아 풍족하게 되고 없는 자는 그 있는 것까지 빼앗기리라"는 구절로부터 '부유한 자는 더욱 부유해진다(富益富)'는 사회학적 현상을 구체적 용어로 명명한 것이죠. 르네 데카르트도 『방법 서설』에서 이렇

---

6 Hart & Risley. (2003).

게 기술했습니다. "학문에 있어 진리를 조금씩 발견하는 사람의 경우는 부를 축적하기 시작한 사람이 가난했을 적에 조그만 부를 모으기 위해 들인 것보다 훨씬 적은 노고로도 큰 부를 얻을 수 있는 경우와 같다."[7]

초기에 능숙한 읽기 능력을 습득하게 되면 더 큰 마태 효과의 수혜자가 됩니다. 보다 빨리 읽기 능력을 습득할수록 기하급수적인 발달 속도로 인해 그렇지 않은 학생과의 격차가 더욱 벌어질 수 있는 것이죠. 연구 결과에 따르면 별로 동기가 부여되지 않은 초등 학교 후반이나 중학교 학생의 경우 일년 동안 대략 10만 단어 정도를 읽고, 평범한 학생은 100만 단어를 읽지만, 능숙한 독서력을 갖춘 열렬한 독자는 약 1천만 단어에서 5천 만 단어까지 읽을 수 있다고 합니다. 양적으로 풍부한 읽기 활동은 어휘력을 키워주는 데 있어서 인과 관계를 갖는다는 연구가 많이 나오고 있습니다. 어휘력이 강해지면 더 많이 읽을 수 있는 동인(動因)이 되기 때문에 역시 상호 상승 효과를 가져오게 됩니다.

이러한 양적인 축적은 질적인 지적 변화를 유도할 것임이 분명합니다. 독서는 우리의 마음 속에 수많은 점을 찍는 작업이라고 생각합니다. 꾸준한 독서 행위는 지식의 점을 촘촘하게 만들어 줄 것이고, 이러한 양적인 축적을 통해 형성된 점이 힘을 발휘하게 되는 것은 그 점들이 서로 네트워크로 연결되는 순간부터입니다. 이른바 '눈이 열리는' 질적인 변화가 발생하는 것이죠. 읽기를 통해 쌓인 지식은 폭발적인 두뇌의 변화를 이끌어 낼 수 있습니다."[8]

말과 읽기는 서로 양방향으로 연결되어 있습니다. 읽기를 가르칠 때 더 잘 반응하는 아이들이 어릴 적에 읽기 능력을 계발하는 데 어려움을 겪는 아이들에 비해 훨씬 빠르게 음소 인식 능력을 갖춥니다. 일찍 음소 인식 능력을 발달시킨 아이들은 더 쉽게 읽기를 배울 수 있게 되며 음성 언어 능력도 더 좋아지고 어휘력과 독해력이 더욱 발달합니다. 그 결과 음성 언어 지식과 문자 언어 지식을 서로 연결하여 머릿속에 지도처럼 새기고 더 어려운 읽기 교재를 더욱더 잘 읽을 수 있게 되며, 이렇게 되면 음성 언어 능력이 또 더 좋아지는 선순환적

---

7 르네 데카르트. (2007). 225쪽
8 박순(2010). 197–198쪽

과정이 계속됩니다.

문자 텍스트는 독자의 작업 기억 속에 음운 기호(*phonological code*) 시각 언어(즉, 문자)를 작업 기억 속에 기호화(encryption)하고 복호화(decryption)하기 위해 소리를 사용하는 규약. 작업 기억 연구의 대가 배들리(Baddeley)가 주로 논의하였다. 로 저장됩니다. 그렇다면 글을 읽도록 하기 위해 꼭 가르칠 필요가 있는 것은 무엇일까요?

5. 음소 인식 능력

음소 인식 능력(*phonemic awareness*)은 음운 인식 능력(*phonological awareness*)의 한 요소로서 문자 언어를 배우고 읽기 위한 핵심적 기초입니다. 음소 인식 능력은 모든 단어가 음소(소리 단위)의 연속으로 구성되어 있음을 이해하는 것입니다.

대다수의 아이들은 모국어의 소리를 저절로 익히지만 그 소리들이 함께 조합되어 단어를 형성한다는 점을 저절로 깨닫지는 못합니다. 어른도 단어를 구성하는 음소를 떠올리려면 시간이 걸리죠. 워낙 유창하게 말하게 되었기 때문에 어른들은 ox가 세 개의 음소(/a/, /k/, /s/)로 구성된다는 사실을 생각할 필요가 없고 글자 o가 표현할 수 있는 소리의 종류가 아홉 가지임을 유념할 필요도 없습니다.

o fox	ō vote	o͝o took
o͞o moo	oi boy	ow cow
ôr pour	u cover	ə lesson

알파벳 'O'가 발음되는 방법 아홉 가지

영어에 있는 음소들은 알파벳 글자로는 대략적으로만 표현됩니다. 영어 알파벳 26개는 44개의 소리를 각각 다른 방식으로 표상하죠. 영어 알파벳이 철자로 표현되는 방법은 1,000가지가 훨씬 넘습니다. 그러므로 음소 자체를 이해하는 것이야말로 글자가 소리에 대응한다는 **자모 법칙**(*alphabetic principle*)을 이해하기 위해 대단히 중요합니다.

영어의 음소 일람표를 읽어봅시다.

영어 속의 음소

26개의 알파벳으로 44개의 음소를 표현하는 법

알파벳	음소	예시	알파벳	음소	예시
A	/ae/	cat, laugh	R	/r/	ray, wrong, rhyme
	/ey/	make, rain, play, they, eight, great	S	/s/	sea, house, castle
	/ao/	hall, bought, cause		/z/	nose
B	/b/	bee	T	/t/	tea, debt, ptomaine
C	/k/	cake, chrome	U	/ah/	cup, cover, flood, tough, among
	/s/	cent		/uw/	tube
D	/d/	day		/ux/	ukelele
E	/eh/	bet, head, said, says	V	/v/	van, of
	/iy/	beet, neat, mete, key, happy, chief, either	W	/w/	way, once
F	/f/	fin, phone, cough, half	X	/k/+/s/	ox
G	/g/	gone, ghost		/g/+/z/	exam
	/jh/	gem, edge	Y	/y/	yacht
H	/hh/	hay, whole	Z	/z/	zone
I	/ih/	bit, gym		/zh/	azure, measure
	/ay/	bite, pie, right, rifle	중성모음 (Schwa)	/ax/	about, lesson, elect, definition, circus
J	/jh/	joke	이중글자(Digraphs, 두 글자가 하나의 자음을 나타내는 것)		
K	/k/	key, back	CH	/ch/	choke, catch, nature
L	/l/	light	NG	/ng/	sing, think
M	/m/	mom, dumb, autumn	SH	/sh/	she, cache, motion, sure
N	/n/	noon, knock, gnaw, pneumatic	TH	/th/	thin
O	/aa/	fox, father, palm	TH	/dh/	then
	/ow/	vote, doe, boat, snow, open, old	WH	/hw/	what, whale (일부 방언에서는 way와 달리 발음)
	/uh/	book, put, could	r-첨가 모음 (가장 가변적이며 방언에 따라 상이함)		
	/uw/	boot, tube, blue, chew, ruby	AR	/ch/	car
	/oy/	boy, oil	IR,ER,UR	/ng/	bird, her, fur, work, learn, syrup, dollar
	/aw/	cow, out	OR	/sh/	pour, or, oar
P	/p/	pea	보너스 음소! 44개의 음소로 45개까지!		
Q	/k/+/w/	quick	glottal stop	/ʔ/	uh uh, atlas

Scientific Learning사 제공

음소 인식 능력이 부족할 때 아이가 읽기와 언어에 대해 얼마나 혼란에 빠지게 될지에 대해 생각해봅시다. 예를 들어, 윤아라는 아이는 /b/와 /d/의 차이를 구별하여 듣지 못하므로 bad와 dad가 별개의 단어임을 귀로만 들어서는 알아내지 못합니다. 읽기를 배우려고 애를 쓰고 있지만 윤아는 b와 d가 동일한 소리를 표현하는 두 개의 기호라고 생각할 터입니다. 윤아에게는 생긴 것도 비슷하고 소리도 비슷한 단어들이 얼마나 많겠습니까! bean/ dean이나 lobe/lode를 몇 번이고 혼동한 끝에 윤아는 이제 글 읽기를 포기하거나 관심을 끊어 버리게 될 테죠. 윤아 같은 학생이 처할 위기를 상상해봅시다. 헷갈리지 않는 간단한 단어 몇 개 정도는 조금씩 더 잘 읽게 되겠지만, 학교의 다른 아이들의 실력이 일취월장할 때 윤아는 점점 더 뒤처지게 되겠죠.

관련 연구 결과, **초등학교 1학년 말까지 음소 인식 능력에 문제를 겪고 있는 아이들이 5학년이 되면 음성적 해독 능력에 있어서 다른 아이들에 비해 거의 3.5년 정도 뒤떨어지게 됩니다!** 아래 표에서 볼 수 있듯, 이런 학생들의 독해력은 별로 좋아지지 않습니다. 결국 다른 학생들에 비해 독해력이 3개 학년 수준이나 뒤처진 부진아가 되어 버립니다. 읽기 능력에 있어서는 안타까운 수준에 머물러 있게 되는 것입니다! 제 4강에서 윤아가 빠져들고 있는 상황에 대해 더 깊이 살펴보겠습니다.

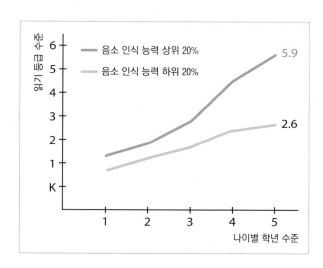

음소 인식 능력에 따른 읽기 등급 평정표

수많은 연구가 진행된 결과 아이들에게 음소 인식 능력을 훈련시키는 것이 읽기 및 철자 능력에 있어서 지속적인 향상을 돕는다는 사실을 이제는 인정하고 있습니다.

NOTE

음소 인식 능력에 관한 글을 읽어봅시다.

읽기는 음소를 이해하는 것에서 시작된다

읽기는 음소를 이해하는 것부터다. 음소 인식 능력이란 단어 속에 있는 소리, 즉 음소에 대해 주목하고 생각하고 조작할 수 있는 능력이다. 음소는 언어 속에 있는 가장 작은 소리 단위로서 cat과 rat의 경우처럼 단어의 의미를 다르게 만든다. 영어에 존재하는 모든 단어는 44개의 음소로부터 만들진다.

음소 인식 능력의 역할

음소 인식 능력은 청각적인 스킬이다. 어떤 학생은 듣기에 아무런 문제가 없지만 대화 속에서는 음소를 인식할 수 없는 경우가 있다. 주변이 시끄러워서 다른 소리와 뒤섞이거나 말소리가 쉴 새 없이 연속되면 음소를 해석하기에 더 어려워한다.

음운적 인식 능력

음소 인식 능력은 단어, 음절, 음소 등 모든 종류의 소리 단위를 인식하고 사용하는 능력인 음운적 인식 능력(phonological awareness) 단어, 음절, 음소를 비롯한 모든 크기의 소리 단위를 인식하고 사용할 수 있는 능력. 음운 처리 능력, 특히 음소 인식 능력은 말을 배우기 위해 필수적인 기술이다. 의 하위 개념이다. 읽기에 어려움을 겪는 아이들의 경우 다른 학생들에 비해 음운적 처리를 비롯한 음소 인식 능력에 있어 근본적인 차이가 드러난다.

? DID YOU KNOW

아기들은 태어난 지 10개월 정도까지 모국어에 있는 음소를 배웁니다. 이때쯤 되면 자기 모국어가 아닌 언어에 있는 음소를 쉽게 구별하는 능력을 상실합니다. 일본에서 태어난 아기라도 처음엔 세상 모든 언어에 있는 음소를 구별할 수 있죠. 하지만 /l/과 /r/의 구별이 없는 일본말만 들으며 자랐기 때문에 아기는 두 소리의 차이를 무시하게 됩니다. 생후 10개월쯤 되면 그 아기에게 lie와 rye는 완전히 똑같은 단어가 됩니다. 뇌 과학적 관점에서 그 아기의 두뇌의 해당 부분에서 시냅스 제거(synaptic pruning) 과정이 진행되어 필요한 것, 즉 일본어만 배우는 데 집중하게 된 결과입니다. 시냅스 제거에 관해서는 제 2부 「두뇌와 언어」편을 참고하기 바랍니다.

영어 자모에는 26개의 글자가 있지만 그 중 3개는 잉여분입니다. c, q, x는 모두 다른 알파벳(조합)으로 대체할 수 있죠. c는 s와 k로, q는 kw로, x는 ks로 써도 됩니다. 따라서 실제로는 44개의 음소를 표현하는 영어 글자의 수는 23개입니다!

음소 인식 능력에 관한 매리언 울프의 아래 글을 더 읽어봅시다.

읽기는 음소를 이해하는 것에서 시작된다

포르투갈 학자들이 실시한 일련의 흥미로운 연구들을 살펴보면 문자를 이해하는지 여부에 따라 뇌가 어떻게 달라지는지 확실하게 알 수 있다. 그들은 포르투갈의 외딴 시골 지방에 사는 주민들 가운데 사회적, 정치적 이유 때문에 학교에 다닐 기회가 없었던 사람들을 연구했다. 그러고 나서 비슷한 시골 지역에 살면서 뒤늦게 글을 깨우친 사람들과 비교해 본 결과 두 그룹 간에 행동, 인지언어 및 신경의학적 차이가 있음을 발견했다.

사용하고 있는 언어의 음소를 얼마나 제대로 지각하고 이해하고 있는지 도출해 내는 언어학적 과제(예를 들어, birth라는 단어에서 b를 빼고 발음해 보라는 등)에 대해서 글을 깨우친 사람들만 말소리에서 음소를 구분해 냈다. 문해 능력을 갖게 되면 단어가 음성으로 이루어져 있고 그 음성들을 쪼개서 재배치할 수 있다는 사실을 이해한다. 의미 없는 단어(예를 들어, benth)를 말하면서 따라해 보라고 하면 문맹인 사람들은 그 과제를 쉽게 해결하지 못했으며 의미 없는 단어를 다른 유사하게 생긴 의미 있는 단어(예를 들어, birth)로 변형시키려고 했다.

나중에 이 두 그룹이 60대가 되었을 때 브레인 스캔을 해 본 결과, 두 그룹 간의 차이가 훨씬 심해진 것을 볼 수 있었다. 문맹 집단에 속한 사람의 뇌는 언어 과제를 (마치 그것이 암기를 통해 해결해야 하는 문제인 것처럼) 전두엽 영역에서 처리했지만 글을 깨우친 그룹 사람들은 측두엽의 언어 영역을 이용했다. 다시 말해서 거의 비슷한 환경에서 자라난 시골 사람들의 뇌가 문해 능력 여부에 따라 언어를 완전히 상이한 방법으로 처리했다는 뜻이다.

알파벳 원리를 배움으로써 시각피질에서뿐만 아니라 지각, 구별, 분석, 말소리의 표상과 조작 같은 성각 삭용과 음운론석 삭용의 기조가 뇌는 무뒤에서까지 뇌의 기능 방법이 탈라진 것이다.[9]

....

9 Wolf(2009), 209-210쪽

6. 형태소 인식 능력

음소 인식 능력은 글자-소리 대응관계를 이해하기 위해 필요할 뿐 아니라 **형태소 인식 능력**(morphological awareness)을 기르기 위해서도 필요합니다. 형태소 인식 능력이란 단어를 바꾸기 위해 형태소를 올바르게 쓰는 능력 및 형태소를 변화시켜 단어와 문장의 의미를 달리 할 수 있음을 이해하는 것입니다.

형태소를 조합하여 새로운 단어를 생성할 수 있는 능력은 인간의 어휘력과 개념적 지식을 확장하는 데 있어서 대단히 중요합니다. 초등학교 5학년 정도의 학생이 두뇌 속에 보유한 어휘력은 적어도 40,000 단어 수준에 달하며 그 중 40퍼센트는 pronouncement나 hopeless 같은 파생어들입니다. 초등학교 1학년의 경우 보유한 어휘 수는 최소 10,000 단어가 넘지만 그 중 16퍼센트만이 파생어임을 감안하면 형태소 활용법이 어휘력을 급속하게 늘려주기 위해 얼마나 중요한 요령인지를 짐작할 수 있을 것입니다. **인간의 지적 진화와 인지적 발달에 결정적 역할을 한 게 형태소를 활용한 파생법의 습득입니다.**

영어는 **형태음소 문자** 뜻과 소리에 기반한 문자. 영어 단어 다수의 철자에는 단어의 어근을 나타내는 글자들이 포함되어 있기 때문에 영어는 형태음소적 문자이다. 라고 앞서 말하였습니다. 예를 들어 sign, signed, signing, signal, signature는 모두 같은 어원에서 나온 것으로, 왜 발음되지 않는 글자 g가 sign 속에 들어 있는지 학습자가 이해하기 위해서는 형태소적 지식이 반드시 필요합니다. 형태소를 알면 글자들이 모여 만들어내는 패턴, 의미, 문법성, 접두사, 접미사, 어근 등에 대해 직관적으로 접근할 수 있는 유창성이 발달할 수 있고 더 깊이 있는 이해에 접근할 수 있습니다. 이러한 기반에 바탕을 두어야만 빠른 속도로 글을 읽는 것이 가능해지지요. 형태소 인식 능력을 습득하는 게 생산적 어휘 확장과 유창성 배양을 위해 얼마나 중요한지는 아무리 강조해도 지나치지 않습니다.

앞서 배웠듯, **형태소**(morpheme)란 말의 가장 작은 의미 단위입니다. cat과 같은 **자립형태소**(free morpheme)를 **어근**(root word)이라 하고, 복수에 붙이는 −s와 같은 **의존형태소**(bound morpheme)를 **접미사**(*suffix*), 반대말을 만드는 un-같은 의존형태소는 **접두사**(*prefix*)라 합니다. 자립형태소는 홀로 쓰일 수 있지만 의존형태소는 어근과 결합해야만 온전한 뜻을 전달할 수 있습니다.

의존형태소에는 굴절형태소 및 파생형태소의 두 가지 유형이 있습니다. **굴절형태소** (*inflectional morpheme*)는 다음과 같은 접미사들입니다.

- 수(cats의 -s)
- 시제(she waited의 -ed)
- 인칭(he waits의 -s)
- 격(Jenny's ball의 -'s)

굴절형태소는 보통 단어의 품사를 바꾸지는 않습니다. cat이나 cats나 둘 다 명사죠.

파생형태소(*derivational morpheme*)는 단어의 의미를 바꾸는 접두사나 접미사로서 단어의 품사를 바꿉니다. 파생형태소 -ment를 동사 attach에 붙이면 명사 attachment가 됩니다.

찬혁이 같은 아이는 학령기 전 아주 어릴 때부터 굴절형태소를 배우고 초등학교 1, 2학년 정도가 되면 문자 형태의 굴절형태소에도 숙달됩니다. 파생형태소는 배우기가 더 어렵지만 3학년 정도에 능숙하게 읽기를 해내기 위해 결정적으로 중요합니다.

찬혁이가 3학년을 마치고 4학년 즈음에 접어들면 둘 혹은 그 이상의 파생형태소가 들어있는 **다형태소**(*multimorphemic*) 단어를 배우기 시작합니다. 이 단계가 되면 형태소 인식 능력이 있어야만 읽은 것을 제대로 이해하게 됩니다. 5, 6학년이 되면 새로운 어휘를 배우고 능숙하게 읽기 위해서 음소 인식 능력보다 형태소 인식 능력이 더 중요해집니다.

다음 도표에는 시기별 형태소 발달의 예가 나와 있습니다.

학년 수준 : 유치원 **K** 1 2 3 4 5 6 어근 : **PLAY**	학년 수준 : 초등 1학년 K **1** 2 3 4 5 6 굴절 어미 : **PLAYED** **PLAYS** **PLAYER** 다음절어를 형성하는 접두사와 접미사 : **PLAYING**	학년 수준 : 초등 2학년 K 1 **2** 3 4 5 6 병렬합성어 : **PLAYPEN** **PLAYGROUND**
학년 수준 : 초등 3학년 K 1 2 **3** 4 5 6 파생 접사(접두사 및 접미사) : **PLAYFUL** **REPLAY**	학년 수준 : 초등 4학년 K 1 2 3 **4** 5 6 기존에 알고 있는 단어에 접두사와 접미사를 덧붙임 : **PLAYFULLY** **UNPLAYFUL**	학년 수준 : 초등 5학년 K 1 2 3 4 **5** 6 파생어 : **DOWNPLAY** **INTERPLAY** 다형태소 단어 : **UNPLAYABILITY** **MULTIPLAYER** 다형태소 합성어 : **PLAY-BY-PLAY**
학년 수준 : 초등 6학년 K 1 2 3 4 5 **6** 다음절어, 어원, 사용 빈도가 낮은 어휘 패턴에 숙달됨 : **PLAYWRIGHT**		

?
· DID YOU
KNOW
아이들은 말을 배울 때 놀라울 정도로 힘들이지 않고 굴절형태소를 익힙니다. 음소를 이해하는 것보다 오히려 형태소의 이해를 더 쉽게 해내는 편입니다! hats 속에 있는 –s가 복수를 표시하는 것임을 bus 속에 있는 음소 /s/ 보다 더 쉽게 이해합니다.

THINK 실제 발음하지 않는 순수한 형태소적 요소인 아포스트로피(')를 이해하는지를 살피면 얼마나 읽고 쓸 수 있는 능력을 갖추었는지 알 수 있습니다. 아이의 음운적, 의미론적(*semantics*) 단어와 문장이 표현하는 의미, 문법적 기술로는 아포스트로피를 올바로 사용할 수 있는지 예측할 수 없습니다. 오직 형태소적 기술이 습득되어야만 아포스트로피를 적절히 사용할 수 있습니다.

7. 통사

성공적으로 문장을 이해하기 위해 찬혁이 같은 독자(혹은 청자)는 문장 속에 쓰인 단어뿐 아니라 문장의 **통사적 요소**(*syntax*)도 알아야 합니다. 통사적 요소란 단어의 품사(명사인지 부사인지 등), 어순이나 문법적 접사에 의해 표현되는 말의 문법, 그리고 단어를 조합하여 문장을 만드는 규칙 일체를 말합니다.

찬혁이가 "The cow is walking."과 같은 단순한 문장을 읽을 때 단어의 의미를 알면 전체 문장의 뜻을 거의 문제 없이 이해할 수 있습니다. 언어 숙달도가 낮은 단계에서는 통사적 구조를 알면 좋겠지만 몰라도 큰 지장이 없죠. 그러나 더 고급 수준의 읽을 거리 등을 통해 복잡하고 모호한 문장을 접하기 시작하게 될 때 통사적 지식을 갖추고 있어야 문장을 더 정확하게 해독할 수 있습니다.

물론 다른 아이들과 마찬가지로 찬혁이도 언어적 기술이 발달하는 동안 통사적 구조를 배웁니다. 읽기를 시작할 즈음에 이미 상당한 양의 통사적 구조를 언어 지식 창고 속에 갖춰놓은 상태일 것입니다. 그래도 통사적 지식을 광범위하게 응용하는 법을 배워야만 문자로 된 문장을 제대로 이해할 수 있습니다.

읽는 데 걸림돌이 될만한 통사적 측면을 나열해보겠습니다.

- **어순**(*word order*): 영어의 구어 문장은 주로 주어-동사-목적어 순으로 되어 있으므로, 막 읽기 시작한 아이들은 문자로 된 문장을 분석할 때 이 어순대로 되어 있다고 가정할 것이다. 그래서 "코끼리가 공주에 의해 끌려갔다(*The elephant was led by the princess*)"라는 문장을 "코끼리가 공주를 끌어갔다(*The elephant led the princess*)"로 오독할 수 있다.

- **단어 간 근접성**: 어린 독자와 청자는 어떤 단어가 가장 근접한 곳에 위치한 단어를 지칭하는 것으로 가정하는 경향이 있다. 이것을 최소 거리 원리(*minimumdistance principle*)라 한다. 예를 들어, "어린 공주가 동생에게 혼자서 책을 읽어 주었다(*The young princess read a book to her sister all by herself*)."라는 문장을 "어린 공주가 혼자 있는 동생에게 책을 읽어주었다(*The young princess read a book to her sister, who was all by herself*)."라고 오독할 수 있다.

- **안긴 절**(*embedded clause*): 두 개의 절(*clause*)로 된 문장을 읽을 때(이것을 접속절 분석(*conjoined-clause analysis*)이라 한다), 두 개의 절이 접속사로 연결되어 있다고 무조건 간주하는 경향이 있다. 예를 들어, "공주가 서커스단의 코끼리에 올라탔다(*The princess rode the elephant that joined the circus*)."라는 문장을 "공주가 코끼리에 올라 탄 뒤 공주는 서커스 단원이 되었다(*The princess rode the elephant, and the princess joined the circus*)."라고 오독할 수 있다. "코끼리에 올라 탄 공주가 서커스 단원이 되었다(*The princess that rode the elephant joined the circus*)."처럼 문장의 주어가 안긴 절의 주어이기도 한 문장을 해석하는 것은 별로 어렵지 않다.

- **수동태**(*passive voice*): "그 책이 공주에 의해 읽혔다(*The book was read by the princess*)."와 같은 문장의 경우엔 상식적으로 책이 공주를 읽을 리 없으니 공주가 책을 읽었음을 분명히 이해할 수 있다. 하지만 서로 바꿔도 말이 되는 명사가 포함된 수동형 문장을 읽을 때에는 이해하기가 어려울 수 있다. 예를 들어, "공주는 여왕에게 불려갔다(*The princess was called by the queen*)."의 경우 "공주가 여왕을 불렀다(*The princess called the queen*)."라고 오독할 수 있다.

- **부정형**(*negation*): 긍정문보다 부정문을 이해하는 데 시간이 더 걸린다. 예를 들어, "크고 갈색이 아닌 코끼리를 가리키시오(*Point to the elephant that is big and not brown*)."같은 부정형 지시문 보다 "크고 회색인 코끼리를 가리키시오(*Point to the elephant that is big and gray*)."라는 긍정형 지시문에 독자들은 대부분 더 빨리 반응한다.

초등학교 2, 3학년이 되면 찬혁이는 다양한 어순, 문장 내 단어들의 근접성, 여러 가지 안긴 절 유형에 대해 충분히 연습하여 문장을 논리적으로 해석할 수 있게 됩니다.

수동태 문장을 쓰는 것이 바람직하지 않다고 여겨서 학생들이 글짓기를 할 때 수동형을 아예 쓰지 않도록 가르치고 있을지 모르겠지만 수동형은 전 세계 언어와 문장 속에서 긴요하게 쓰입니다. 이를테면, "내 지갑을 도난 당했어요*(My wallet has been stolen)*!"라는 문장의 경우처럼 주어가 누구인지 알지 못할 때 수동형으로 개념을 전달하는 게 더 유용합니다.

8. 작업 기억

작업 기억*(working memory)*이란 무언가를 수행하기 위해 마음 속에 필요한 개념을 담아 두는 기억입니다. 세상에 대한 일반적 지식, 어휘, 문장의 통사적 구조를 파악하는 것, 문자나 말로 된 문장을 이해하는 능력은 모두 작업 기억 용량과 관련됩니다. 작업 기억은 보통 생각하는 것 이상으로 모국어와 외국어 학습에 필수적인 요소입니다. 작업 기억에 대한 논의를 보다 정확하게 이해하기 위해 제 2부 말미에 소개한 맥신 영의 글(131-134쪽)을 다시 한 번 읽기 바랍니다.

작업 기억은 어떤 작업을 해내기 위해 정보를 저장하는 동시에 조작할 수 있도록 해주는 기억 시스템으로서 지속 시간이 짧고 용량이 한정되어 있습니다. 다른 아이들처럼 찬혁이는 학교에 입학하기 오래 전에 이미 작업 기억 용량을 키우기 시작합니다.

문자 텍스트 정보는 **음운 기호***(phonological code)* 각 언어(즉, 문자)를 작업 기억 속에 기호화(encryption)하고 복호화(decryption)하기 위해 소리를 사용하는 규약 형태로 작업 기억에 저장됩니다. 정보가 작업 기억으로 유입되는 경로는 다음과 같습니다.

- 글을 읽은 직후의 정보가 저장된다.
- 방금 읽은 글을 처리하고 자기 생각을 형성하는 동안 정보가 저장된다.
- 글 및 글을 읽고 형성된 생각으로 인해 활성화된 정보가 장기 기억*(long-term memory)*으로부터 회상된다.

정보 유입에 따라 작업 기억은 다음 두 가지 상태가 됩니다.

- 글이 다른 주제로 넘어가는 경우 작업 기억의 활성화 수준이 내려가고 저장된 정보가 사라진다.
- 작업 기억 용량을 초과하는 정보가 더해지면 작업 기억 속의 기존 정보는 새로운 정보로 교체된다.

찬혁이가 작업 기억 속에 담은 정보 중 일부는 장기 기억으로 넘어가지만 대부분은 그냥 사라집니다. 독자는 문장 속의 단어를 모두 기억하지 않으니 당연한 결과입니다. 시를 암송해본 적이 있다면 이 점을 더 잘 이해할 것입니다. 하지만 독자는 문장이나 글속에 담긴 생각, 즉 **요지**(gist)는 기억합니다. 이러한 전략을 택한 덕에 독자는 기억보다는 이해를 위해 정신 에너지를 사용하고 이미 장기 기억 속에 저장해 놓은 유사한 생각이나 표상 및 개념과 연결할 수 있습니다. 이렇게 하여 찬혁이가 세상을 바라보는 일반 지식의 범위가 점차 넓어집니다.

물론 작업 기억은 문자로 된 텍스트 이외의 다른 경험도 저장하기 위해 사용됩니다. 인체의 각종 감각기관으로부터 올라오는 정보도 나중에 장기 기억화할지 결정하기 위해 작업 기억 속에 저장됩니다.

작업 기억 용량은 제한되어 있기 때문에 처리 용량이나 기능을 한참 넘어서는 정보가 유입되면 그 모든 정보를 저장하지 못합니다. 그래서 어린이는 어휘 수준이 높은 책을 읽고 이해하는 데 어려워하는 것입니다.

9. 일반적인 읽기 발달 시간표

찬혁이가 영어권 국가 내에서 말을 배우고 읽는 법을 학습하는 과정을 따라가봅시다. 처음에는 활자라는게 눈에 반짝 비치는 그림 정도겠지만 능숙하게 이해하는 수준으로 나아가겠지요.

찬혁이는 책을 읽어주기도 하고 스스로도 꾸준히 독서를 즐기는 부모 밑에서 자라났습니다. 세 살 정도 되면 책을 친숙하게 여기고 즐겁게 읽는 척 하기도 하죠. 책 속에 있는 물건 이름을 댈 줄 알고 세 살짜리 방식으로 등장 인물에 대한 나름대로의 평가도 내립니다. 또 찬혁이 가족은 서로 활발하게 대화하고 말을 많이 겁니다. 찬혁이는 벌써 단순한 문장으로 함께 대화하고 간단한 지시도 잘 따릅니다.

네 살이 되면 찬혁이는 활자로 된 상징이 그림과 다르다는 것을 이해하고 엄마 아빠가 그림이 아니라 글자를 읽어준다는 사실을 깨닫습니다. 읽어주는 이야기가 문자적으로 어떤 뜻인지도 이해하죠. 글자에는 이름이 있다는 것도 알며, 열 글자 정도는 이름을 댈 수 있습니다. 아직 실제 읽지는 못해도 대형 마트 간판 등 주변에 단어들이 존재함을 인식합니다. 하지만 마트 건물이 있으니 이름을 말할 뿐 글자만 보고 무슨 마트인지 알아맞히지는 못하죠. 문장의 주절을 수식하는 **관계절**(*relative clause*)을 이해하고 사용하기 시작합니다. 동요나 동화에 자주 나오는 소리의 반복을 즐기고 그 소리를 직접 이렇게 저렇게 말하기도 합니다.

유치원을 졸업할 즈음에 찬혁이는 익숙한 동화를 상당히 그럴듯하게 읽는 척합니다. 알파벳 글자 이름을 다 알고 대문자와 소문자를 알아보죠. 글자는 소리를 나타낸다는 것을 이해하고 **글자−소리 대응**(*letter-sound correspondence*) 관계를 거의 다 압니다. 알아볼 수 있는 글자가 나오면 아주 자랑스러워하죠. 아는 단어가 나오면 아주 기꺼워하며 읽습니다. 말할 때 자기 순서를 찾는 법을 알고 주절 가운데 관계절이 나오는 안긴 절(*embedded clause*)을 쓰기 시작합니다.

다른 아이들처럼 찬혁이는 5세에서 7세 사이에 읽는 법을 습득하기 시작합니다. 찬혁이가 초등학교 1학년에 입학하면 글자를 즐겁게 소리 내어 읽습니다. 첫 방학에 접어들 때쯤이면 글자−소리 대응 관계를 완전히 떼고, 파생 어휘군(*word family*) 등의 단어 패턴을 인식하며 음절을 좌로도 우로도 읽습니다. −ed, −s, −er같은 굴절 어미 활자 조합과,

un-, -ing 같은 다음절어를 만들어내는 접두사와 접미사를 알게 됩니다. 어느새 10,000 단어 수준의 어휘력을 갖춘 것을 뽐내기도 하죠. 아주 복잡한 음성 언어의 통사적 구조에도 점점 더 숙달됩니다.

초등학교 2학년이 된 찬혁이는 어근인 단어들은 물론 특히 접사가 붙은 단어들도 어휘 창고에 착착 쌓아 놓습니다. birthday나 fireworks같은 합성어도 더 많이 배우죠. 이제 찬혁이는 아주 복잡한 지시도 잘 따르고 상당히 어른스럽게 대화할 수 있습니다. 소리로 된 말과 문자 언어의 차이도 이해하기 시작합니다.

3학년이 되면 찬혁이의 어휘는 최소 약 25,000단어 수준에 오릅니다. 이 시점에 학급의 다른 아이들처럼 이미 알고 있는 어근 단어들에 여러 접사들(dis-, ex-, re-, -ment 등)과 같은 형태소적 요소(morphological component)를 붙여서 대부분의 새로운 단어들을 배웁니다. 2학년 시절에는 단지 굴절 어미만 붙일 줄 알았지만 3학년이 되어 접사와 같은 파생 도구를 쓸 수 있게 되면 어휘력이 새로운 국면으로 도약하게 되죠. 접두사 및 접미사와 같은 파생 접사(derivational affix)에는 stillness의 -ness와 같은 단어 끝 요소와 redefine의 re-같은 단어 시작 요소가 있습니다. 3학년 중반에 접어들면 찬혁이는 -ight나 -ought 같은 더 규모가 크고 복잡한 형태소 단위를 해독할 수 있습니다.

4학년이 되면 찬혁이의 같은 반 친구 대부분도 이미 이해하고 있는 단어들에 접두사나 접미사를 붙여 새로운 단어를 만드는 법을 배웁니다. 이제 파생법이 적용된 단어들을 배우는 게 주를 이루게 되는 것입니다. 찬혁이는 형태소 패턴을 이용하여 어휘력을 늘릴 뿐 아니라 어원이나 역사적 의미까지 동원하여 새로운 어휘를 익히고 읽는 법을 배웁니다. 간단한 전문적 정보도 생겨납니다.

5학년이 되면 어휘력은 적어도 40,000단어 수준에 달하며 그 중 40퍼센트는 pronounce -ment나 hopeless 같은 파생어(derived word) 파생 형태소를 어근에 붙여 만든 단어 들입니다. 1학년 시절에는 보유 어휘 중 16퍼센트만이 파생어였을 것입니다. 다형태소 단어단어의 뜻을 바꾸는 셋, 또는 그 이상의 글자 조합을 가진 단어도 마음대로 여기저기에 붙여 구사할 수 있습니다. 'whole wheat flour'와 같은 다형태소 합성어(*multimorphemic compound*), 그리고 red herring, soft-headed와 같은 관용적 합성어에도 통달하면서 아이는 이제 말로는 당할 수 없는 존재가 됩니다. 이제 찬혁이는 다양한 관점에서 복잡한 통사적 구조로 된 텍스트를 읽을 수 있습니다.

학창 시절에 찬혁이는 다음절어와 어원을 계속해서 배워서 여러 어근과 접사의 뜻, 그리고 기원을 알아나갑니다. 이제 algae처럼 아주 가끔 나오는 단어의 뜻도 압니다. reign 속의 ei처럼 철자법이 아주 독특한 단어 패턴도 문제없습니다. 찬혁이는 텍스트를 분석하고 그 속의 사건과 정보에 대해서 독자적인 판단을 내립니다. 미적분학처럼 고도로 추상적인 분야에 대해서도 읽을 수 있고 듣기에 비해 읽기를 더 효율적으로 이해하는 단계로 나아갑니다.

찬혁이의 읽기 실력과 언어적 능력은 확고하고 안정적으로 발달하였고 대학에 가서 원하는 분야를 깊이 파고들어 성공적으로 공부할 준비가 된 것입니다.

일반적인 언어 및 읽기 발달 순서에 관한 아래 글을 더 읽어봅시다.

일반적인 언어 및 읽기 능력 발달표

이 표에는 영어권 국가에 살고 있는 아이의 전형적인 언어 및 읽기 능력 발달의 시간적 순서가 들어있다. 해당 발달 연령에 대한 일반적 행동 및 성취도가 묘사되어 있지만 이 시간 프레임은 평균적인 정보이다. 모든 아이는 독특한 존재이며 평균치보다 빠르게 혹은 느리게 본 발달 지표에 도달할 수 있다.

연령	언어 기술	읽기 기술
0–1세	• 뜻이 있는 단어 한두 개를 사용함 • 말이나 몸짓과 함께 제시되면 간단한 지시를 이해함 • 굴절형을 연습함 • 말의 의의를 앎	• 책을 입으로 빨다가 책장을 넘기기도 함 • 책의 목적을 이해하기 시작함
1–3세	• 주변에 있는 사물 몇 개의 이름을 말함 • 명사와 동사를 조합하여 짧은 문장을 만듦 • 150–300개의 어휘력 • 일부 대명사를 바르게 사용함(I, me, you) • 복수 및 과거 시제 일부를 사용함 • 단순한 질문 대부분을 이해함 • 900–1,000개의 어휘력 • 세 단어로 된 문장을 사용함 • 리듬과 말장난을 즐김	• 책을 읽어달라고 함 • 글자와 그림은 다르며 각각 이름이 있음을 앎 • 책을 읽는 시늉을 함 • 책 속의 사물 이름을 말함 • 등장 인물에 대해 말함 • 책 속의 그림이 실제 사물을 그린 것임을 깨달음
3–4세	• 한두 가지 색깔을 앎 • 네 음절로 된 단어를 따라할 수 있음 • 자음 p, b, m, w, n과 대부분의 모음 및 이중모음을 사용함 • 구별이 쉽고 반복되는 소리에 주의를 기울임(예, Peter Peter Pumpkin Eater)	• 그림이 아니라 활자를 읽어준다는 것을 앎 • 주변 환경과 관련된 단어를 인식함 • 이야기의 문자적 의미를 이해함을 표시 • 특히 자기 이름 속에 있는 글자를 포함해 10개의 글자를 식별함
4–6세	• 많이 쓰이는 반대말을 앎 • 10까지 셀 수 있음 • 자음 h, k, g, t, d, n, ng, y에 이어 f, v, sh, zh, l, th"(thin")에 숙달함 • 세 개의 연속된 지시를 따를 수 있음 • 상당히 긴 문장 및 합성어, 복합어 일부를 사용함	• 유창하지는 않아도 익숙한 글을 읽는 시늉을 함 • 대문자와 소문자 전부를 알아 보고 이름을 말할 수 있음 • 문자 연속이 소리 연속을 나타낸다는 자모 법칙을 이해함 • 글자–소리 대응 대부분을 인식함

4–6세	• 알아들을 수 있게 말함 • 언어의 사회적 규약을 이해함 • 그림을 이야기로 말할 수 있음 • 사물과 사건 사이의 관계를 이해함 • 동일한 소리를 공유하는 단어(pen, pet 등)를 식별함 • 분절음을 단어에 합칠 수 있음 • 주어진 단어와 운이 맞는 단어를 떠올릴 수 있음 • 10,000개의 어휘력	• 일부 단어는 즉각 인식할 수 있음(the, I, my, you 등) • 짧은 문장이 잘못되어 있으면 알아냄 • 소리 내어 읽어준 이야기에 대한 질문에 대답함 • 삽화를 보거나 이야기의 일부만 듣고 예측을 할 수 있음
6–7세	• 자음 sz, r, ch, wh, th"(then"), g"(George") 에 숙달함 • 반대 개념을 유추할 수 있음(높다 대 낮다 등) • 단어 속의 음절 개수를 헤아릴 수 있음 • 일음절어 대부분의 음소를 합하거나 나눌 수 있음	• 이제부터 적합한 수준의 소설이나 비소설을 읽고 이해할 수 있음 • 읽는 시늉만 내던 단계에서 실제 읽는 단계로 접어듦 • 규칙적 철자법으로 된 일음절어와 의미없는 단어를 해독할 수 있음 • 모르는 단어를 소리 내어 읽기 위해 글자–소리 대응을 활용함 • 빈번히 만나는 불규칙적 철자로 된 단어를 즉각 알아 봄(have, said, where, two) • 읽다가 틀린 부분을 문맥이나 글자 단서를 이용하여 스스로 수정함 • 단순한 문장이 온전하며 말이 되는지 구별할 수 있음 • 글에 대한 질문을 읽고 답할 수 있음 • 이야기의 전개가 어떻게 될지 예측하고 근거를 댈 수 있음
7–8세	• 혼문(complex)이나 중문(compound)을 사용함 • 복잡한 지시를 이행할 수 있음 • 모든 말소리에 숙달됨 • 성인 수준으로 대화함 • 보다 격 있는 언어를 사용하기 시작함 • 구어와 문어의 차이에 민감하게 반응함 • 최소 25,000개의 어휘력	• 어렵지 않게 읽음 • 규칙적인 철자로 된 다음절어와 의미 없는 단어를 해독함 • 글자–소리 대응에 기초하여 미지의 단어를 소리 내어 읽음 • 불규칙적인 철자로 된 단어 다수와 이중모음(say), 특수 모음 철자(pour), 일반적인 어미(–ing)로 된 철자 패턴을 읽음 • 의미가 분명하지 않을 때 문장을 다시 읽음 • 특정 질문에 답하기 위해 이야기책이 아닌 것도 읽음 • 도해, 도표, 그래프에서 정보를 추출함 • 어떻게, 왜, 만일이 사용된 질문에 대한 답을 낼 수 있음

8–9세	• 가설과 의견의 진위를 조사하기 위해 정보를 검색하고 추론함 • 어근, 접두사, 접미사로부터 단어의 뜻을 유추함	• 글자-소리 대응관계를 사용하며 단어를 해독하기 위해 구조적 분석을 시행함 • 더 긴 분량의 소설을 읽고 장으로 구분된 책을 혼자서 읽을 수 있음 • 이해도를 떨어뜨리는 특정 단어와 구를 식별할 수 있음 • 소설 이면에 담긴 주제나 메시지에 대해 논의함 • 비소설 속의 인과관계, 사실과 의견, 요지와 세부 정보를 구별함 • 알고 있는 어근, 접두사, 접미사를 이용하여 단어의 뜻을 유추함
9–14세	• 자기 관점을 대변하는 정보를 취사선택할 수 있음 • 간단한 기술적 정보를 이해함 • 최소 40,000개의 어휘력	• 배우기 위해 독서함 • 활자와 아이디어를 연관지음 • 듣기보다 읽기에 효율성을 보임
14–18세	• 복합적 관점을 수용할 수 있음 • 기존의 지식에 더하여 새로운 사실과 개념을 종합적으로 다룰 수 있음	• 복합적 관점을 갖는 교재를 읽음
18세 이상	• 고차원적 추상화를 통해 지식을 구축함 • 분석, 종합, 비판을 활용함	• 독서 활동을 통해 지식을 구축함

아이는 단어가 알고 있는 사물을 문자적으로 나타낸다고 생각하는 단계에서 음소를 기초로 단어를 읽는 전략을 채택하는 단계로 발전하기 전에 어느 정도 기초적인 어휘력을 갖추고 있어야 할 것 같습니다. 아이의 어휘력이 늘어나는 과정은 단어가 새롭게 추가되는 데 그치는 것이 아니라, 새롭게 배운 단어가 시간이 흐르면서 인지 체계 내로 흡수되어 아이가 이미 보유한 어휘를 더 잘 이해할 수 있도록 만든다는 게 정설입니다. 읽기를 시작하기 전에 말을 습득하는 것이 필수적인 선행 요건임을 부각시키는 또 하나의 이론인 것이죠.

10. 마무리 및 핵심 용어 정리

본 강의에서 문자 언어를 읽는 것에 관해 다음과 같은 중요한 개념들을 배웠습니다.

- 읽기를 배우기 위해 모든 아이가 밟아야 하는 단계들
- 문자 언어의 도전과 즐거움
- 읽는 법을 배우기 위해 언어적 능력, 사고력, 일반적 지식 기반이 반드시 필요함
- 음소 인식 능력이 (읽는 법을 배우기 위해) 왜 중요하며 왜 반드시 가르쳐야 하는지
- 형태소 인식 능력이 읽기에서 중요한 이유
- 단어의 형태소적 요소가 도전이 되는 측면
- 문장 이해를 위해 통사적 능력이 중요함
- 다양한 통사적 구조로 인해 문자 언어를 읽는 데 접하는 도전
- 언어와 읽기 능력의 발달 단계들

핵심 용어와 개념들

- **관용적 합성어**(*idiomatic compound*): 문자적 의미만으로는 뜻을 이해할 수 없는 합성어 (예, red herring, soft-headed)

- **굴절형태소**(*inflectional morpheme*): 수, 시제, 인칭, 격을 가리키는 의존형태소로서 단어의 품사를 바꾸지는 않는다.

- **글자-소리 대응**(*letter-sound correspondence*): 각 글자가 소리 단위(음소)를 나타내는 법칙

- **다형태소**(*multimorphemic*) **단어**: 뜻을 바꾸는 세 개 이상의 글자 조합으로 된 단어(예, incomparable, hopelessness)

- **동음이의어**(*homophone*): 소리는 같지만 철자나 뜻이 다른 단어

- **동형이의어**(*homograph*): 철자는 같지만 다른 것을 뜻하며 다르게 발음되기도 하는 단어

- **디코딩**(*decoding*, 또는 해독): 각 글자가 소리를 나타낸다는 자모 법칙을 활용하여 단어 속의 음소를 발음하고 인식할 수 있는 단어를 만들기 위해 음소를 조합하는 것

- **병렬합성어**(*literal compound*): 단어를 구성하는 단어의 정의를 알면 이해할 수 있는 합성어(예, seabound, birthday)

- **시냅스 제거**(*synaptic pruning*): 두뇌가 남아있는 연결을 보다 효율화하기 위해 뉴런 사이에 별로 사용되지 않는 연결을 제거하는 과정
- **안긴 절**(*embedded clause*): 문장 속의 또 다른 절의 주어나 목적어를 참조하는 절
- **어원론**(*etymology*): 단어의 기원을 연구하는 학문
- **운율적 요소**(*prosody*): 말에 담긴 리듬, 억양, 강세 등의 음악적 측면
- **음소 인식 능력**(*phonemic awareness*): 모든 단어가 음소(소리 단위)의 연속으로 이루어져 있음을 이해하는 것
- **음소**(*phoneme*): 뜻을 다르게 하는 말 소리의 최소 단위. 예를 들어, ox는 /a/, /k/, /s/ 세 개의 음소로 이루어져 있다. 영어에는 약 44개의 음소가 있음.
- **음운 기호**(*phonological code*): 시각 언어(즉, 문자)를 작업 기억 속에 기호화(*encryption*)하고 복호화(*decryption*)하기 위해 소리를 사용하는 규약
- **음운 인식 능력**(*phonological awareness*): 단어가 소리로 구성되어 있음을 이해하고, 말소리를 식별하고 조작할 수 있는 능력
- **음절 문자**(*syllabary*): 한 음절이 한 글자에 대응하도록 되어 있어 그 이상은 나눌 수 없는 표음 문자 체계. (예, 일본의 히라가나)
- **의미론적 특성**(*semantics*): 문장과 단어가 표현하는 뜻
- **의존형태소**(*bound morphemes*): 접두사와 접미사. 종속 형태소는 홀로 쓰일 수 없다.
- **이중 모음**(*diphthong*): boy의 oy처럼 소리를 내는 도중에 입술 모양이나 혀의 위치가 처음과 나중이 달라지는 모음
- **이중 자음**(*digraph*): child의 ch의 경우처럼 두 글자가 하나의 음을 나타내는 것
- **자립형태소**(*free morpheme*): 어근. 자립형태소는 홀로 쓰일 수 있다.
- **자모 법칙**(*alphabetic principle*): 각 글자가 일정한 소리 단위(음소)를 대표하는 원리
- **작업 기억**(*working memory*): 지속 시간이 짧고 용량이 한정된 기억 시스템으로서 작업을 완수하기 위해 정보를 동시에 저장하고 조작할 수 있도록 한다.
- **접사**(*affix*): 접두사와 접미사
- **접속절 분석**(*conjoined-clause analysis*): 한 문장 속에 있는 두 개의 절(*clause*)이 접속사로 연결되어 있는 것으로 간주하는 전략

- **최소 거리 원리**(*minimum-distance principle*): 어떤 단어가 가장 근접한 단어를 지칭하는 것으로 가정하는 전략

- **통사적 기술**(*syntactic skill*): 문법을 이해하고 사용하는 능력

- **통사적 요소**(*syntax*): 단어의 품사(명사인지 부사인지 등), 어순이나 문법적 접사에 의해 표현되는 말의 문법, 그리고 단어를 조합하여 문장을 만드는 규칙 일체

- **파생어**(*derived word*): 어근에 파생 형태소를 붙여 만드는 단어

- **파생형태소**(*derivational morpheme*): 단어의 뜻과 품사를 바꾸는 접두사와 접미사

- **표의 문자**(*logographic*): 상징-의미 대응 규칙을 사용하는 문자 체계. 한자와 아라비아 숫자는 표의문자이다.

- **형태소**(*morpheme*): 단어의 뜻을 바꿀 수 있는 말의 최소 단위(예, 어근, 접두사, 접미사)

- **형태소 인식 능력**(*morphological awareness skills*): 단어의 뜻을 바꾸는 하위 단어, 글자 및 글자 조합을 이해하고 올바로 사용하는 능력

- **형태음소**(*morphophonological*) **문자**: 뜻과 소리에 기반한 문자. 영어 단어 다수의 철자에는 단어의 어근을 나타내는 글자들이 포함되어 있기 때문에 영어는 형태음소적 문자이다.

- **화용적 특징**(*pragmatics*): 사회적 맥락에서 언어가 쓰이는 법에 관한 규칙으로 말하는 이와 듣는 이의 관계, 시간 및 장소의 적절성 등이 대화 규칙에 영향을 미친다.

각 질문에 대한 답을 선택지에서 한 개 고르세요.

1. 다음 중 음소 인식 능력을 갖춘 아이가 할 수 있는 것은?

(a) 자모 법칙을 깨우친다.

(b) 모든 단어의 철자법을 안다.

(c) 유치원에 가기 전에 읽는 법을 배운다.

(d) 익숙하지 않은 단어를 자동적으로 읽을 수 있다.

2. 다음 중 형태소의 정의로 적절한 것은?

(a) 말의 최소 의미 단위

(b) 기억을 좋게 하는 두뇌 속 물질

(c) 문맥에 따라 의미를 달리하는 단어

(d) 두 개의 글자로 나타낼 수 있는 소리

3. 다음 중 10개월이 된 아기에 대해 맞는 것은?

(a) 모든 말소리를 구별하는 능력을 유지한다.

(b) 외국어에 접할 때 새로운 음소를 쉽게 배울 수 있다.

(c) 모국어에 있는 음소를 습득한 후, 다른 언어의 음소를 쉽게 구별하는 능력을 상실한다.

(d) 영어만 쓰는 가정에서 자란 아기는 음소 /b/와 /d/ 같은 비슷한 소리를 구별할 수 없게 된다.

4. 다음 중 아이에게 읽기를 가르치는 것에 대해 맞는 것은?

(a) 읽기는 말과 동시에 가르쳐야 한다.

(b) 읽기 전에 말 자체를 배우는 것이 필수 선행 요건이다.

(c) 초보 독자는 음소 인식 능력과 자동 단어 인식 능력을 갖춰야 한다.

(d) 위 전부 다

5. 다음 중 문자로 된 영어에 대해 맞는 것은?

    (a) 음절문자(*syllabary*)이다.

    (b) 음운적(*phonological*)이다.

    (c) 표의문자(*logographic*)이다.

    (d) 형태음소적(*morphophonological*)이다.

6. 다음 중 대부분의 아이들이 읽기를 배우는 것에 대해 맞는 것은?

    (a) 유치원에서

    (b) 음소 인식 능력을 갖춘 후에

    (c) 알파벳 자모를 인식할 수 있을 때부터

    (d) 문자 상징이 그림과 다르다는 것을 이해하는 순간부터

7. 다음 중 초등학교 4학년 이후 대부분의 학생이 새로운 어휘를 배우는 방법으로 맞는 것은?

    (a) 어근으로부터 확장하여

    (b) 문맥을 통한 이해력을 바탕으로

    (c) 파생 어휘군(*word family*)과 단어 패턴을 인식하여

    (d) 어근을 접두사나 접미사 같은 형태소적 요소와 결합하여

정답 : d, c, b, d, b, d

12. 나가며

수고하셨습니다.

제 2 강

단어의
이해와 두뇌

글자를 인식하는 것은 눈인가, 두뇌인가?
음운 경로와 의미 경로? 음운 디코딩 경로와 직접 회상 경로?
두뇌가 단어를 인식하는 상세한 과정.
자동 인식 능력, 두뇌 속에도 고속도로가?

1. 들어가며

아이들이 읽기를 배우도록 도울 수 있는 방법, 읽기를 배울 때 직면하는 어려움, 읽기 능력의 평균적 발달 시간표 등에 대한 배경 지식을 어느 정도 갖추게 되었을 것입니다. 이제 두뇌가 어떻게 읽는 법을 배울 수 있게 되는지에 대해 살펴봅시다.

본 강의에서 우리는 찬혁이와 같은 동네에 사는 지완이를 만납니다. 지완이는 여섯 살입니다. 아직 찬혁이만큼 능숙하게 글을 읽지는 못하지만 능숙하게 읽을 수 있는 기본을 갖춘 상태입니다. 음소 인식 능력 뜻을 다르게 하는 말의 가장 작은 소리 단위를 구별하고 조작하는 능력 및 언어적 스킬을 충분히 습득했고 글자—소리 대응(letter-sound correspondence) 각 글자가 소리 단위(음소)를 나타내는 법칙 관계를 이해하고 있습니다. 이러한 기술을 이용하여 지완이는 단어를 알아 보고 소리 내어 읽습니다.

어휘를 풍부하게 하는 것은 언어 발달에 있어서 매우 긴요합니다. 왜냐하면 **보유 단어가 빈약하면 의미론적 지식이나 통사적 발달도 더디게 되기 때문**입니다. 즉 어휘력이 발달하지 않으면 단어를 신속하고 유창하게 인지하지 못하여 해당 의미를 파악하는 것이나 문법적 확장도 어렵게 됩니다. 이 과정이 지체되면 어려운 읽기 자료에 도전하여 새로운 지식을 효과적으로 흡수하지 못합니다.

지금부터 여러분은 단어가 아이의 두뇌 속에서 처리되는 두 가지 경로를 배우고 그 두 경로를 실제 추적해 볼 것입니다.

우선 단어가 지완이의 두뇌 속을 따라 흐르다가 완벽한 이해라는 최종 목적지에 어떻게 도달하는지를 배우겠습니다. 그리고 자동 단어 인식(*automatic word recognition*)에 대해 배우고 이 능력이 유창한 읽기 능력을 발휘하기 위해 왜 그렇게 중요한지도 알아 보겠습니다. 마지막으로, 단어 이면에 간직된 개념을 회상하기 위해 찬혁이가 어떻게 자동 단어 인식 능력을 활용하는지도 살펴볼 것입니다.

WHAT
YOU WILL 이번 강의에서 배울 것들
LEARN 📖

- 문자로 된 단어가 두뇌 속에서 처리되는 두 가지 경로와 읽기 경로가 둘로 나뉘는 이유
- 독자가 자동화된 단어 인식 능력을 구축하는 방법
- 유창한 읽기 능력을 습득하기 위해 읽기 연습이 중요한 이유

NOTE

제 3부를 펼치면서 여러분은 읽기에 있어 두뇌가 담당하는 역할에 대해 배우게 될 것을 이미 예상하고 있었겠지만, 이어지는 강의 내용은 해부학적인 정보를 상당히 많이 담고 있습니다. 물론 쉽지는 않겠지만 읽기와 관련된 뇌 과학을 배우게 되면 학습자가 읽기 활동을 할 때 정확히 어떤 일이 벌어지고 있는지에 대해 이해할 수 있고 학생의 읽기 능력에 영향을 미칠 수 있는 제 조건들도 알 수 있습니다. 본 강의에서 제공될 지식을 숙지하면 읽기에 특히 어려움을 겪는 아이들을 가르치는 데 어떤 방법이 좋은지 이해하게 될 것입니다.

눈

지완이에게 책을 펴서 조용히 읽으라고 하자 지완이가 책을 폅니다. 지완이의 두뇌가 읽으라는 명령을 내립니다. 약 200밀리초(0.2초) 뒤 지완이의 눈은 첫 페이지에 나온 첫 단어인 dog로 움직입니다. 지완이가 dog를 보면 글자 및 글자 사이에 있는 밝고 어두운 영역 패턴의 상이 지완이의 중심와(fovea)에 맺힙니다. 중심와란 망막 표면의 일부 영역으로서 시각 수용기(receptor)가 가장 고밀도로 집적되어 있는 곳입니다. 지완이의 눈은 dog라는 단어에 불과 몇 분의 일 초 동안 멈춥니다. 만일 지완이가 이미 능숙한 읽기 능력을 갖고 있다면 각 단어를 약 250밀리초(0.25초)간만 쳐다봅니다. 다음 단어로 이동할 준비가 되면 지완이의 눈은 30밀리초 내외로 아주 빠르게 움직입니다. 안구가 징검다리를 건너듯 단속적으로 이동하는 것을 '단속적 안구 운동(saccade)'이라 합니다.

지완이의 망막에 있는 중심와에서 만들어진, 단어 dog를 나타내는 전기 신호는 다음 시각 시스템으로 전달됩니다.

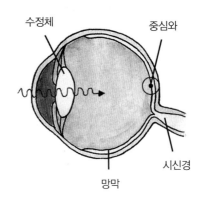

수정체 중심와

시신경

망막

 아이가 책을 읽을 때 책장의 단어에서 반사된 빛이 아이의 안구에 있는 중심와로 들어간다.

단어를 볼 때, 우리의 눈은 약 2개 단어 정도 길이에 해당하는 10개의 글자를 한 번에 오른쪽 방향으로 휩쓸듯 봅니다. 물론 왼쪽에서 오른쪽으로 글을 쓰는 언어인 경우에 그렇죠. 읽기 능력이 더욱 발달하면 오른쪽 방향으로 단어 한두 개 정도 길이 이상을 더 입력할 수도 있습니다.

THINK
찬혁이처럼 읽기 능력이 한창 발달하고 있는 독자의 경우에 읽고 있는 글의 거의 모든 단어를 눈으로 봅니다. 물론 the 같은 기능어(function word)인 경우에는 건너뛰기도 합니다. 이 때문에 찬혁이는 단어가 조금이라도 바뀌면 즉시 알아차릴 수 있습니다. choir와 chair, swan과 swam이 다르다는 것을 쉽게 구별할 수 있는 것입니다.

글자 인식

읽기 처리 과정의 첫 단계인 **글자 인식**(letter recognition)에 도달하기 위해 dog를 나타내는 전기 신호는 지완이의 시각 시스템을 거쳐 대뇌 후두엽(occipital lobe) 시각을 처리하는 대뇌 부위로서 일차시각피질(primary visual cortex)이 들어있다. 후두전패임(preoccipital notch)과 두정후두고랑(parietooccipital sulcus)을 경계선으로 한다. 까지 이동해야 합니다.

눈에서 나온 전기 신호는 **시신경**(optic nerve)을 따라 **외측슬상핵**(LGN: lateral geniculate nucleus)으로 이동합니다. 이어서 전기 신호는 외측슬상핵에서 부채꼴 모양의 시각 경로(optic radiation, 시각로부챗살)를 따라 두뇌 뒤쪽에 위치한 후두엽까지 갑니다.

후두엽에 들어간 dog의 전기 신호는 후두엽 피질 후방에 위치한 **일차시각피질**(primary visual cortex)을 비롯한 시각 연합 영역을 자극합니다.

지완이의 후두엽 피질이 이제 활동을 개시하여 단어 dog의 물리적 외형을 분석합니다. 직선을 관찰하고, 곡선을 식별하고, 서로 연결된 부분에 주목합니다. 그 결과 지완이의 두뇌는 눈으로 본 표지들이 d, o, g의 글자라는 것을 인식합니다.

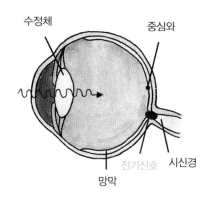

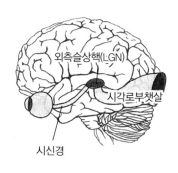
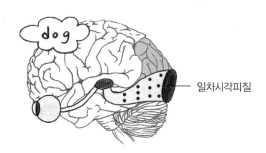

영어 책 읽는 두뇌 제3부

THINK

읽기 위해 시력이 꼭 필요한 것은 아닙니다. 일부 신체적 장애로 인해 눈으로 글자를 읽는 것이 곤란하게 되거나 시력을 완전히 잃으면 읽는 행위 자체가 불가능해지죠. 정상 시력을 가졌다가 맹인이 된 사람들의 경우 점자를 손가락으로 만지면, 눈을 통해 읽을 때 활성화되는 시각 시스템과 동일한 두뇌 영역이 활성화됩니다.

3. 두 가지 읽기 경로

이제 지완이는 dog속에 있는 글자들의 모양을 인식했으므로 다음 단계로 들어갈 준비가 되었습니다. 다음 단계는 음운 경로(*phonological route*)와 의미 경로(*semantic route*) 사이의 경쟁입니다. **음운 디코딩 경로**(*phonological decoding route*)와 **직접 회상 경로**(*direct retrieval route*)라고도 하는 의미 경로가 이제 동시에 활성화됩니다.

지완이는 이제 막 읽기를 시작했기 때문에 문자로 된 단어에 별로 익숙하지 않습니다. 지완이가 읽을 때 대부분의 단어를 음성으로 한 글자 한 글자 소리 내봐야 합니다.

읽기에 능숙한 찬혁이는 **자동 단어 인식**(*automatic word recognition*) 능력을 발휘하여 자주 만난 단어를 처리합니다. 그래서 찬혁이는 dog를 보는 즉시 단어 전체를 인식할 수 있지요. 이 경우 찬혁이는 음운 디코딩 단계를 넘어서 직접 회상 경로를 이용하고 있는 것입니다.

음운 디코딩 경로를 가동할지 직접 회상 경로를 가동할지는 다음과 같은 요인에 따라 달라집니다.

- **단어 활자에 접한 빈도**: 활자로 자주 만나는 the같은 단어는 직접 회상 경로로 쉽게 이해되고, abacus와 같은 어려운 단어는 음운 디코딩 과정을 거칩니다.
- **단어를 말로 들어본 빈도**: 자주 귀로 들었던 you같은 단어는 직접 회상을 통해 쉽게 이해되고, defragmented처럼 자주 들어보지 못한 단어 이해에는 음운 디코딩이 개입합니다.
- **단어의 길이**: 글자로 썼을 때 아주 짧은 I는 직접 회상을 통해 쉽게 이해되고, Worcestershire같은 긴 단어에는 음운 디코딩이 관여합니다.
- **철자의 일관성**: 철자에 일관성이 있으면 발음도 규칙적이기 때문에 음운 디코딩 능

력이 동원됩니다. 예를 들어, −at으로 끝나는 cat, bat, mat은 철자와 발음이 일관적이므로 음운 디코딩 경로가 활성화될 가능성이 높습니다. 그러나, pint같은 단어는 mint나 dint 등 −int로 끝나는 다른 단어와 달리 발음이 불규칙적이므로 별도로 기억해야 하며 직접 회상 경로를 통해 접근됩니다.

- **형태소적 구성 요소**: 접두사와 접미사가 붙어있는 단어는 위의 다른 조건에 준하는 경우에는 음운 경로에 의존하지만, 독자의 형태소 인식 능력(*morphological awareness*)에 따라 직접 회상으로 포착되고 이해되는 경우가 더 많습니다. 학습자가 더 많은 접사들을 배우면 다형태소 단어(*multimorphemic word*) 많은 의미 단위로 구성된 단어 의 의미에 더 용이하게 접근할 수 있습니다. 예를 들어, 읽기 실력이 좋은 독자는 어근에 붙는 형태소 −ly를 보는 즉시 부사를 표시하는 접미사임을 알아봅니다. 직접 회상을 통해 접근될 가능성이 높다는 말입니다. 그러나 trans−같은 접두사가 익숙하지 않은 어근에 붙어있는 경우에는 독자가 그 단어를 이해하기까지 더 오랜 시간이 소요되며, trans−에 대한 가능한 한 많은 정보(소리, 뜻, 연상 등)를 수집하는 동안 음운 디코딩 경로를 택할 가능성이 높을 것입니다.

- **가능한 의미의 범위**: 의미에 따라 두 가지로 발음되는 bow같은 동형이의어 (*homograph*) 철자는 같지만 다른 것을 뜻하며 다르게 발음되기도 하는 단어 는 인사를 뜻하는 경우인지 활을 의미하는 것인지 결정하는 동안 음운 디코딩을 활용할 것입니다. 하지만 앞뒤 문맥이 있는 경우에는 직접 회상 경로를 통해 의미에 접근하게 될 가능성이 높습니다.

문장의 맥락 없이 단어만 보면 문자로 된 단어와 발음 사이의 연관성이 철자와 뜻 또는 발음과 뜻 사이의 관계에 비해 예측하기 쉽다는 것을 알 수 있을 것입니다. 단어의 뜻은 보통 앞뒤 문맥에 의존합니다. 예를 들어, fly라는 단어만 보고 정확한 뜻을 즉시 짐작하기는 어렵습니다. 문맥에 따라 날아가는 새에 대한 것일 수도 있고, 파리라는 곤충을 뜻할 수도 있기 때문입니다. 문자로 된 단어와 그 발음 사이의 밀접한 연관성으로 인해 대부분의 문자 시스템을 읽을 때 음운 디코딩 경로(*phonological decoding route*)가 활성화되는 것입니다.

4. 단어의 인식

지완이는 아직 읽기 초보인지라 읽는 단어를 해독하고 이해하기 위해서 음운 디코딩에 거의 절대적으로 의존합니다. 단어 인식 능력, 혹은 직접 회상이 가능한 어휘력을 쌓지 못했기 때문에 직접 회상 경로가 활성화되더라도 그 처리 속도는 대단히 느립니다.

단어 dog가 지완이의 후두엽에 도달한 후 d, o, g라는 상징이 글자로 인식되면 이제 다음 단계로 가야 합니다. 단어를 인식하는 단계죠. 글자 d, o, g에 관한 정보를 담은 전기 신호가 이제 지완이의 두정엽(*parietal lobe*)으로 유입됩니다.

글자 d, o, g는 지완이의 두정엽 피질에서 대뇌 좌반구 상변연회(*supramarginal gyrus*, 모서리 위 이랑)를 자극합니다. 상변연회는 두정엽의 앞쪽으로 불룩 솟아난 부분으로서 측두엽 (*temporal lobe*)과 닿아있습니다. 대뇌 좌반구 상변연회는 그 글자들을 조합해서 단어 (*"dog"*)로 인식합니다.

- 음운 디코딩 경로(*phonological decoding route*): 단어의 소리가 활성화될 때 택하는 두뇌 속 경로
- 후두엽(*occipital lobe*): 시각을 처리하는 대뇌 부위로서 일차시각피질(*primary visual cortex*)이 들어 있다. 후두전패임(*preoccipital notch*)과 두정후두고랑(*parieto-occipital sulcus*)을 경계선으로 한다.
- 두정엽(*parietal lobe*): 체성감각 영역(*somatosensory area*) 및 감각 통합 영역이 들어있는 대뇌 부 위로서 중심 고랑(*central sulcus*)을 경계로 전두엽(*frontal lobe*)과, 두정–후두 고랑(*parietooccipital sulcus*)을 사이로 후두엽과 분리된다.
- 측두엽(*temporal lobe*): 청각 및 기억/학습을 주로 담당하는 대뇌 부위로서 외측고랑(*lateral sulculs*)을 경계로 전두엽과 분리된다.

다음 그림에 단어 인식 두뇌가 글자들을 하나의 단어로 인식하는 것 과정이 나와 있습니다.

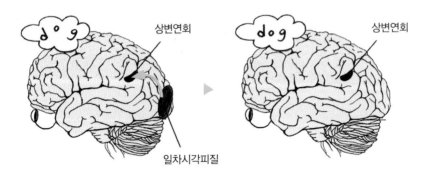

오른손잡이든 왼손잡이든 상관없이 약 90퍼센트 이상의 사람들은 대뇌 좌반구에서 언어를 처리합니다. 말과 읽기가 얼마나 긴밀히 연관된 것인지를 감안하면 읽기에 직접 관여하는 두뇌 부위들도 역시 언어 우세 반구, 즉 대뇌 좌반구에 주로 존재합니다.

영어는 음소 수에 비해 철자할 수 있는 경우의 수(음소 대 자소 비율)가 대단히 많다고 언급한 적이 있습니다. 이와 관련하여 다음 글을 읽어 봅시다.

직접 회상과 영어 철자법

다음의 발췌 글에서 이중모음 'ea'가 포함되어 있는 평범한 단어들을 살펴보라. 이중모음 'ea'의 다채로운 발음을 볼 수 있다.

There once was a beautiful bear who sat on a seat near to breaking and read by the hearth about how the earth was created. She smiled beautifully, full of ideas for the realm of her winter dreams.

'ea'가 이렇게 다양하게 발음되는 것을 목격한 일부 교사들이 영어 철자법 가르치기를 아예 포기하고 효과가 없음에도 불구하고 아이들에게 문맥 안에서 모든 것을 다 배우도록 내버려 두는 이유를 이해하게 된다… [그러나] 이 단계에서 [아직 미숙한] 해독 단계 독서가들은 다양한 문자 패턴과 교과서 수준을 넘어서는 단어 안에 들어있는 이중모음의 '시각적 덩어리'를 학습하는 것이 반드시 필요하다. 그와 더불어 이 덩어리들을 자동적으로 '보는'훈련을 해야 한다.

'일견 어휘(sight words)'는 초보 독서가들의 실력 향상에 매우 중요한 요소다. '시각적 덩어리'에 익숙해지면 서서히 유창한 독서가로 발전한다. 'beheaded'가 'be+head+ed'라는 것을 빨리 알아차릴수록 보다 유창하게 단어를 식별하게 된다.[10]

....

10 Wolf(2009). 181−182쪽

5. 단어의 소리

이제 지완이는 d, o, g라는 상징들이 단어를 형성한다는 점을 인식하였으니, 다음 단계로 나아가야 합니다. 바로 그 단어의 소리와 **어휘적 의미**(lexical meaning) 다른 변이형의 쓰임에 관계 없이 단어의 기본형이 갖는 의미(예를 들어, play는 plays, played, playing의 어휘적 의미이다. 사전적 의미라고도 한다.) 를 찾는 것입니다.

단어 dog의 정보를 담은 전기 신호는 쉴 틈도 없이 지완이의 측두엽(temporal lobe) 청각 및 기억/학습을 주로 담당하는 대뇌 부위로서 외측고랑(lateral sulcus)을 경계로 전두엽과 분리된다. 과 전두엽(frontal lobe) 대뇌 피질 양 반구를 두정엽, 측두엽, 후두엽과 함께 구분하는 한 부위. 이곳에서 감정, 성격, 인지 및 운동 기능이 수행된다. 으로 동시에 퍼져나갑니다. 동시에 벌어지는 일이지만, 하나씩 논의해 봅시다.

지완이가 소리를 dog와 연결하려면, 전기 신호가 **전두엽**(frontal lobe)의 **브로카 영역**(Broca's area)으로 흘러야 합니다. 전두엽 뒤쪽에 위치한 브로카 영역은 단어의 발화(production)를 담당합니다. 여기에서 지완이의 두뇌는 /d/, /o/, /g/와 관련된 소리를 기억 영역에서 회상한 다음 /dog/라는 완전한 단어로 돌려줍니다.

다음 그림에 단어의 소리를 인식하는 과정이 나와 있습니다.

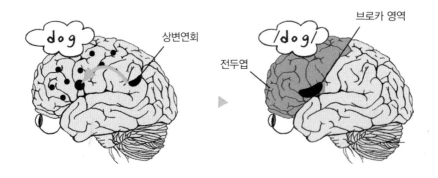

전두엽에 있는 브로카 영역 및 그 주변의 대뇌 피질은 통사적 특성을 인식하고 해독하는 임무도 맡고 있기 때문에 지완이는 단어의 품사 정보도 이곳에서 찾아냅니다.

묵독(silent reading)은 시간적으로 보다 나중에 가능해진 읽기 방법입니다. 기원 4세기에 성 아우구스티누스는 『고백록(Confession)』에서 말하지 않고 읽는 암브로시우스라는 수도사에 대해 기록했습니다. 성 아우구스티누스는 암브로시우스가 그런 독특한 방식으로 책을 읽는 이유는 주변 사람들이 자기가 읽고 있는 것에 대해 질문할까 두려워서이거나 아니면 자기 목소리를 아끼려고 그러는 것이라고 생각했답니다. 이 일화는 당시에 소리 내어 읽는 방식이 널리 쓰였다는 증거입니다.

6. 어휘적 의미

브로카 영역이 dog를 분석하고 소리를 낼 때, 지완이의 측두 피질(*temporal cortex*) 대뇌의 아래쪽 중간 부분에 위치한 측두엽의 피질로서 수많은 단어들의 의미와 연상(association) 정보를 저장한다. 은 dog와 어휘적 의미(*lexical meaning*)를 연결시키느라 아주 바쁩니다.

종류가 다른 단어들은 측두 피질 곳곳에 별도로 저장됩니다. 새롭게 단어가 유입되면 측두 피질의 전후 좌우 상하 부위 대부분이 활성화되어 단어를 분석하는 작업에 돌입합니다. dog라는 단어가 들어오면 측두 피질 전방이 가장 강렬하게 활성화됩니다. 이곳에 지완이의 두뇌는 이미 배운 동물들 이름을 저장해 놓았기 때문입니다.

단어가 의미와 연결되는 **베르니케 영역**(*Wernicke's area*)도 역시 활성화합니다. 베르니케 영역은 측두 피질 상부에서 전방 부위에 걸쳐 위치하고 있습니다. 베르니케 영역은 dog와 관련된 모든 연상 정보를 만들어냅니다. 지완이의 마음 속 사전에 개는 보통 집에서 기르는 자그마한 동물이라고 저장되어 있습니다. 여기에 더해 다른 연상 정보들이 마구 몰려 옵니다. 집에서 기르는 요크셔테리어, 이웃집에 있는 세퍼드, 좋아하는 책 속에 나오는 강아지 등등이 떠오르는 거죠. 심지어 의미상 아무런 연관도 없는 bog나 fog같은 단어들도 모두 모여듭니다.

다음 그림에 단어의 어휘적 의미를 인식하는 과정이 나와 있습니다.

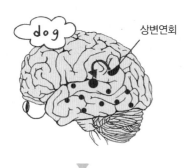

상변연회

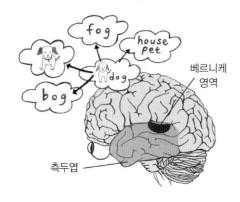

베르니케
영역

측두엽

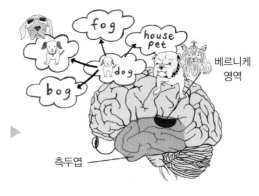

베르니케
영역

측두엽

학생들이 새로운 개념을 학습할 때 베르니케 영역이 얼마나 유용한지 알 수 있을 것입니다. 만일 새로운 단어를 학생들이 이미 이해하고 있는 단어나 개념 맥락 속에서 설명하면 베르니케 영역은 새로운 단어와 함께 과거에 배운 모든 의미 및 기타 정보를 연상하게 됩니다. 언어를 풍성하게 해주는 옛 단어/개념과 새 단어/개념 사이의 미묘한 차이도 깨닫게 되죠. 이렇게 이미 알고 있는 지식에 새로운 지식을 덧붙이는 전략을 택하면 학생들이 빠르게 새로운 단어와 개념을 기억할 수 있도록 도울 수 있습니다.

음성 언어와 읽기는 긴밀하게 연결되어 있기 때문에 말소리를 발화하고 이해하는 데 있어서도 브로카 영역과 베르니케 영역은 중대한 기여를 합니다. 음성 언어와 두뇌에 대해서는 제 1부 「두뇌의 이해」를 참고하기 바랍니다.

7. 모든 정보의 통합

이제 지완이는 글자 인식을 해냈고 단어 인식도 해냈을 뿐 아니라 단어의 소리와 어휘적 의미(*lexical meaning*)도 차근차근 파악했습니다. 이제 지완이의 두뇌는 dog와 연결된 다양한 정보들을 통합할 준비가 되었습니다.

통합 작업을 진행하기 위해 전두 피질(*frontal cortex*) 기획 및 운동 통제를 비롯한 고차원적 인지 기능과 연관된 전두엽 부위 과 측두 피질(*temporal cortex*)이 동시에 각자의 소리 및 의미 신호를 **각회**(*angular gyrus, 또는 모이랑*)로 보냅니다. 각회는 상변연회(*supramarginal gyrus*) 바로 뒤 두정 피질(*parietal cortex*)에 있는 부위로서, 다양한 두뇌 속 정보를 서로 연결시키는 데 가장 이상적인 곳에 자리잡고 있습니다. 각회는 읽고 쓰는 능력을 구축하고 유지하는 데 있어서 결정적인 역할을 담당합니다. MIT와 UCLA 연구팀의 두뇌 영상 연구 결과 읽기 활동 중에 집중적으로 활성화되는 부위가 각회라는 사실이 밝혀졌습니다. 탁월한 신경 과학자 노먼 게슈빈트(*Norman Geschwind*)는 각회를 '연합령 중의 연합령(*association area of the association areas*)'이라고 묘사했습니다.[11]

각회는 후두엽, 두정엽, 측두엽이 만나는 경계점에 위치하여 두뇌 각 부위의 정보를 수집하기에 이상적인 곳에 자리잡고 있기 때문에 글자의 모양, 의미, 소리에 대한 정보가 각회로 모두 모여듭니다. 지완이의 각회는 두뇌 각 부위가 제공한 dog에 대한 정보 전체(글자 모양, 단어 인식, 소리, 의미, 기타 연상 정보)를 합성(*synthesis*)합니다.

....

11 Wolf(2009), 50쪽

다음 그림에 단어의 소리와 의미를 통합 전두 피질과 측두 피질이 각회로 보낸 단어에 대한 모든 정보가 통합되고, 두뇌는 이제 단어를 이해할 수 있다. 하는 과정이 나와 있습니다.

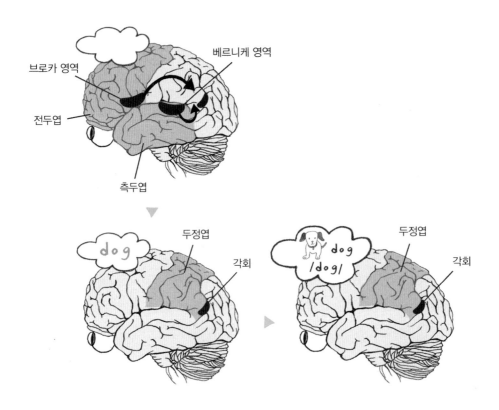

이 단계에서 지완이의 두뇌는 dog와 관련된 모든 측면을 훑었고 각회가 전체 정보를 한 덩어리로 말끔하게 포장해놓았습니다. 이제 마지막 단계로군요. 바로 이해 *(comprehension)*입니다.

난독증(dyslexia) 문자 형태의 글자와 소리를 식별하고 소리 내어 읽고 이해하는 능력에 영향을 미치는 읽기 장애로서 감각 결손이나 인지적 장애가 원인은 아니다. 이 있는 사람들은 읽기에 아무 문제가 없는 사람들에 비해 각회가 아예 활성화되지 않고 측두엽 부위 활성화가 약합니다. 음운적 디코딩 능력에 문제가 있음을 시사합니다. 다음 강의에서 난독증에 대해 살펴보겠습니다.

---

8. 단어의 이해

지완이의 각회는 dog에 대해 모을 수 있는 정보를 모두 한 묶음으로 만들어냈으니, 이제 완벽한 이해를 위해 마지막 도약을 할 준비가 되었습니다. 각회에서 충분한 정보를 담은 전기 신호는 두뇌 전반에 퍼져있는 **개념 시스템**(conceptual system)으로 흘러 들어갑니다.

개념 시스템에서 지완이의 두뇌는 dog를 이해하기 위해 동원할 수 있는 인지적 역량을 전부 발휘합니다. 배경 지식이 활성화되고 단어와 함께 연상되는 정보가 분석되어 단어 dog를 드디어 온전히 표상하게 됩니다.

다음 그림에 단어를 이해하는 과정이 나와 있습니다. 각회는 단어에 대해 통합된 정보를 두뇌 각처에 퍼져있는 개념 시스템으로 보내며, 두뇌는 드디어 단어를 온전히 이해하게 됩니다.

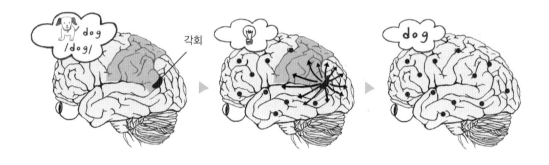

개념 시스템이 다소 모호할 것이지만, 대뇌 피질 전반에 퍼져있는 영역을 가리킨다는 점에 주목하기 바랍니다. **우리가 배운 것은 두뇌의 특정 위치 한 곳에 저장되는 것이 아니라 두뇌 구석구석에 분산되어 저장됩니다.** 이런 식으로 저장해 놓으면 **다양한 상황 속에서 정보를 쉽게 기억**할 수 있게 되죠. 여기저기에 분산하여 저장하면 관용성(tolerability) 혹은 융통성(flexibility)이 생깁니다. 두뇌의 일부가 손상을 입더라도 전체 기억이 상실되지는 않지요.

본 강의에서 배운 정보를 통해, 특정 개념이나 개념 집합의 다양한 측면을 제시하는 교육과정을 설계하면 학생들로 하여금 사실을 더 잘 기억하도록 그리고 다양한 학문 분야를 아우르는 연계성을 확보할 수 있도록 도울 수 있음을 알게 되었을 것입니다. 예들 들어봅시다. 찬혁이는 사회 시간에 제2차 세계대전에 대해 배웠고 미술 시간에 독일표현주의 회화를 보았고 영어 시간에는 "안네 프랑크의 일기"를 읽었고 과학 시간에 핵원자로에 대해 공부했습니다. 이제 찬혁이는 온갖 정보를 토대로 그 기간 동안 세계 열 강의 모습이 어땠는지에 대한 괜찮은 역사적 그림을 하나 마음 속에 그릴 수 있지 않겠습니까?

9. 자동 인식

지완이가 찬혁이처럼 능숙한 독서가가 되려면 자동적으로 단어를 인식할 수 있는 수준에 이르러야 합니다. **자동적인 단어 인식**(*automatic word recognition*) 능력을 갖추면 이해에 집중하고 새로운 정보를 개념 시스템 속에 융합시키는 데 집중할 수 있게 됩니다. 자동으로 단어를 인지하는 능력은 인간 두뇌의 놀라운 적응 능력 덕분입니다. 우리는 글을 읽을 때 문자를 단순히 두뇌 속에 입력하는 과정에서 그치는 것이 아니라 포괄적인 의미를 이해하고 관련된 연상을 떠올리며 복잡한 인지적 분석을 해내야 합니다. 문자 상징들을 자동적으로 인식할 수 있게 되면 읽은 문자에 대해 생각할 여유가 생겨나기 때문에 탁월한 지적 발달을 이룩할 가능성이 대폭 올라갑니다. 이제 한 글자 한 단어씩 해독하느라 정신적 자원을 소진하는 대신 배우는 것에만 집중할 수 있게 되는 것이죠.

자동 단어 인식 능력을 구축하려면 대부분의 아이들의 경우 단어 한 개당 **4번에서 14번 정도는 노출**되어야만 단어들을 즉시 알아볼 정도로 머리 속에 각인할 수 있습니다. 어떤 단어를 더 자주 보면 볼수록 그 단어에 대해 민감해져서 볼 때마다 더 잘 인식할 수 있죠. **점화 효과**(*priming*)라고도 하는 이 현상은 일정 임계치를 넘어서면서 다른 국면으로 전개됩니다. 책 속에서 "푸들(*poodle*)"이라는 단어를 몇 차례 읽고 나면 말소리로 그 단어를 들어도 더 빨리 인식합니다. **문자 언어에 익숙해지면 음성 언어에도 그 효과가 파급된다**는 말이죠.

어떤 단어의 의미에 대해 반복적으로 판단을 내릴 때 보다는 최초로 판단할 때 마음속에 더 많은 의미 정보를 담거나 같은 양의 의미 정보라도 더 오래 유지해야 합니다. 마찬가지로, 어떤 단어의 의미에 대해 더 많이 생각할수록 나중에 그 단어를 더 잘 기억하게 됩니다.

지속 시간이 짧고 용량이 한정된 기억 시스템으로서 작업을 완수하기 위해 정보를 동시에 저장하고 조작할 수 있도록 하는 작업 기억(working memory)은 단어 자동 인식 능력을 키우는 데 대단히 중대한 역할을 합니다. **스트룹 효과**(Stroop Effect)를 일으키는 테스트를 하면 작업 기억 속에서 단어 인식에 대한 복잡한 경쟁이 일어납니다. 스트룹 효과란 두 개의 강렬한 경쟁적 자극 사이에서 발생하는 간섭을 말합니다. 예를 들어, 붉은 색으로 "blue"를 써놓고 단어의 색깔을 말해보라고 하면 자동 단어 인식 기술이 동작하여 BLUE라고 외치도록 두뇌에 명령이 내려집니다. 실제론 RED라고 해야 맞는데 말이죠. 붉은 색 물건을 식별하는 것보다 반응 속도가 느려지거나 꼬이는 것이죠.

스트룹 효과는 어린 아이가 읽기를 배울 때 마주치는 도전이 어떤 것인지 알려줍니다. 어린 아이는 이제 막 자동 단어 인식 능력이 생기고 있기 때문에 개념을 잡기 위해 단어의 글자, 소리, 연상 정보, 의미를 작업 기억 속에 유지하는 것이 아주 힘듭니다. 초보 독자들은 온갖 자극을 흡수하고 합성하려고 낑낑대고 있는 와중에 두뇌로 쏟아져 들어오는 정보는 저마다 더 많은 정신 자원을 차지하려고 아우성을 치는 것입니다.

10. 직접 회상과 단어

직접 회상

아이가 수많은 단어들을 자동적으로 인식할 수 있게 되면 무슨 일이 생기는 걸까요?

읽기 능력이 뛰어난 독자는 수천에서 심지어 수만 개의 단어를 마치 그 단어들이 그림이나 물건인 양 즉각 인식할 수 있습니다. **자동 단어 인식** 능력은 **직접 회상***(direct retrieval)*이라는 경로를 통해 촉진됩니다.

본 강의 초반에 다루었듯 직접 회상은 어떤 단어를 더 빨리 인식할 수 있는 두뇌 속 경로입니다. 찬혁이는 길이가 짧고 자주 보는 단어들에 대해 직접 회상 경로를 사용할 가능성이 높습니다. 철자법에 따라 발음하는 게 쉽지 않은 yacht나 pint등의 셀 수 없이 많은 예외적 단어들에 대해서도 언젠가는 직접 회상 경로를 채택해야 되겠죠.

비록 일시적이긴 하지만 문맥도 일익을 담당합니다. 만약 찬혁이가 오스트레일리아에 서식하는 포유류에 관한 책을 읽고 있다면 평소에는 자주 보지 못하던 "코알라," "캥거루" 같은 생소한 단어들에도 금방 친숙해질 것입니다. 이렇게, 지금 읽고 있는 글의 문맥 속에서 나오는 단어들을 자동적으로 인식하는 능력이 점화*(prime)*될 것입니다. 전혀 상관없는 글을 읽을 때에 비해 오스트레일리아 유대류 동물*(marsupials)*에 관한 장을 읽고 있다면 캥거루를 훨씬 쉽게 인식합니다. 만약 소금의 화학적 특성에 관한 글을 읽다가 갑자기 캥거루가 등장하면 더 많은 시간과 인지 자원을 소모해야 합니다.

직접 회상과 단어

만약 찬혁이의 두뇌가 dog라는 단어를 직접 회상 경로를 통해 인식하면 무슨 일이 생기는 걸까요?

눈은 단어에 고정되고 눈의 망막 **중심와***(fovea)*에 밝고 어두운 빛 패턴의 상이 맺힙니다. 이어서 dog를 나타내는 전기 신호가 두뇌 후방에 있는 **후두 피질***(occipital cortex)*로 이동하면 dog를 알아봅니다.

다음으로, dog의 전기 신호는 찬혁이의 **측두 피질***(temporal cortex)* 아래쪽으로 즉각 이동하고 여기에서 의미가 연상됩니다. 가축, 야생 속에서 살던 개, 이웃집의 셰퍼드 등등의 연상 정보가 수 밀리초(1,000분의 1초) 간 수집된 뒤, 신호는 찬혁이의 **전두 피질***(frontal cortex)* 아래쪽으로 빠르게 전달됩니다.

찬혁이의 전두 피질이 dog가 명사라는 등의 통사적 특징을 인식하면 이제 dog는 **개념 시스템***(conceptual system)*으로 자유로이 퍼져 나갑니다. 여기에서 찬혁이의 두뇌는 각종 배경 지식을 더하여 dog라는 개념의 최종적 표상을 형성합니다.

다음 그림에 직접 회상 경로가 작동하는 과정이 나와있습니다.

눈
이 아이가 단어를 읽으면 활자에서 반사된 빛이 눈으로
유입되어 안구 속의 중심와에 초점이 맞는다.
중심와에서 글자의 패턴이 전기 신호로 변환된다.

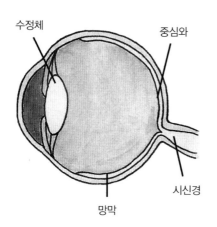

수정체 중심와

시신경

망막

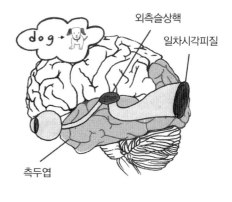

외측슬상핵

일차시각피질

측두엽

단어의 인식
중심와에서 이송된 전기 신호는 시신경을 따라
외측슬상핵(LGN)으로 가고, 시각로부챗살을
지나 두뇌 뒤편의 시각 피질에 도달한다.
시가 피진에서 단어가 인시된다.

어휘적 의미
시각 피질에서 나온 전기 신호는 측두엽으로
이동한다. 측두엽에서 어휘적 의미가 할당되며
단어와 관련된 다른 연상 정보들이 떠오른다.

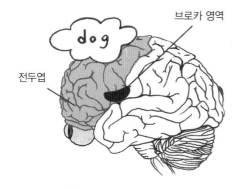

통사적 인식
측두엽에서 나온 전기 신호는
전두엽으로 이동하며 통사적 정보가
인식된다.

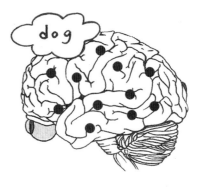

단어의 이해
단어에 대한 신호가 전두엽으로부터
두뇌 각처에 퍼져있는 개념 시스템으로
퍼져나간다. 이제 두뇌는 그 단어를
완벽하게 이해하게 된다.

보통 dog라는 단어를 보고 이해하는 전체 과정의 소요 시간은 약 600밀리초(0.6초) 정도입니다.

물론 찬혁이의 음운 디코딩 경로도 발음하는 법을 곧이어 제공하겠지만 찬혁이의 눈은 이미 다음 단어로 이동한 뒤일 것입니다.

? DID YOU KNOW

이탈리아어의 철자법은 완전히 규칙적입니다. 즉, 이탈리아어 음성 규칙을 알고 나면 글자–소리 대응 관계에 따라 어떤 단어든 발음할 수 있다는 뜻입니다. 영어가 모국어인 사람보다 이탈리아 사람이 읽기 활동을 할 때 각회(angular gyrus) 언어 처리에 관여하는 대뇌 좌측두엽 부위로 글자 모양, 단어인식, 의미, 소리에 대한 정보를 통합한다. 후두 피질을 베르니케 영역과 연결한다. 가 훨씬 활발하게 움직입니다. 즉, 음운 디코딩 경로가 채택된다는 뜻이죠. 반면, 영어 화자는 직접 회상 경로를 사용하고 있을 확률이 훨씬 높습니다.

유창하고 능숙하게 글을 읽을 수 있게 되면 두뇌에는 어떤 변화가 일어날까요? 다음 글을 읽어 봅시다.

직접 회상 경로와 두뇌의 변화

성인들의 보편적 독서 체계와 마찬가지로 아이가 글을 읽을 경우에도 세 개의 커다란 영역이 활성화된다. 독서하는 아이의 뇌가 주로 해야 할 일은 이 부위들을 연결하는 것이다.

성인과 달리 아이의 뇌에서 제일 먼저 활성화가 일어나는 부위는 후두엽(시각 영역과 시각 연합 영역)의 넓은 부분과 후두엽 안쪽 깊숙한 곳 그리고 측두엽 인근에 있는 방추상회라는 진화론적으로 중요한 영역이다.

직관에 반하는 것처럼 보일 수도 있다. 하지만 능숙해질 때 무슨 일이 일어나는지 생각해 보라. 어떤 기술을 배우든 처음에는 아주 많은 양의 인지, 운동 과정과 그 기반이 되는 뉴런 영역이 필요하다. 기술에 익숙해짐에 따라 서서히 인지적 소비량이 줄어들고 뉴런 경로 또한 간결하게 능률화된다. 이것이 바로 뇌가 서서히 특화 및 자동화되는 발달 과정이다.

두 번째로 넓게 분포하는 영역은 측두엽과 두정엽의 다양한 부위로 여기에도 양쪽 뇌가 모두 참여하지만 좌뇌가 약간 더 활동적이다. 최근 워싱턴대학의 신경과학자들은 몇몇 특정 영역, 특히 각회와 상변연회를 아이가 성인보다 더 많이 사용한다는 사실을 알아냈다. 이 두 영역은 음운론적 프로세스를 시각, 철자, 의미론적 프로세스와 통합시키는 데 있어서 아주 중요한 부위다. 측두엽에 있는 언어 이해에 필수적인 부위들을 베르니케 영역이라고 부르는데 이곳 역시 아이들의 뇌에서 더 많이 활성화되었다.

가장 흥미로운 점은 한 가지 상황을 제외하고 보편적 독서 체계에 있는 이 두 영역을 아이들이 훨씬 더 많이 사용한다는 사실이다. 성인이 아이보다 이 두 영역을 더 많이 사용하는 경우는 단어가 너무 어려워서 어린 시절에 쓰던 전략으로 되돌아가야 하는 때다.

아이들에게 세 번째로 중요한 두뇌 부위는 전두엽의 일부, 특히 브로카 영역이라고 부르는 좌뇌의 중요한 언어 영역이다. 전두엽이 기억과 같은 집행 프로세스와 음운론적, 의미론적 프로세스와 같은 다양한 언어 프로세스를 담당한다는 점을 감안하면 충분히 이해가 가는 이야기다. 성인이 독서를 하는 경우, 전두 영역 가운데서도 좀더 복잡한 이해와 집행 프로세스를 담당하는 영역이 더 많이 활성화된다. 뇌의 하위층에 있는 다른 영역들은 성인과 아이 모두에서 활발한 역할을 한다. 예를 들어, 소뇌와 시상이 있다. 시상은 뇌 배전판 가운데 하나로 뇌의 5개

층을 모두 연결해 준다. '작은 뇌'라는 의미의 소뇌는 독서에 필요한 여러 가지 운동과 언어 능력의 타이밍, 정확도에 기여한다.

요컨대 나이 어린 초보 독서가의 뇌를 처음 보면 누구나 대단하다는 느낌을 받는다. 원래 다른 기능, 특히 언어의 시각, 운동 및 기타 다양한 측면들에 맞게 설계된 부위들이 점점 빠른 속도로 상호작용하는 법을 배우는 모습을 보건대 그 안에는 애초부터 새로운 연결을 만들어 낼 수 있는 두뇌의 역량이 전부 들어 있었던듯 하다.[12]

11. 마무리 및 핵심 용어 정리

이번 강의에서 문자로 된 단어가 두뇌 속을 지날 때 채택하는 두 가지 경로를 배웠습니다. 음운 디코딩 경로와 직접 회상 경로였죠. 다음 사항들도 학습했습니다.

- 왜 두 가지 읽기 경로가 존재하는가
- 각 경로가 사용되는 방법
- 독자가 자동 단어 인식 능력을 구축하는 방법
- 유창하게 읽기 위해서 왜 연습이 중요한가

이에 더해 다음 두뇌 부위들을 배웠습니다.

- 단어를 읽을 때 음운 디코딩 경로에서 동원되는 두뇌 부위들
- 단어를 읽을 때 직접 회상 경로에서 동원되는 두뇌 부위들

---

12 Wolf(2009), 177-179쪽

다음 표에 두 가지 읽기 경로가 도식화되어 있습니다.

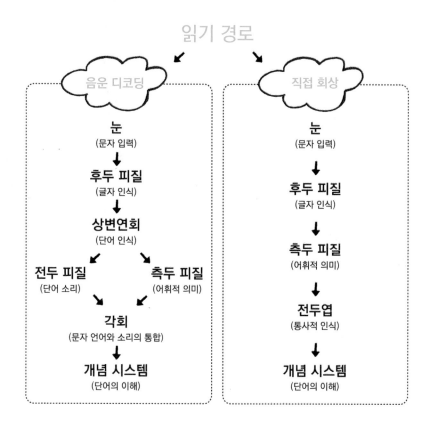

핵심 용어와 개념들

- **각회**(*angular gyrus*): 언어 처리에 관여하는 대뇌 좌측두엽 부위로 글자 모양, 단어 인식, 의미, 소리에 대한 정보를 통합한다. 후두 피질을 베르니케 영역과 연결한다.
- **개념 시스템**(*conceptual system*): 대뇌 피질 전반에 퍼져있으며 단어나 개념을 이해하기 위해 모든 인지적 역량을 동원하는 시스템이다.
- **글자-소리 대응**(*letter-sound correspondence*): 각 글자가 소리 단위(음소)를 나타내는 법칙
- **난독증**(*dyslexia*): 문자 형태의 글자와 소리를 식별하고 소리 내어 읽고 이해하는 능력에 영향을 미치는 읽기 장애로서 감각 결손이나 인지적 장애가 원인은 아니다.
- **동형이의어**(*homograph*): 철자는 같지만 다른 것을 뜻하며 다르게 발음되기도 하는 단어
- **두정 피질**(*parietal cortex*): 두뇌의 상부 및 중앙부를 차지하고 있는 부위로서 읽기 활동

에서 중대한 역할을 담당하는 상변연회(supramarginal gyrus)와 각회(angular gyrus)를 포함한다.

- **망막**(retina): 안구 뒤쪽의 피부 조직으로서 빛을 전기화학적 신호로 변환하고 사물의 모서리나 색의 대조적 차이를 포착하도록 일차적으로 처리한 신호를 두뇌로 보낸다.

- **맞춤법**(orthography): 음성 언어를 기술하는 문자 체계. 구두법(punctuation)과 마찬가지로 철자법은 문자 언어의 맞춤법 요소 중 하나이다.

- **베르니케 영역**(Wernicke's area): 측두엽에 위치한 부위로서 단어와 그 의미가 연합되는 곳이다.

- **브로카 영역**(Broca's area): 전두엽 후방에 위치하고 있으며 단어의 발화, 단어의 소리, 통사적 이해, 작업 기억 생성에 관여한다.

- **상변연회**(supramarginal gyrus): 두정엽에 위치한 피질 이랑 부위로서 문자 형태의 글자가 형성하는 단어를 인식한다.

- **스트룹 효과**(Stroop Effect): 1935년 J.R. Stroop 박사가 최초로 묘사한 인지적 간섭 유형 중 하나이다. 스트룹 효과는 피실험자가 보다 두드러진 자극과 상치되는 자극을 식별해야 할 때 반응 속도가 분명히 느려지는 현상을 말한다. 예를 들어, 붉은 색으로 blue를 써놓고 단어의 색깔을 말해보라고 하면, 피실험자가 활자의 색깔을 식별하는 데 어려움을 겪는다.

- **시각로부챗살**(optic radiation): 외측슬상핵(LGN)을 후두엽 등의 다른 두뇌 부위와 연결하는 신경 다발

- **시신경**(optic nerve): 시각 전기 신호가 눈에서 두뇌로 들어갈 때 지나는 신경

- **어휘적 의미**(lexical meaning): 다른 변이형의 쓰임에 관계 없이 단어의 기본형이 갖는 의미. 예를 들어, play는 plays, played, playing의 어휘적 의미이다. 사전적 의미라고도 한다.

- **외측슬상핵**(LGN: lateral geniculate nucleus): 시신경(optic nerve)과 시각로부 챗살(optic radiation)을 연결한다.

- **음소 인식 능력**(phonemic awareness): 모든 단어가 음소(소리 단위)의 연속으로 이루어져 있음을 이해하는 것

- **음운 디코딩 경로**(*phonological decoding route*): 단어의 소리가 활성화될 때 택하는 두뇌 속 경로

- **자동 단어 인식**(*automatic word recognition*): 단어를 즉각 인식하고 개념에 접근할 수 있는 능력

- **전두 피질**(*frontal cortex*): 기획 및 운동 통제를 비롯한 고차원적 인지 기능과 연관된 전두엽 피질

- **점화 효과**(*priming effect*): 어떤 단어를 더 자주 보면 볼수록 그 단어에 대해 민감해져서 볼 때마다 더 잘 인식하는 효과

- **중심와**(*fovea*): 망막 표면의 일부로서 시각 수용기(*receptor*)가 고밀도로 집적되어 있는 부위. 그 폭은 불과 0.2mm에 불과하다.

- **직접 회상 경로**(*direct retrieval route*): 단어가 해당 뜻에 자동적으로 접근하며 두뇌 속을 지나는 경로

- **측두 피질**(*temporal cortex*): 대뇌의 아래쪽 중간 부분에 위치한 측두엽의 피질로서 수많은 단어들의 의미와 연상(*association*) 정보를 저장한다.

- **피질**(*cortex*): 두뇌의 표면

- **형태소 인식**(*morphological awareness*): 단어의 뜻을 바꾸는 하위 단어, 글자 및 글자 조합을 이해하고 올바로 사용할 줄 아는 것

- **회**(또는 이랑, *gyrus*): 두뇌 피질 주름이 밭이랑처럼 볼록하게 솟아오른 부위(고랑(*sulcus*)의 반대임).

- **후두 피질**(*occipital cortex*): 대뇌 후방에 위치하고 있으며 글자를 인식하는 것과 같은 시각 관련 기능을 담당한다.

각 질문에 대한 답을 선택지에서 한 개 고르세요.

1. 다음 중 음운 디코딩 경로에서 문자 형태로 된 단어의 뜻과 소리 정보를 통합하는 두뇌 부위는?

(a) 전두엽

(b) 후두엽

(c) 백질(white matter)

(d) 각회(angular gyrus)

2. 다음 중 새로운 단어가 평균 수준 학생의 어휘 중 일부로 편입되기 위한 일반적 노출 횟수는?

(a) 1~2회의 노출

(b) 1~20회의 노출

(c) 4~14회의 노출

(d) 20~30회의 노출

3. 다음 중 브로카 영역이 담당하는 것은?

(a) 단어 소리의 인식

(b) 통사적 특성의 이해

(c) 단어의 발화(spoken production)

(d) 위 전부 다

4. 다음 중 단어가 어휘적 의미와 연결되는 두뇌 부위는?

(a) 각회

(b) 후두엽

(c) 측두 피질

(d) 브로카 영역

5. 어떤 단어에 자주 노출된 결과 그 단어에 대해 민감해진 것을 무엇이라 하는가?

(a) 집중 효과

(b) 점화(priming)

(c) 스트룹 효과(Stroop Effect)

(d) 답 없음

6. 다음 중 the나 yacht와 같이 짧은 단어를 인식하는 최단 경로는?

(a) 직접 회상

(b) 직접 처리

(c) 직접 이해

(d) 음운 디코딩

7. 다음 중 시각 수용기(receptor)가 가장 조밀하게 집적된 눈 부위는?

(a) 동공

(b) 시신경

(c) 중심와

(d) 수정체

정답 : d, c, d, c, b, a, c

13. 나가며

　단어를 많이 알면 서로의 의미가 확산적으로 교차 연결되어 이미 습득한 단어들의 의미도 확고하게 자리잡을 수 있고 단어들이 함께 쓰이는 상호 관계(이것을 'chunk'라고 합니다)에도 익숙하게 됩니다. 단어와 형태소에 대한 지식이 점차 늘어나면서 문법적인 관계도 법칙화할 수 있습니다. 이것을 '문법화(*grammaticalization*)'라고 하죠. 따라서 최근에는 단어 속의 형태소적 구성 요소 등을 명시적으로 가르쳐야 한다는 주장이 강력히 제기되고 있습니다. 단어를 분석하고 즉각 인식하여 이해하는 능력을 빨리 갖춘 아이는 지적으로 '더욱 부유'하게 될 확률이 높습니다. 수고하셨습니다.

제 3 강

단어를 넘어 이해로

두뇌가 글을 읽는 전 과정이 완성된다.
심화된 언어학적 능력들이란?
문장을 이해할 때 활성화되는 두뇌 부위들.
글의 이해와 로빈 후드?

1. 들어가며

언어가 거대한 건축물이라면 단어는 하나하나의 벽돌입니다. 단어만 안다고 해서 말과 글을 다 이해할 수는 없습니다.

독자들은 어떻게 개별적 단어들을 모아 멋진 건축물을 만들까요? 문장이 애매한 경우 독자들은 어떻게 그 의미를 찾아낼까요? 독자들은 어떻게 문장의 통사적 구조(syntax) 문법적 표지와 단어가 조합하여 의미 있는 문장을 만들어내는 방법을 특기하는 규칙 일체와 언어 구조 를 분석하여 이해하는 것일 까요? 더 나아가 문단 한 개나 책 한 권을 어떻게 다 이해하는 것일까요?

본 강의에서는 문장 및 문단 단위의 독해력에 대해 다룹니다. 이미 형태소 인식 능력 (morphological awareness) 단어의 뜻을 나타내는 하위 단어, 굴사 및 굴사 조합을 이해하고 올바로 사용할 줄 아는 능력이나 통사 적 이해 능력에 대해서는 배웠을 줄 압니다. 이제 문단 단위를 이해하기 위해 어떻게 기존 의 기술을 적용하는지 배울 차례입니다.

- 긴 문장에서 독자가 만나는 도전
- 문자 텍스트 속에 담긴 여러 측면을 학습자가 디코딩(decoding)하는 방법
- 형태소 인식, 통사적 기술, 작업 기억 용량이 유창한 읽기에 기여하는 방법
- 여러 모습의 문장 이해를 위해 관여하는 뇌 부위들

2. 독해

찬혁이가 문장을, 문단을, 그리고 더 긴 글을 완벽하게 이해하려면 dog나 yacht 같은 수천 개의 **어근**(root word)을 이해해야 할 뿐만 아니라 단어의 뜻과 품사를 바꾸는 -s나 pre-, -ment 등의 접두사와 접미사를 포함하는 **굴절 및 파생형태소**(inflectional and derivational morpheme)도 알아야 합니다. 또한 찬혁이는 the나 not같은 기능어(function word)를 이해해야 명사, 동사를 비롯한 내용어(content word) 간의 관계를 파악할 수 있어야 합니다.

이게 다가 아닙니다. 찬혁이는 품사적 자질이 어떻게 문장의 구조를 형성하는지 **통사적 구조**(syntax)도 이해해야 하고 문장의 핵심적 **요지**(gist)를 구축하기 위해서 모든 단어와 통사적 관계를 마음 속에 담아 놓기 위해 **작업 기억**(working memory)을 활용해야 하죠. 다양한 의미를 갖는 bark 같은 다의어의 뜻을 알기 위해서는 나머지 문장이나 문단 혹은 그 이상 수준의 **문맥적 상황**(context)도 염두에 두어야 합니다. 문맥을 잘 살피면 단어를 인식하는 속도도 달라집니다. 예를 들어, 강아지의 모험에 관한 책을 읽고 있다면 bark는 나무의 겉껍질이 아니라 개 짖는 소리를 뜻함을 더 빠르게 간파할 수 있습니다.

또 하나 중요한 것은 문맥을 이용하여 글에 대한 **추론**(inference)도 해야 합니다. 글 속에 나온 she가 가리키는 명사가 무엇인지 찾는 경우가 되겠습니다. 또한 우편배달부가 문 쪽으로 다가오기 때문에 개가 짖는 상황에서와 같이 **인과관계**(causality)도 유추해야 합니다.

단어 수준 이후에, 단어 인식과 이해, 통사적 구조, 문맥적 상황, 그리고 유추까지… 문장 수준 이상을 읽어가면서 해야 할 일이 너무도 많군요. 어떻게 이 모두를 해내는 것일까요?

3. 심화된 형태론적 지식

앞에서 배웠듯 형태소 인식 능력(*morphological awareness*)이란 새로운 단어를 만들기 위해 형태소를 올바로 바꾸고 그 결과 단어와 문장에 발생하는 의미 변화를 이해하는 능력입니다. 단어의 의미를 바꾸고 품사를 바꾸기도 하는 접두사와 접미사라는 파생형태소(*derivational morpheme*)는 초등학교 3학년 수준 이상이 되면 읽기 능력을 구축하기 위해 대단히 중요한 역할을 합니다.

우선 초등학교 3학년이 지날 즈음이 되면 찬혁이가 새로 습득하는 어휘의 상당 부분은 이미 알고 있는 어근에 파생 형태소를 붙여서 만든 것들입니다. ab-, ad-, -th, -ic 같은 수많은 접두사와 접미사의 뜻과 철자법을 잘 익히면 새로운 단어와 개념을 훨씬 더 잘 배우게 됩니다. 학교 생활을 해가면서 더 복잡한 다형태소 단어(*multi-morphemic word*) 단어의 뜻을 바꾸는 세 개 이상의 글자 조합으로 된 단어(예, incomparable, hopelessness) 들을 더 많이 습득하고 있느냐는 것이 특히 과학을 비롯한 모든 과목을 상급 수준으로 학습하는 데 성공하기 위해 중요한 요소가 됩니다.

NOTE

　　　다음 형태소 일람표를 살펴보기 바랍니다. 점차 복잡해지는 순서로 나열되
어 있습니다.

형태소 난이도 일람표

이 표에는 학생들의 음성 언어가 발달하면서 거의 동시에 습득되는 형태소가 수준별로 나와
있습니다.

수준	형태소 요소	용례
1수준: 대명사와 조동사	절의 주어인 주격 대명사	I want a cookie.
	동사의 목적어인 목적격 대명사	I asked them for some milk.
	3인칭 성별(性別) 대명사	Give the peanut butter to her.
	소유격 대명사	The twins have a language of their own.
	단순 지시대명사	These are my crayons.
	조동사	He is (=has) gone.
	미래형 조동사와 함께 쓰인 동사	I will go to school tomorrow.
2수준: 굴절 접미사와 동사 시제	비교급과 최상급	He is the oldest.
	복수 명사	Birds eat birdseed.
	3인칭 단수 현재 동사	The right shoe pinches my foot.
	동명사 (–ing를 붙여 명사로 쓰이는 동사로 특정 행위나 상태를 표현함)	I like drawing.
	진행 시제 (계속적 행위를 표현함)	He is running away.
	과거분사 (형용사적으로 쓰이는 동사로 –ed나 –en을 붙임)	We saw a covered bridge.
	완료 시제 (다른 시간대에 발생하여 완료된 행위를 표현함)	I have read the book, I had read it before. By tomorrow I will have read it again.
	현재 분사 (형용사로 쓰이는 동사로 –ing를 붙임)	It has running water.
3수준: 접두사 및 사용 빈도가 높은 파생 접미사로서 단어의 뜻을 바꾸고 품사를 바꾸기도 함	접두사	I'll restart the computer.
	부사를 만드는 파생 접미사	The boy walked slowly to school.
	형용사를 만드는 파생 접미사	The painting is beautiful.
	부정 형용사를 만드는 파생 접미사	The broken can opener is useless.
	명사를 만드는 파생 접미사	She is known for her kindness.
4수준: 지시 대명사, 소유형 및 축약형	복잡한 지시대명사	There is nothing to see here.
	소유형 명사	Put the girl's book on the table.
	will의 축약형	I'll be there soon.
	would의 축약형	You'd look silly with green hair.
	is와 am의 축약형	There's the juice I want.
	are의 축약형	We're ready to eat.
	have, has, had의 축약형	Now I've seen it all.

Scientific Learning사 제공

형태소 활용 능력을 갖고 있는 청자와 독자는 파생어(동일한 기원을 갖는 단어들) 간의 관계를 더 잘 이해할 수 있습니다. 그러므로 형태소 인식 능력으로 인해 찬혁이는 import와 export, pronouncement와 pronunciation 사이의 관계를 더 잘 이해할 수 있고 entail과 tailor는 서로 아무 관계 없는 단어라는 것도 알게 됩니다. **형태소 인식 능력은 단어 인식률을 가속화하여 효율적으로 읽을 수 있도록 하는 데 크게 기여**합니다.

마법 같은 형태소의 힘은 어휘에서 그치지 않습니다. 형태소 활용 기술을 갖춘 독자는 다형태소어의 **음운적 자질**(*phonological property*) 단어 내에 있는 각각의 소리들의 속성**도 더 잘 이해**합니다. 찬혁이가 원자 이론에 대해 배울 때, 형태소 인식 능력을 활용하여 atom은 첫 음절에 강세가 있지만 atomic이라는 단어는 둘째 음절을 더 강하게 읽어야 한다는 것도 압니다.

마지막으로 형태소 활용 능력을 통해 청자와 독자는 문장의 통사적 구조(*syntax*) 문법적 표지와 단어가 조합하여 의미 있는 문장을 만들어내는 방법을 특기하는 규칙 일체와 언어 구조. 명사, 부사 등의 품사를 말하기도 한다.를 이해하고 분명히 확신할 수 있습니다. 예를 들어, 찬혁이가 "신발이 흙투성이였다(*The shoes were muddy*)."라는 문장에서 "흙투성이(*muddy*)"라는 형용사가 신발을 묘사한다는 것을 이해합니다. 문장 속에서 단어의 위치뿐 아니라 접미사 −y를 보고 형용사임을 알게 된 것이죠. 또한 문장이 완료되었다는 것도 미리 짐작할 수 있죠. 이로 인해 더 효율적인 읽기가 가능해지는 것입니다.

효율적인 독서란 빠르게 읽는 것이며 읽을 수 있는 분량이 늘어난다는 뜻입니다. 빠르게 많은 분량을 읽을 수 있으면 독서 기술뿐 아니라 바탕 지식이 풍부해지고, 그렇게 되면 즐기며 읽는 단계에 접어듭니다. 즐기는 독자는 더 읽고 싶어할 것이고 이러한 선순환이 끊임없이 발전적으로 반복됩니다. 그 결과의 차이가 얼마나 어마어마할지 생각해 보십시오.

읽기 능력의 발달에 도착점이란 없습니다. 연습하는 내도 평생 동안 발전합니다.

4. 심화된 통사적 지식

형태소 인식 능력(*morphological awareness*) 단어의 뜻을 바꾸는 하위 단어, 글자 및 글자 조합을 이해하고 올바로 사용할 줄 아는 능력 이 있는 독자는 통사적 구조를 더 잘 해석할 수 있지만, 통사적 지식 자체도 제 역할이 있습니다. 앞에서 배웠듯, **통사**(*syntax*)란 단어의 품사(명사나 부사 등), 어순이나 문법적 접미사로 표현되는 문법성, 단어를 조합하여 문장으로 만드는 제 규칙을 말합니다.

독자의 독해력은 다방면에서 통사적 지식의 영향을 받습니다. 어순, 단어 간 근접성, 안긴 절, 수동태, 부정형에 대해서는 앞에서 살펴본 바 있습니다.

다음 통사적 구조 일람표를 살펴보기 바랍니다. 점차 복잡해지는 순서로 나열되어 있습니다.

통사적 구조일람표

이 표에는 학생들의 음성 언어 발달과 거의 동시에 숙달되는 통사적 요소가 수준별로 나와 있습니다.

수준	통사적 구조	용례
1수준: 단순 절, 전치사 구, 부정형, 접속사	상태나 조건을 표현하는 형용사가 포함된 주어–동사 문장	The man is tall.
	논리적으로 순서를 바꿀 수 있는 명사 두 개가 있는 능동태의 주어–동사–목적어 문장 (예를 들어, "puppy follows kitten"은 "kitten follows puppy"라고 써도 무방하다)	The boy follows the girl.
	단순 부정형	The milk is not good.
	전치사 구가 포함된 주어–동사 문장	The present is from Aunt Sophie.
	접속사	The dog and the cat are soft.
2수준: 단순 관계대명사 절 (주절의 주어를 수식하는 관계대명사절이 포함된 문장)	관계대명사와 동사를 생략하고 분사만으로 선행사를 수식하는 주어–동사 문장	The bird (that is) flying is far away.
	부정어가 포함된 관계대명사 절이 있는 문장	The girl who is not eating is ill.
	부정사 구가 쓰인 문장	The children are ready to go.
3수준: 주어–동사–목적어를 문법적으로 구별하기 어려운 변형과 종속절이 포함된 문장	수동태로 된 주어–동사–목적어 문장	The book is read by the babysitter.
4수준: 목적어를 수식하는 관계대명사 절	논리적으로 순서를 바꿀 수 있는 명사 두 개가 있는 문장	The dog that sleeps next to the cat is spotted.
	관계대명사와 동사를 생략하고 분사만으로 선행사를 수식하는 문장	The girl reading the book is happy.
	절 속에 절을 안은 문장, 생략이 있기도 함	The dog chases a squirrel that is chattering.

5수준: 주절의 목적어를 수식하는 관계절이 있는 주어–동사–목적어 문장	주어–동사 관계대명사 절 및 논리적으로 순서를 바꿀 수 있는 명사 두 개가 있는 문장	The dog chases a squirrel that is chattering.
	주어–동사–목적어 관계대명사 절이 있는 문장	The squirrel ran from the dog that wore a red collar.
6수준: 분열문(cleft sentence) 및 주어가 부정사 구인 절	주절의 주어와 목적어 순서를 논리적으로 바꿀 수 있는 문장	It's the cat that the woman is calling.
	주어로 부정사 구가 쓰인 절이 있는 문장	To play outside is what the dog really wants to do.

Scientific Learning사 제공

보통 찬혁이와 다른 학생들은 듣기를 할 때, 그리고 다음과 같은 경우에 통사적 지식을 활용합니다.

- 각 단어의 품사에 대한 가설을 확인할 때(만약 bark가 명사라면 그 문장에는 동사가 있을 거야. 만약 bark가 동사라면 문장 속에 다른 명사가 있을 거야.)

- 각 단어의 뜻에 대한 추측을 확인할 때(만약 bark가 개가 내는 소리를 뜻한다면 동사로 쓰였을 거야. 만약 bark가 나무의 겉껍질이라면 명사로 쓰였을 거야.)

- 모든 단어 간의 관계(즉, 문장의 뜻)에 대한 추측을 확인할 때 "(You can use sassafras bark to make a tasty drink"라는 문장이 있다면 bark는 나무 껍질일 거고 sassafras는 나무의 일종일 거야.)

- 문장의 구조적 요구 사항을 파악하고 모든 요구 사항들이 제대로 충족되었는지 결정할 때. 예를 들어, 직접 목적어를 취하는 동사는 뒤에 목적어가 나올 것을 미리 짐작할 수 있게 한다. 만약 모든 문장이 제대로 마무리된 것이 명백하면 곧바로 다음 문장을 읽기 시작할 것이지만 어딘가 빈 곳이 있다고 생각되면 문장을 다시 읽어야 한다고 여길 것이다.

단어가 출현하는 빈도가 자동적 단어 인식능력 발달에 도움이 되는 것과 마찬가지로 **통사론적 지식도 말과 글에서 관련 통사적 구조를 얼마나 자주 만나는지와 강력한 상관관계를 갖습니다.** 다양한 구조를 연습하면 관련 구조를 더욱 효율적으로 읽어낼 수 있습니다.

5. 심화된 작업 기억

물론 찬혁이도 다른 모든 독자들처럼 읽은 것을 기억해야 합니다. 구체적으로 말해 찬혁이는 문장들을 읽어나가면서 작업 기억(working memory)에 의존하여 단어의 정의, 연상 정보, 통사적 구조, 유추 내용을 마음 속에 담고 있어야 하는 것이죠. 앞서 배웠듯, 작업 기억이란 지속 시간이 짧고 용량이 한정된 기억 시스템으로서 작업을 완수하기 위해 정보를 동시에 저장하고 조작할 수 있게 해줍니다.

찬혁이는 한 문장을 읽으면서 그 속에 있는 각 단어에 관해 가능한 한 모든 정보를 처리해서 그 결과를 작업 기억에 저장합니다. 문장을 끝까지 다 읽은 뒤에야 찬혁이는 작업 기억에 저장된 모든 정보를 꺼내서 퍼즐 조각처럼 맞춰 문장의 통사적 구조를 완벽히 이해하게 되죠. 그 과정에서 읽은 문장에 대한 **요지**(gist)를 만들어 냅니다. 요지란 문장 속에 표현된 핵심 아이디어를 마음 속에 표상한 것이며, 이것이 형성되면서 **별개의 단어나 통사적 구조의 정확한 세부 정보는 30초 이내에 작업 기억에서 사라지게 됩니다.**

찬혁이는 다른 문장에서 얻은 요지들을 계속 마음 속에 더해 가면서 문단에 대한 요지를 만들고, 글 전체에 대한 요지까지 만들어냅니다. **약 15분 뒤에는 또 다른 수준에서 세부적 정보가 작업 기억에서 사라지며,** 이 시점이 되면 글 전체의 요지, 읽으면서 생각한 추론, 글 이곳저곳에서 나온 인상적인 문구나 중요 사항만 기억합니다.

? DID YOU KNOW
소리 내지 않고 글을 읽더라도 후두(larynx) 목소리를 만들어내는 인체의 발성 기관. 소리통(voicebox)이라고도 한다. 근육에서 전기 신호가 발생합니다. 이 이상한 현상은 두뇌의 브로카 영역(Broca's area)이 단어를 작업 기억에 저장하기 위해 해당 단어의 소리를 생성하고 있고 이 소리가 말과 밀접하게 연결되어 있다는 사실을 시사합니다. 하지만 정작 소리는 내지 않으며 읽고 있기 때문에 두뇌의 운동 피질(motor cortex)은 입, 입술, 혀, 폐가 실제로 소리를 내기 위해 움직이라는 명령을 내리지 않습니다.

특히 대명사는 독자의 작업 기억을 요구합니다. 독자의 작업 기억 용량에 따라 특정 개념과 그것을 지칭하는 대명사 사이의 거리가 얼마나 떨어질 수 있는지가 결정되기 때문입니다.

6. 글의 이해

찬혁이는 글을 읽으면서 각 단어를 인식하는 동시에 그 단어에 대해 알고 있는 가능한 한 모든 관련 의미와 연상 정보를 수집합니다. 각각의 의미와 연상 정보의 강도는 얼마나 자주 떠올리는지, 그리고 문장 및 전체 글의 맥락에 적절한지 여부에 달려 있습니다.

찬혁이는 또한 **통사적 정보**(syntax)를 토대로 단어의 품사 및 문장 구조 내에서의 위치를 순식간에 예측합니다. 방금 읽은 것이 동사라면 주어가 분명 있을 테고 목적어 등이 올 수 있음을 예상할 것이며, 명사라면 이게 주어이고 다음 내용어(content word)는 목적어일 것이라고 확신하는 식입니다. 예를 들어, "Robin Hood gave her a bow."라는 문장에서 gave라는 동사를 보면 무엇이 직접 목적어(a bow)이고 간접 목적어(her)인지 읽을 준비를 갖추게 됩니다. 만일 이중 어느 하나라도 누락되면 즉각 알아차릴 것입니다. 또한 동사 앞에 나온 Robin Hood가 주어로서 주는 행위를 하는 주체라는 것도 이해할 것입니다.

이에 더해 찬혁이는 단어, 문단 및 전체 글에 대한 **추론**(inference)을 합니다. 예를 들어, "Robin Hood gave her a bow."속의 her처럼 이전 단어를 지칭하는 단어를 만나면 이것이 앞 문장에 나온 the girl을 가리킨다는 사실을 추론해야 합니다. 찬혁이는 the girl에 대해 알고 있는 정보(소녀가 궁사가 되고 싶어한다 등)와 her를 연결하고 그 문장 속의 정보에 더해야 합니다. 만약 다음 문장이 "Robin Hood gave her brother one, too."라면 작업 기억 속에 저장된 정보를 뒤져서 one이 가리키는 것이 바로 a bow임을 추론해야 하죠.

전체 이야기의 논리적 일관성을 확보하기 위해서 **인과관계**(cause and effect)에 대한 추론도 할 필요가 있습니다. 로빈 후드가 왜 그런 행위를 했는지에 대한 원인을 앞서 읽은 기억을 기초로 조사한 결과, 그 소녀와 남동생이 셔우드 숲의 의적단에 가입하기를 원했고 활쏘기 훈련을 요청했던 것을 찬혁이는 기억해냅니다. 로빈 후드가 그 소녀의 요청에 응하고 있는 것임을 이해하죠.

다음 문장에는 로빈 후드가 활쏘기 자세를 설명하는 내용이 나오니 찬혁이의 추론이 적절하다는 것이 밝혀집니다. 로빈 후드는 소녀와 남동생에게 진짜 활을 주었고 이제 그들은 활쏘기를 배울 것입니다. 이런 식으로 단어들의 의미에 대해 추측한 것이 맞는지, 얼마나 정확하게 문장의 의도를 추측했는지 검증하는 데 **문맥**(context)의 도움을 받습니다.

아래 그림에는 독자가 문장을 이해하기 위해 거치는 과정이 나와 있습니다.

Robin Hood
독자는 Robin Hood가 이 문장의 주어임을 알아보고 전체 스토리의 주인공임을 기억하며 로빈 후드와 관련된 연상 정보들을 떠올린다.(부자를 약탈하여 가난한 이들을 돕는 사람, 셔우드 숲, 노팅엄의 수호자……)

gave
독자는 gave가 문장의 동사임을 알아보고 누구에게 무엇을 주었는지에 대한 문장 요소가 이어질 것임을 안다.

her
독자는 her가 대명사로서 어떤 물건이 주어지는 대상임을 알아보며 작업 기억을 뒤져서 her가 누구를 가리키는지 찾는다.
독자는 her가 바로 앞에서 언급된 the girl일 것이라고 추론하고 그 소녀에 관한 연상 정보를 떠올린다(로빈 후드의 의적단에 들어오고 싶어하고 활 쏘는 법을 배우고자 하고……).

bow

독자는 bow가 명사로서 무엇이 주어졌는지에
대한 것임을 알아본다(이제 이 문장이 완성되었다고
생각한다). 그리고 이 이야기의 문맥적 정보를 고려하여
bow가 허리를 굽혀 인사하는 행위나 첼로를 연주할 때
쓰는 도구가 아니라 화살을 쏠 때 사용하는
기구를 지칭함을 알아낸다.

단어에 관한 모든 문맥적 정보를 기초로 두뇌는 상황과 무관한 단어의 뜻과 연상 정보는 무시하고 문맥적 상황에 가장 잘 들어맞는 뜻만 선택합니다. 로빈 후드가 소녀에게 화살을 쏘는 도구(*bow*)를 주었지, 머리를 숙여 인사(*bow*)하는 법이나 첼로를 연주하는 활(*bow*)을 준 것이 아님을 이해하게 되었습니다. 찬혁이는 이 정보를 이용해서 얻게 된 새로운 요지(*gist*)를 기존의 요지에 더하여 작업기억 속에 저장해 둡니다.

능숙하게 글을 읽을 수 있는 학습자는 어떤 단어의 의미가 읽고 있는 글의 문맥과 잘어울리는지 즉각 이해할 수 있지만, 초보적인 읽기 수준의 학습자는 읽거나 들을 때 무관한 의미가 떠오르는 것을 제대로 억제하지 못합니다. 초보 독자는 어떤 단어의 정확한 뜻에 집중하는 속도가 느리기 때문에 단어를 이해하는 데 더 많은 시간을 필요로 하고 작업 기억에 과부하를 주어 전체적인 문맥의 흐름을 파악하지 못할 수 있습니다.

문자 언어에는 대단히 복잡한 요소들이 서로 얽혀 있습니다. 이에 더해 독자는 활자에 담긴 비언어적 측면, 즉 구두법, 문단 표지, 표와 제목 같은 기능적 요소 등까지 배워야 합니다.

문맥을 이해하는 데 문화적 차이가 강력한 영향을 미칠 수 있습니다. 형형색색의 물고기가 담긴 수조가 층층이 쌓여있는 것이 어떤 독자에게는 동화처럼 멋진 수족관으로 보일 수도 있고 어떤 이에게는 횟집의 번잡한 풍경으로 비칠 수도 있죠. 결국 얼마나 읽었느냐에 달려있습니다. 『로빈 후드의 모험』을 읽지 않았거나 활쏘는 사람이 있는 그림을 본 적이 없는 학습자는 활과 화살에 대해 생동감 넘치는 상상을 못할 것입니다.

7. 책 읽는 두뇌

의미, 통사, 문맥에 대한 정보를 수집할 때 두뇌에서는 무슨 일이 벌어지고 있을까요?

각 단어를 나타내는 전기 신호가 두뇌의 후두엽을 지나 측두엽과 전두엽으로 흘러갈 때 측두 피질 및 전두 피질 각 부위는 문장 속의 단어 처리 작업에 돌입합니다. 앞서 배웠듯 베르니케 영역(*Wernicke's area*)이 들어있는 측두 피질(*temporal cortex*) 각 부위는 관련 의미와 연상 정보를 잡아냅니다. dogs의 −s나 barked의 −ed처럼 통사적 특징을 갖는 형태소를 처리할 때 찬혁이의 측두 피질 영역들 중 특히 **상측두회**(*superior temporal gyrus*)가 활동을 개시합니다. 어떤 단어가 명사인지 동사인지 파악할 때는 전두 및 측두 영역들이 활성화됩니다. 해당 문장에 관하여 추출된 모든 정보를 모아서 통사적 패턴을 구성하려면 **전두 피질**(*frontal cortex*)에 있는 **브로카 영역**(*Broca's area*)이 필요합니다.

찬혁이의 **개념 시스템**(*conceptual system*)은 자신이 갖고 있는 일반적 배경 지식을 제공하여 로빈 후드가 누구이며 활이란 어떤 물건인지를 이해할 수 있도록 돕습니다. 이미 배웠듯 개념 시스템은 **대뇌 피질**(*cerebral cortex*) 각처에 분포합니다.

필요한 추론 작업을 하고 문맥을 활용하여 단어와 문장을 이해하고 글 속에 있는 주요 아이디어에 대한 정신적 표상을 만들기 위해서는 **작업 기억**(*working memory*)에 기대야 합니다. **전두엽에 있는 브로카 영역**은 문장 속의 각 단어들을 **음운 기호**(*phonological code*) 형태로 작업 기억에 저장시킵니다. 브로카 영역은 단어의 발화를 담당하며 문자로 된 단어와 해당 발음을 연결하고 작업 기억 속에 그 발음을 저장하도록 하여 전체에 대한 **요지**(*gist*)를 생성할 수 있을 때까지 문장 내 단어들이 기억 속에 간직되도록 합니다. 이렇게 문장에 대한 요지가 일정 기간 살아있어야 문단 수준, 혹은 그 이상 분량의 요지를 형성할 수 있죠.

아래 그림에 독자가 문장을 이해해 나가는 동안 활성화되는 두뇌 각 부위가 나와 있습니다.

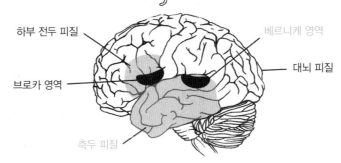

단어 별 두뇌 활성화
단어가 명사인지 동사인지 파악하는 동안 전두 피질 및 측두 피질이 활성화되며 어휘적 연상 작용도 유사한 두뇌 영역을 활성화시킨다.
문맥을 회상하려면 브로카 영역을 비롯한 광범위한 대뇌 피질 부위가 활성화되어야 한다
통사 및 음운적 작업 기억은 브로카 영역의 활성화를 요구한다.

Robin Hood
명사와 관련된 어휘적 연상 정보가 베르니케 영역을 비롯한 측두 피질을 활성화시킨다.

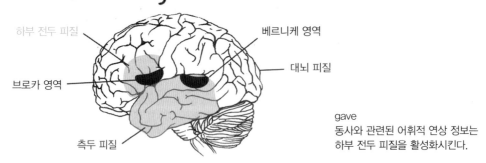

gave
동사와 관련된 어휘적 연상 정보는
하부 전두 피질을 활성화시킨다.

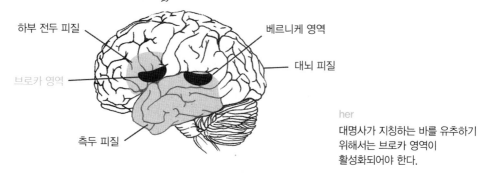

Robin Hood gave **her** a bow.

하부 전두 피질

브로카 영역

측두 피질

베르니케 영역

대뇌 피질

her
대명사가 지칭하는 바를 유추하기
위해서는 브로카 영역이
활성화되어야 한다.

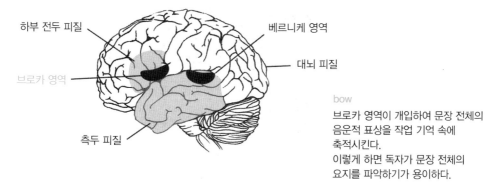

Robin Hood gave her **a bow.**

하부 전두 피질

브로카 영역

측두 피질

베르니케 영역

대뇌 피질

bow
브로카 영역이 개입하여 문장 전체의
음운적 표상을 작업 기억 속에
축적시킨다.
이렇게 하면 독자가 문장 전체의
요지를 파악하기가 용이하다.

단어상자 부위와 문자 인식 자동화

많은 글을 읽으면 읽을수록 읽는 속도가 빨라진다고 하지요. 과연 두뇌 과학적으로 맞
는 것일까요? 답은 '그렇다'입니다. 읽기 활동을 하면 할수록 두뇌 속에는 새로운 '영어 고
속도로'가 뚫립니다.

지금까지 논의한 바에 따르면 우리의 두뇌가 그 역량을 발휘하기 위해 뉴런에서 발생하는 변화의 종류를 대략 세 가지로 나눌 수 있습니다. 첫째는 수많은 길 중 특정 경로는 남고 다른 경로는 서서히 사라지는 시냅스 증식과 시냅스 제거 과정입니다. 둘째는 미엘린화와 관련된 것으로서 본래 존재하던 길이 더 넓게 열리는 현상입니다. 오랜 기간 악기 연주나 스포츠 훈련을 하면 두뇌 속 회로의 효율이 최대 3,000배까지 향상된다고 했었죠. 셋째는 새로운 길을 개척하는 것입니다. 현재까지 과학적 연구를 통해 밝혀진 바에 따르면 새로운 시냅스 전달 효율이 올라가는 것은 단지 몇 분 정도의 시간 경과에도 가능[13]하며 수 일에서 수 주일 정도 만에 새로운 연결이 구축되기도 합니다.

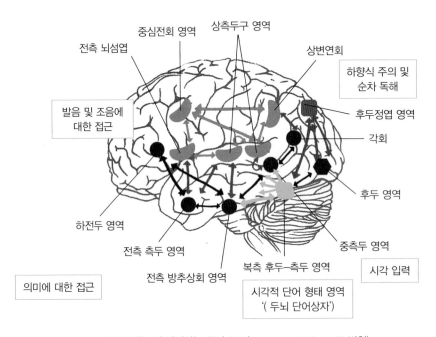

문자를 읽는 데 관여하는 두뇌 구조(Dehaene, 2009, p. 63 변형)

---

13 Bear et al. (2007). pp. 783-784 매 15분마다 시냅스 부위의 AMPA 수용체 총개수 중 절반이 교체됨

그림에서 대뇌의 우측 하단 영역(복측 후두–측두 영역, *ventral occipito-temporal region*)을 공식적으로는 시각적 단어 형태 영역(*visual word form area*)이라고 부르고 있습니다. 위치는 대뇌 좌반구의 후두엽과 측두엽 가장자리가 닿아있는 부위로서 단어 등 글자 연속의 형태를 시각적으로 분석하여 발음과 의미를 연결하는 영역으로 정보를 전송하는 데 있어서 필수적인 일을 담당합니다. '단어상자'라고도 부를 수 있는 이 영역은 특이하게도 문자에 대해서만 반응하지 소리 언어 처리에는 전혀 관여하지 않는 특별한 부위입니다. 여기를 보통 좌뇌의 읽기 관련 '복측 경로(*ventral pathway*)' 또는 '하부 경로(*inferior pathway*)'라고 표현합니다.

글을 잘 읽지 못하는 아이는 이 부위의 활성화가 제대로 되지 않습니다. 하지만 꾸준히 읽기 행위를 지속하는 학습자의 경우, 대뇌 좌반구 아랫부분에 새로운 길이 '열리는' 물리적 변화가 발생하게 되며, 시각 영역과 언어 영역 사이에 효율적인 연결 경로가 개발되어 단어를 인식하는 속도가 사람의 얼굴을 인식하는 정도에 버금갈 만큼 비약적으로 빨라집니다. 그저 더듬더듬 암호를 해독하는 정도로 시작하더라도 꾸준한 읽기 훈련을 통해 지속적으로 활자에 노출되면 거의 자동적으로 글자의 연속을 두뇌 속에 입력할 수 있게 되고 이러한 속력이 확보되어야만 읽은 내용에 관해 다양한 인지적 처리를 수행할 수 있는 소중한 시간적 여유를 누릴 수 있습니다. 즉, 글을 읽으면서도 여러 가지 생각을 넉넉히 할 수 있게 되는 것입니다. 이 단계에 이르면 읽는 즐거움을 자유로이 만끽할 수 있게 됩니다.

유창하고 능숙하게 글을 읽게 된 두뇌는 어떤 선물을 받게 될까요? 다음 글을 읽어 봅시다.

유창한 읽기 능력을 갖춘 두뇌가 받는 선물

아이는 속도가 느린 경로(배측 경로)를 통해 단어 안에 들어 있는 음소를 조합하고 단어에 연계되어 있는 다양한 표상을 전부 '검색'하느라 시간을 소비한다. 어린 독서가가 해독하는 데 매우 많은 시간이 소요되는 이유이다.

유창하게 이해하는 뇌는 그렇게 많은 노력이 필요하지 않다. 특화된 부위들이 중요한 시각 정보, 음운론적 정보, 의미론적 정보를 표상하고 그 정보를 눈깜짝할 사이에 인출하는 방법을 이미 터득하고 있기 때문이다. 켄 퓨(Ken Pugh), 레베카 샌닥(Rebecca Sandak), 예일 대학과 해스킨스 연구소, 조지타운 대학의 신경과학자들에 따르면 아이들의 독서가 유창해지면 보통 양쪽 뇌를 활성화시키는 체계가 아니라 보다 효율적인 좌뇌 시스템(복측 경로 또는 하측 경로)을 사용한다고 한다.

이 유창한 독서의 경로는 아이들이 사용하는 것보다 더 집중적이고 효율적인 시각 부위 및 후두-측 두 부위에서 시작해 나중에는 하위 및 중간 측두 부위와 전두 부위까지 개입시킨다. 단어를 잘 알면 노동집약적인 방법으로 분석할 필요가 없어진다. 우리 안에 저장되어 있는 문자 패턴과 단어 표상이 속도가 더 빠른 시스템을 특히 좌뇌에서 활성화시키기 때문이다.

그런데 역설적인 사실이 하나 있다. 기초적인 해독 프로세스를 위해 특화된 좌뇌 활성화로 발달상 전이가 이루어지고 난 뒤 좌뇌와 우뇌 모두에서 의미와 이해 프로세스를 위한 활성화가 예전보다 많이 일어난다는 사실이다. 독서와 발달이 변화했음을 나타낸다. 이제는 단순한 정보 해독자가 아니라는 뜻이다.

바야흐로 독서하는 뇌가 고도 진화한 대가로 받는 가장 중요한 선물이 유창한 독서가의 뇌에 주어질 시기가 도래한 것이다. 그 선물은 바로 시간이다. 해독 프로세스가 거의 자동화됨에 따라 유창하게 독서하는 아이의 뇌는 1밀리세컨드의 시간 여유가 생길 때마다 점점 더 많은 은유, 추론, 유추와 감정과 경험적 배경 지식의 통합 방법을 배운다. 독서 발달 과정상 최초로 다른 방식으로 생각하고 감정을 느낄 수 있을 만큼 뇌가 빠르게 회전하기 시작하는 것이다. 시간이라는 선물은 '끝없이 기상천외한 사고'를 할 수 있는 능력의 생리적 기반이 된다. 독서 행위에서 이보다 더 중요한 것은 없다.[14]

---

14 Wolf(2009), 199-200쪽

동사는 명사에 비해 전두 피질 아랫부분을 활성화시킵니다. 동사 관련 정보가 운동 피질 (motor cortex) 근처에 저장되는 것은 매우 합리적인 선택이죠. 반면, 명사는 그 특성별로 측두 피질 전반을 활성화시킵니다.

읽기 능력이 뛰어난 독자는 약 300밀리초(0.3초) 이내에 단어의 의미와 통사 정보를 회상할 수 있습니다. 단어를 읽기 시작한 지 300에서 600밀리초(단 0.5초 정도)가 지나면 정보가 통합 됩니다. 읽기를 하면 할수록 새로운 정보를 담고 있는 더 넓은 문장 범위를 볼 수 있게 되어 문 장의 요지를 구성하는 데 있어 더 많은 여유를 누리게 됩니다.

8. 마무리 및 핵심 용어 정리

본 강의에서 독해 과정이 전개되면서 관여하는 다양한 두뇌 부위에 대해 배웠습니다. 이에 더해 다음 항목들도 학습했습니다.

- 긴 문장에서 독자가 만나는 도전
- 문자 텍스트 속에 담긴 여러 측면을 학습자가 해독(decipher)하는 방법
- 형태소 인식, 통사적 기술, 작업 기억 용량이 유창한 읽기에 기여하는 방법

핵심 용어와 개념들

- **각회**(angular gyrus): 상변연회(supramarginal gyrus) 바로 뒤, 두정엽(parietal lobe)에 위치한 부 위로 글자의 모양, 단어 인식, 의미, 소리에 대한 정보가 모두 모여드는 곳이다.
- **개념 시스템**(conceptual system): 대뇌 피질 전반에 퍼져있으며 단어나 개념을 이해하기 위해 모든 인지적 역량을 동원하는 시스템이다.
- **굴절형태소**(inflectional morpheme): 수, 시제, 인칭, 격을 가리키는 의존형태소로서 단어 의 품사를 바꾸지는 않는다.
- **내용어**(content word): 명사, 동사, 형용사, 부사
- **다형태소**(multimorphemic) **단어**: 뜻을 바꾸는 세 개 이상의 글자 조합으로 된 단어(예, incomparable, hopelessness)

- **두정 피질**(*parietal cortex*): 두뇌의 상부 및 중앙부를 차지하고 있는 부위로서 읽기 활동에서 중대한 역할을 담당하는 상변연회(*supramarginal gyrus*)와 각회(*angular gyrus*)를 포함한다.

- **베르니케 영역**(*Wernicke's area*): 측두엽에 위치한 부위로서 단어와 그 의미가 연합되는 곳이다.

- **브로카 영역**(*Broca's area*): 전두엽 후방에 위치하고 있으며 단어의 발화, 단어의 소리, 통사적 이해, 작업 기억 생성에 관여한다.

- **상측두회**(*superior temporal gyrus*): 측두 피질에 위치하며, dogs의 −s, barked의 −ed처럼 통사적 자질을 나타내는 형태소 처리에 관여한다.

- **어근**(*root word*): 단어로서 홀로 쓰이거나 형태소를 붙여 수, 품사, 그리고/또는 의미를 바꿀 수 있는 기본 단어

- **요지**(*gist*): 주요 요점

- **음소 인식 능력**(*phonemic awareness*): 모든 단어가 음소(소리 단위)의 연속으로 구성되어 있음을 이해하는 것

- **음운 기호**(*phonological code*): 시각 언어(즉, 문자)를 작업 기억 속에 기호화(*encryption*)하고 복호화(*decryption*)하기 위해 소리를 사용하는 규약

- **음운 디코딩 경로**(*phonological decoding route*): 단어의 소리가 활성화 될 때 택하는 두뇌 속 경로

- **음운적 자질**(*phonological property*): 단어 내에 있는 각각의 소리들의 속성

- **인과관계 추론**(*causal inference*): 사건의 원인에 대한 가설을 수립하는 것

- **자동적 단어 인식**(*automatic word recognition*): 단어를 즉각 인식하고 개념에 접근할 수 있는 능력

- **작업 기억**(*working memory*): 지속 시간이 짧고 용량이 한정된 기억 시스템으로서 작업을 완수하기 위해 정보를 동시에 저장하고 조작할 수 있도록 한다.

- **점화 효과**(*priming effect*): 어떤 단어를 더 자주 보면 볼수록 그 단어에 대해 민감해져서 볼 때마다 더 잘 인식하는 효과

- **중심와**(*fovea*): 망막 표면의 일부로서 시각 수용기(*receptor*)가 고밀도로 집적되어 있는

부위. 그 폭은 불과 0.2mm에 불과하다.

- **직접 회상 경로**(*direct retrieval route*): 단어가 해당 뜻에 자동적으로 접근하며 두뇌 속을 지나는 경로

- **측두 피질**(*temporal cortex*): 대뇌의 아래쪽 중간 부분에 위치한 측두엽의 피질로서 수많은 단어들의 의미와 연상(*association*) 정보를 저장한다.

- **통사적 요소**(*syntax*): 단어의 품사(명사인지 부사인지 등), 어순이나 문법적 접사에 의해 표현되는 말의 문법, 그리고 단어를 조합하여 문장을 만드는 규칙 일체

- **파생어**(*derived word*): 어근에 파생형태소를 붙여 만드는 단어

- **파생형태소**(*derivational morpheme*): 단어의 뜻과 품사를 바꾸는 접두사와 접미사

- **피질**(*cortex*): 대뇌의 표면

- **형태소 인식 능력**(*morphological awareness skills*): 단어의 뜻을 바꾸는 하위 단어, 글자 및 글자 조합을 이해하고 올바로 사용하는 능력

- **형태소**(*morpheme*): 단어의 뜻을 바꿀 수 있는 말의 최소 단위(예, 어근, 접두사, 접미사)

- **회**(또는 이랑, *gyrus*): 두뇌 피질 주름이 밭이랑처럼 볼록하게 솟아오른 부위(고랑(*sulcus*)의 반대임).

- **후두 피질**(*occipital cortex*): 대뇌 후방에 위치하고 있으며 글자를 인식하는 것과 같은 시각 관련 기능을 담당한다.

- **후두**(*larynx*): 목소리를 만들어내는 인체의 발성 기관. 소리통(*voicebox*)이라고도 한다.

각 질문에 대한 답을 선택지에서 한 개 고르세요.

1. 다음 중 −s, pre−, −ment같은 접두사와 접미사에 모두 해당하는 것은?

    (a) 어근

    (b) 기능적 형태소

    (c) 굴절 및 파생형태소

    (d) 답 없음

2. 다음 중 형태소 활용 능력을 갖춘 독자가 할 수 있는 것은?

    (a) 파생어 간 관계를 이해한다.

    (b) 다형태소어의 음운적 자질을 이해한다.

    (c) 문장의 통사적 구조 속에서 다형태소어의 위치를 이해한다.

    (d) 위 전부 다

3. 다음 중 요지(*gist*)의 정의로 적절한 것은?

    (a) 글 속에 표현된 아이디어의 정신적 표상

    (b) 글 속에 나온 단어에 관한 정확한 세부 정보

    (c) 단어 및 통사 관련 세부 정보를 제외한 문장의 주요 요점

    (d) (a)와 (c)

4. 다음 중 통사적 정보에 해당하는 것은?

    (a) 단어의 품사

    (b) 단어의 발음

    (c) 단어를 조합하여 문장으로 만드는 일련의 규칙

    (d) (a)와 (c)

5. 다음 중 단어와 문장을 이해하기 위해 문맥을 활용할 때 할 수 있는 것은?

(a) 추론

(b) 단어의 시각적 인식

(c) 단어상자 영역의 활성화

(d) 답 없음

6. 다음 중 브로카 영역이 문자 텍스트를 작업 기억 속에 보존하는 방법은?

(a) 추론 표상

(b) 음운 기호

(c) 점화 단서

(d) 음소 인식 능력

7. 작업 기억에서, 문장 내 단어에 대한 정확한 세부 정보는 보통 얼마 뒤에 사라지는가?

(a) 10초

(b) 30초

(c) 15분

(d) 30분

정답 : c, d, d, a, b, b

10. 나가며

수고하셨습니다.

읽기 난조와 교육

가르쳐도 스스로 노력해도 읽지 못하는 아이들.
읽기 난조 증세와 음소 인식 능력의 상관관계.
어떻게 읽기 난조를 조기에 발견할 수 있는가?
이 난해한 문제를 극복하기 위한 방법은?

1. 들어가며

지금까지 우리는 일반적인 독자의 읽기 시스템이 어떻게 돌아가는지 논의했습니다. 하지만 읽기에 곤란을 겪는 학생들은 어떨까요? 어떤 아이는 알 수 없는 원인으로 글을 간신히 떠듬떠듬 읽습니다. 그 아이들의 두뇌 속에는 읽기 능력을 발휘할 수 있도록 도와주는 회로라는 것이 도저히 자리잡을 수 없는 것 같이 보입니다. 최근의 뉴스 보도에 따르면 미국의 초등학교 4학년생 중 33퍼센트만이 능숙하게 읽을 수 있는 능력을 갖추고 있다고 합니다. **미국 국립읽기위원회**(*National Reading Panel*)는 초등학교 4학년 아이 중 30에서 40퍼센트는 제대로 읽는 능력을 발달시키지 못한다고 보고하였습니다.[15] 언어 능력 중 특히 문자 언어 능력은 서설로 익힐 수 있는 기술이 아니기에 의도적이고 명시적인 교육과 훈련

-----

15 McCardle. (2001).

이 요구됩니다. 이번 강의에서 읽기 난조 증상에 대해 배우고 가장 보편적인 읽기 난조 원인을 찾아보겠습니다.

특별한 이상 없이 읽기를 잘 배우다가 갑자기 곤란에 빠져들기 시작하는 학생들은 어떻게 된 것일까요? 초등학교 4학년 때나 중학교 때 혹은 그 이후에 갑자기 읽기 난조 증세를 보이는 학생을 본 적이 있을지 모르겠습니다. 어떻게 이러한 지체 현상이 벌어지는지에 대해서도 살펴볼 것입니다.

마지막으로, 본 강의는 지금까지 읽기와 두뇌에 대해 배운 것을 교실 현장에 어떻게 적용할 것인지도 다룰 것입니다.

WHAT YOU WILL LEARN 📖 이번 강의에서 배울 것들

- 읽기 발달이 늦은 학생에게 특히 어려움이 되는 읽기 학습 측면
- 읽기 난조 증상 및 학생이 읽기 난조에 빠져 있음을 보여주는 징후들
- 읽기 난조 전반에 관련된 요인들
- 읽기 난조와 관련된 두뇌 부위들

2. 읽기 난조

읽고 쓰는 능력을 갖추게 되면 인간의 정신 능력이 놀라운 인지적 도약을 이룰 수 있다는 것을 부인하는 사람은 별로 없습니다. 하지만 문자 활용 능력 때문에 손해 보는 경우는 없을까요? 구전 문화 속에서 살아가던 사람들 중 일부는 깜짝 놀랄 정도의 기억력을 자랑하는 편이었습니다. 문자를 쓸 줄 모르면 듣거나 본 정보를 오직 기억에 의존하여 회상할 수밖에 없습니다. 문자를 현대처럼 보편적으로 쓸 수 없었던 과거에는 수없이 많은 신화와 전설을 암기하며 후세에 들려주었던 음유시인들이 많았고 가공할 양의 정보를 기억 속에 담아 놓은 전설적인 웅변가들이 넘쳐났습니다.

찬혁이도 독서 이력의 초창기에는 말소리를 들으며 책의 내용을 암기했습니다. 문자를 읽을 수 없기 때문에 오직 들은 것과 눈으로 보는 그림을 근거로 수십 권의 책을 줄줄 외

웠죠. 그러나 문자 활용 능력을 체득하면 기억에 의존할 필요가 극히 줄어들 수 있습니다. 이제 책 내용이 궁금하면 책에 나와있는 단어들을 눈으로 읽으면 되기 때문입니다. 그래서 소크라테스는 그리스 어린이들이 문자를 배우는 것에 대해 매우 회의적이었다고 합니다. 문자에 의존하면 직접 자기 기억으로 정보를 암기하고 활용하는 능력이 줄어들게 될 것을 우려했고 문자를 통해 유입되는 엄청난 정보를 선별할 능력이 어린 아이들에게는 없다고 여겼기 때문입니다.[16]

하지만 구전으로만 언어적 자산을 보전하기 위해 개인의 기억 및 해당 전략에만 의존하면 생각의 폭과 기억과 창의성에 상당한 제약이 가해지게 됩니다.[17] 게다가 어떤 사람이 아무리 탁월한 식견과 지혜를 쌓고 있더라도 그 사람의 생명이 다하면 그가 간직한 모든 소중한 지적 자원도 함께 사라지고 맙니다. 독일의 그림 형제나 덴마크의 동화작가 한스 크리스티안 안데르센이 각처에서 구전되던 이야기들을 글로 모아놓지 않았더라면 백설공주, 신데렐라, 엄지 공주, 개구리 왕자, 오즈의 마법사는 우리 아이들의 마음속에서 살아 숨쉬지 못했을 수도 있습니다. 만일 플라톤이 글로 소크라테스의 행적과 언행을 상세히 기록하지 않았더라면 우리는 그의 존재와 철학에 대해 별로 들어본 바가 없을 것입니다. 예수의 행적을 제자들이 상세히 기록하지 않았다면 기독교가 세상을 사로잡았던 역사는 없었을 것입니다. 탁월한 필력을 가진 공자의 제자들이 논어를 통해 그의 언행을 후세에 물려주지 않았더라면 동양의 발전은 그 궤를 달리했을지 모릅니다.

문자는 시간과 공간의 제약을 뛰어넘어 개인이 습득한 지적 유산을 함께 공유하고 집단 지성을 구축할 수 있도록 해준 일등 공신입니다. 글을 읽고 쓸 수 없다는 것은 이 모든 기회로부터 단절된다는 뜻입니다. 문자는 과도한 기억 부담을 극적으로 줄였고 인지 자원을 해방시켜 창의적 문명을 이룩할 수 있는 정신적 여유를 베풀었습니다. 말소리로 된 생각을 추상적인 문자로 표현하면서 서로 순환적으로 상승작용을 불러일으켜 사고에 큰 변화가 일어나게 됩니다.[18] 생각을 글로 옮기는 과정을 거치면서 생각이 보다 섬세하게 다듬어지고 새로운 사고방식으로 유도될 수 있다고 레프 비고츠키는 지적하였습니다. 더불

---

16 McCardle. (2001).
17 Wolf(2009). 87쪽
18 Wolf(2009). 98쪽

어 문맹인 두뇌는 읽고 쓸 수 있는 두뇌와 구조적으로 다르다는 연구 결과도 많습니다. 문자가 공헌한 바는 그 어려움보다 훨씬 많다고 할 수 있습니다.

하지만 글자와 단어를 읽는 능력은 본래 자연 속에 들어있는 사물과 상징을 알아 보던 두뇌 부분의 신경 회로를 오랜 훈련을 통해 의도적으로 읽기용으로 전환해야만 얻을 수 있는 기술입니다. 독서는 유전적으로 타고난 능력이 아니기 때문에 토머스 에디슨, 앨버트 아인슈타인, 레오나르도 다 빈치를 비롯해 피카소, 앤디 워홀, 조니 뎁, 존 어빙(John Irving) 등 우리가 잘 알고 있는 유명 인사들 조차도 난독증에 시달렸습니다.

지금부터, 읽기 과정이 두뇌 시스템에서 잘 돌아가지 않는 경우에 대해 알아봅시다. **읽기에 문제가 있는 경우는 음소 인식 능력**(phonemic awareness) 부족이 원인일 때가 많습니다. 특히 형태음소적 문자 시스템인 영어의 경우가 더욱 그렇죠. 지금까지 음소 인식 능력에 대해 많이 언급한 바 있습니다. 음소 인식 능력이란 모든 단어가 소리 단위인 음소(phoneme)의 연속으로 이루어진다는 것을 이해하는 것입니다. 글자마다 다른 음소를 나타내므로 음소 자체를 이해하는 것이야말로 **글자가 어떻게 소리에 대응하는지를 이해하기 위한 열쇠**입니다.

읽기에서 발생하는 대다수 문제의 원인이 음소 인식 능력 문제로 귀결될 수 있다는 것이 터무니없이 단순하게 보일지도 모릅니다. 하지만 이미 우리가 학습한 명백한 증거를 되짚어 보십시오. 찬혁이나 지완이 같은 아이들은 영어의 대략 50퍼센트를 차지하는 규칙적 형태의 단어들을 읽는 법을 음운 디코딩 경로(phonological decoding route)단어의 소리가 활성화 될 때 택하는 두뇌 속 경로를 통해 배웁니다.

제 1강에서 만났던 윤아 같은 아이는 /b/와 /d/를 구별하는 데 어려움을 겪었었죠. 윤아는 나중에 글자—소리 대응(letter-sound correspondence) 각 글자가 소리 단위(음소)를 나타내는 법칙 관계를 제대로 배우기 어려울 것이고 단어를 인식하기 위해 계속 음운 디코딩 경로(phonological decoding route)만을 사용하게 될 것 입니다. 글자의 이름을 명명(naming)하는 능력이 별것 아닌 것처럼 생각될 수도 있으나 시각적으로 추상화된 문자 상징의 이름을 아느냐 모르느냐는 그 아이가 책을 읽을 수 있는지를 미리 짐작해볼 수 있는 아주 중요한 단서가 됩니다. 터프츠

대학교의 매리언 울프 교수 연구진은 수년간 진행한 연구를 통해 아이가 어릴 적에 주변 사물의 이름을 말하는 능력과 그 이후 문자 상징의 이름을 말하는 능력이 발달 과정에서 읽기 회로가 얼마나 효과적으로 발달할 것인지를 예고해주는 기초적인 지표가 된다는 사실을 밝혔습니다.[19]

찬혁이나 지완이 같은 독자는 음운 기호(*phonological code*) 시각 언어(즉, 문자)를 작업 기억 속에 기호화(encryption)하고 복호화(decryption)하기 위해 소리를 사용하는 규약 를 활용하여 작업 기억(*working memory*) 속에 단어를 저장합니다. 이렇게 하면 문장의 통사적 구조(*syntax*) 문법적 표지와 단어가 조합하여 의미 있는 문장을 만들어내는 방법을 특기하는 규칙 일체와 언어 구조 를 이해하고 읽은 내용에 대한 요지를 기억하며 글 전체를 일목요연하게 파악하는 데 용이합니다. 윤아의 경우에는 단어를 음소로 표상하는 것이 쉽지 않아서 작업 기억 속에 단어를 저장하는 것도 어렵게 되지요. 결국, 윤아는 문장 수준은 물론 더 긴 글을 이해할 수 없는 상태로 빠져들고 맙니다.

미국 국립연구회의(*National Research Council*)의 아동읽기난조예방위원회(*Committee on the Prevention of Reading Difficulties in Young Children*)는 이렇게 말합니다.

"초기 연구에 따르면 **아이의 읽는 능력과 단어를 음소로 분절하는 능력 사이에는 강력한 연관 관계가 있다.** 수십 편의 후속 연구를 통해 초등학교 저학년 수준뿐만 아니라 학교 교육 기간 전반에 걸쳐 음소 인식 능력과 읽기 능력 사이에 긴밀한 관계가 있음이 확증되었다."

앞서 언급했듯, 음운 인식 능력(*phonological awareness*) 단어, 음절, 음소를 비롯한 모든 크기의 소리 단위를 인식하고 사용할 수 있는 능력, 음운 처리 능력, 특히 음소 인식 능력은 말을 배우기 위해 필수적인 기술 에 난조를 보이는 초등학교 1학년 학생은 다른 급우들에 비해 읽기 능력 발달이 대단히 느리다는 점이 연구를 통해 밝혀졌습니다. 음소 인식 능력에 어려움을 겪는 초등학교 1학년생의 20퍼센트는 초등학교 5학년이 되었을 때, 일견 단어를 자동적으로 인식하는 능력(*sight-word reading ability*)에 있어서는 2년, 음성학적 읽기 기술(*phonetic reading skill*)에 있어서는 3년, 독해력에 있어서도 3년이 또래에 비해 뒤처지게 됩니다.

....

19 Wolf(2009), 135쪽

난독증(dyslexia)이라고 진단을 받은 학생이나 "읽기 부진아(poor reader)"로 낙인 찍힌 아이들을 만난 적이 있을지 모릅니다. 난독증이 있는 학생들은 언어 및 읽기와 관련된 분야에서만 어려움을 겪는 편이지만, 이른바 읽기 부진아들은 다른 영역에서도 문제를 안고 사는 경우가 많습니다. 그래도 두 유형의 학생들 모두 읽기 난조에 있어서는 대개 비슷한 문제를 가지고 있습니다.

3. 읽기 난조 초기증상

음성 인식 능력에 곤란을 겪는 학생들을 교실에서 어떻게 알 수 있을까요?

윤아처럼 읽는 것을 어려워하는 학생은 음성 인식 능력에 문제가 있을 가능성이 매우 높고 그 결과 읽는 소리를 잘 듣지 못하며 이로 인해 **글자의 이름**(letter name)을 잘 배우지 못하고 단어를 읽지 못합니다. 나이가 들면서 직접 회상 경로에 주로 의존하여 부족한 면을 보상하는 법을 배울지 모르지만 이젠 접두사나 접미사와 같은 **형태소 활용 능력**(morphology)에 문제가 생깁니다. 초등학교 4학년 이후에는 주로 어근에 접두사나 접미사를 붙여서 새로운 단어를 배우게 되므로 **어휘력**(vocabulary)에 계속 문제가 발생합니다. 또한 단어의 의미를 찾아내기 위해 전적으로 **문맥**(context)에 의존하기 때문에 문맥을 잘 못 판단하여 오류를 범할 수 있습니다. 이런 아이는 사물의 이름을 엉뚱하게 댈 수도 있는데, 실수로 잘못 말하는 단어가 음운적으로 올바른 대답과 비슷하게 들리는 경우도 많습니다. 화산을 "하산"으로 발음하는 것처럼요. 간신히 단어를 인식하는 법을 배우고 음운적 난조에 대한 보상 전략을 겨우 취하더라도 찬혁이 같은 독자에 비해 훨씬 오랜 시간을 들여야 글을 읽을 수 있습니다.

단어에만 문제가 생기는 게 아닙니다. 방금 읽은 단어를 기억하고 연속된 단어를 회상하는 것 같이 작업 기억을 요하는 과제를 해내는 데도 어려움을 겪을 확률이 높습니다. 실제 그렇지 않은데도 읽는 문장들이 마치 단순한 구조에 능동형만 사용된 것처럼 해석할 수도 있습니다. 읽은 것을 이해하기 위한 작업 기억에 문제가 있기 때문입니다. 예를 들어, "The child spilled the juice that stained the rug."라는 문장을 읽으면서 "The child spilled the juice, and the child stained the rug."처럼 해석합니다. 윤아는 작업 기억을 활용하여 문장의 요지를 파악하고 각 문장의 요지를 누적하여 문단 전체에 대한 요지를 형성하거나, 문단의 요지를 한데 모아 글 전체를 일목요연하게 이해하지 못하게 될 가능성이 높습니다.

추론(inference)에도 문제가 생깁니다. 단어를 인식하긴 해도 추론까지 해내려면 작업 기억이 필요하기 때문입니다. 예를 들어, "블록 다 치운 다음 다른 장난감도 치워라."의 경우처럼 여러 단계로 되어 있거나 시간적 관계가 들어있는 **지시를 이행**(following directions)하는 데도 문제가 관찰될 수 있습니다.

다음 표에 학생들에게서 관찰할 수 있는 언어 및 읽기 난조 증상들이 나와 있습니다.

언어 및 읽기 난조 증상 체크리스트

음운 인식 능력

☐ 특정 소리로 시작하는 단어 인식을 어려워함
☐ 각운(rhyme)을 이해하지 못함
☐ 들은 단어의 음절 분리를 어려워함
☐ 노래나 동요에 맞추어 손뼉을 치거나 발을 구르는 데 문제가 있음

단어 찾기와 회상

☐ 특정 단어 회상을 어려워함
☐ 멈춤과 발성을 많이 넣어가며 더듬더듬 말함
☐ 특별한 것을 한정하지 않는 단어를 자주 사용함
☐ 단어와 철자를 배우는 데 흥미가 없음

구술 기억 및 순서 배열

☐ 이야기나 사건의 순서를 불완전하고 뒤죽박죽으로 섞음
☐ 이야기를 읽으면서 중요한 사건을 빼먹음
☐ 사람이나 장소의 이름을 외우는 데 문제가 있음
☐ 노래 가사나 시 구절을 외우는 데 어려워 함

독해 및 수용(이해) 언어

☐ 다중 요소로 된 요청이나 지시 중 일부에만 반응함

☐ 요청이나 지시를 반복해줄 것을 요구함

☐ 대화 내용을 이해하기 위해 문맥에 과도히 의존함

☐ 질문에 대한 대답이 지연됨

☐ 추론을 하고 결론을 도출하는 데 어려워 함

☐ 그룹이나 학급 상황에서 눈에 띌 정도로 이해도가 부족함

☐ 관용구나 유머와 같이 추상적인 언어 이해를 어려워 함

표현 언어

☐ 짧은 문장으로 말함

☐ 부적절한 리듬이나 크기로 말함

☐ 지시를 하거나 설명하는 것을 어려워 함

☐ 대화에 끼어들기, 한 주제에 머무르기, 이해하지 못했음을 표시하기
   등의 대화 기술이 부족함

☐ 잦은 말실수

문식 문해 능력(Literacy)

☐ 읽기를 배우는 것, 읽는 것 자체에 흥미가 없음

☐ 책을 읽어달라고 하지 않음

☐ 독해력이 부족함

☐ 단어를 소리 내어 읽을 때 어려워하거나 쉽게 포기함

☐ 철자법을 어려워함

☐ 문법적 실수가 많음

Scientific Learning사 제공

윤아는 읽으려고 애를 쓰긴 하지만 다른 아이들에 비해 발전이 늦습니다. 다른 아이들과 비슷한 분량의 시간을 읽기를 배우기 위해 쏟아 부어도 단어 읽는 속도는 여전히 느리고 읽기는 너무도 힘든 고역입니다. 찬혁이나 지완이처럼 자주 읽지 않을지도 모릅니다. 읽기 위해 악전고투를 해야 하니 기운이 빠져버려서 읽기는 별로 매력적인 활동이 아닙니다. 그 결과, 문자 언어에 담긴 통사적 구조와 어휘에 노출되는 빈도가 부족하고, 독서를 통해 갈수록 읽기 실력이 나아지는 긍정적 성장 과정을 누리지 못하게 됩니다.

4. 읽기 난조 후기 증상

상당히 일찍부터 읽기에 어려움을 보이는 아이들도 있지만 초반에는 읽는 데 별 지장이 없는 것처럼 보였던 학생들이 초등학교 4학년 이상이 되면서 점차 읽기를 어려워하는 경우도 있습니다. 이런 학생 중 하나인 지훈이의 경우를 통해 왜 갑자기 읽기에 난조를 보이게 되는 것인지 알아봅시다.

초등학교 4학년은 전체 교육과정에서 전환점이 됩니다. 이 시점에 지훈이를 비롯한 아이들은 예전 그 어느 때보다 많은 다형태소어(*multimorphemic word*) 뜻을 바꾸는 세 개 이상의 글자 조합으로 된 단어(예 incomparable, hopelessness) 에 접하며 교실에서 전달되는 지시도 말보다는 글에 더 의존하게 됩니다. 이 시기가 되면 특히 과학 같은 과목에서 전문적인 읽기 과제를 부여합니다.

초등학교 저학년 시절에 지훈이는 다른 학생들처럼 실제로는 읽어야 할 것이 별로 없었고 읽어야 하는 내용도 별로 전문적이지 않았습니다. 게다가 처음에는 거의 말로 지시가 전달되었기 때문에 읽은 것이 잘 이해되지 않으면 질문을 하는 등 보완 전략을 통해 읽기 능력이 부족한 것을 메웠습니다.

지훈이는 단어를 디코딩하는 법을 배웠고 음성학적으로 단어를 읽을 수도 있으며 간단하고 분명한 단어는 조금 노력하면 이해할 수 있었지만 유창하게 읽지는 못했습니다.

윤아와 마찬가지로 지훈이도 작업 기억을 효율적으로 활용하기 위해 필요한 음운석 기술(*phonological skill*) 단어, 음절, 음소를 비롯한 모든 크기의 소리 단위를 인식하고 사용할 수 있는 능력. 음운 처리 능력, 특히 음소 인식 능력은 읽는 법을 배우고 더 나은 독자가 되기 위해 필수적인 기술 에 문제가 있었던 것이죠. 단어를 받아들이는 것만으로도 너무나 많은 인지적 자원을 소모하기 때문에 지훈이에게는 그 단어들을 유지하고 이해할만한 기력이 남아있지 않습니다. 선생님은 지훈이가 이제 **읽기 위해 배우는 단계**(*learning to read*)에서 **배우기 위해 읽는 단계**(*reading to learn*)로 올라가고 있는 것으로 간주하기 때문에 지훈이의 작업 기억(*working memory*) 문제가 점점 더 부각됩니다.

지훈이는 예전엔 본 적도 없고 보다 더 전문적인 교재를 읽어야 하기 때문에 특별한 문제에 빠져듭니다. 형태소가 여러 개 들어있는 전문적 단어들을 기억 속에 담아두어야 하고 더 어려운 개념도 이해하기 위해 노력해야 합니다. 지훈이의 작업 기억은 두 가지 일을 동시에 해야 하므로 과부하가 걸립니다. 그러니 지훈이의 읽기 실력에 갑자기 문제가 터져버린 것처럼 보이는 것입니다.

중학생이 되면 초등학교 4학년 때와 비슷한 전환기가 다시 옵니다. 중학교에서는 보다 추상적인 개념을 배우기 시작하고 더 높은 수준의 읽기 과제가 부여됩니다. 초등학교 시절에는 음운적 기술 측면에서 교육과정을 충분히 따라갈 수 있었던 학생들도 중학생이 되면 작업 기억 용량에 많은 부담이 가해질 수 있으며, 이로 인해 이론적인 정보가 많이 들어있는 상급 교재를 읽고 학습하는 데 어려움을 겪을 수 있습니다.

5. 읽기 난조와 두뇌

읽기에 어려움을 겪고 있는 학생의 두뇌에서는 무슨 일이 벌어지고 있을까요? 과학자들은 기능적 자기공명영상(*fMRI*, 강력한 자성을 이용하여 두뇌 신진대사 변화를 측정하는 기계) 등의 장비를 이용하여 읽기와 같은 인지적 과제를 수행하는 사람의 두뇌를 들여다볼 수 있습니다.

아래 그림은 fMRI를 이용해서 정상적인 두뇌와 난독증 상태의 두뇌가 활성화 되는 정도를 비교하여 음영으로 처리한 것입니다. 39라고 표시된 부분의 차이를 보면 알 수 있듯이 문장을 읽는 동안 난독증 두뇌의 경우 **각회**(angular gyrus)의 활동이 그다지 활발하지 않음을 관찰할 수 있습니다. 각회는 브로드만 영역으로 39번에 해당하죠. 앞에서 배웠듯, 각회는 윤아가 개념 시스템을 활성화시켜서 온전한 이해에 도달하기 전에 읽은 것과 관련된 모든 정보가 모여드는 곳입니다. fMRI 장비에서 얻은 결과 분석에서 각회가 별로 활동하지 않는다는 것은 이런 두뇌가 읽기 작업을 그다지 잘 해내지 못한다는 뜻입니다.

난독증 두뇌는 **하부 측두 영역**(lower temporal area)의 활성화 정도도 별로입니다(브로드만 영역 37번). 이 영역은 단어의 의미에 접근할 수 있도록 도와주는 부위입니다.

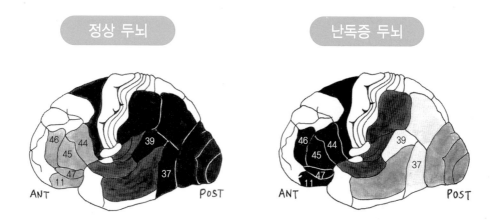

정상 두뇌와 난독증 두뇌의 활성화 차이(Shaywitzs, 1998, p. 2639)

그러나 **전두 피질**(frontal cortex)에는 이상 활성화 현상이 나타납니다(브로드만 영역 11, 44, 45, 46, 47번). 전두엽은 통사적 이해 및 발음 형성에 관여하는 영역으로서 직접 회상 경로(direct retrieval route)로 사용됩니다. 음운 디코딩 경로로는 충분한 정보 처리를 할 수 없는 것을 보상하기 위해 이런 아이는 직접 회상 경로에 거의 전적으로 의존합니다.

다음 그림에 정상적인 두뇌와 읽기 난조 현상에 빠진 두뇌의 차이가 잘 드러난 fMRI 시뮬레이션이 나와있습니다.

읽기 활동 중 활성화 되는 두뇌 부위

이 영상 자료는 강력한 자석을 이용하여 두뇌 활성화 패턴을 측정하는 기능적 자기공명영상(fMRI)
장비를 이용하여 얻은 것들이다.

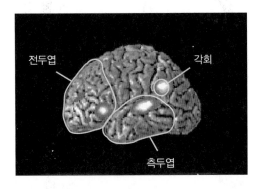

정상 두뇌

읽기에 어려움이 없는 독자가 읽기 활동을 하면 전두엽
과 측두엽이 활성화되며 특히 각회 영역에서 강렬한 반
응이 관측된다.

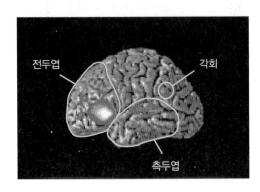

읽기 난조 두뇌

읽기에 난조를 겪는 독자의 경우, 전두엽이 가장 강렬하
게 활성화되며 측두엽과 각회의 반응이 미미하다.

난독증은 남자가 더 많습니다. 남자의 경우 음운 처리 과정에서는 좌측 하전두회(left inferior
frontal gyrus)가 개입하는 반면, 여자의 경우에는 좌측뿐 아니라 우측 하전 두회도 가동되죠. 여
성의 두뇌는 이렇게 양쪽이 활성화되기 때문에 대뇌 좌반구에서 뇌졸중이 발생하더라도 언어
능력에 심각한 손상을 입지 않습니다. 한쪽이 손상되더라도 다른 쪽이 결손을 보상해줄 수 있으
므로 여성이 남성에 비해 난독증 발생 비율이 낮은 편입니다.

6. 교실 현장에 응용하기

국립보건원의 아동발달행동부장인 리드 라이언(*Reid Lyon*) 박사는 연구 대상으로 삼을

학생 유형별로 중점을 두어야 할 환경을 조사하고 이해하기 위한 교육학적 연구가 요구된다고 하였습니다. 노력해도 읽기 능력을 배우지 못하는 아이들이 있음에도 불구하고 천편일률적인 읽기 지도 방법을 채택한다면, 타고난 잠재력을 제대로 꽃 피우지도 못하는 안타까운 일들이 발생할 수 있습니다. 읽기 부진아를 비롯해 다양한 유형의 아이들에게 **각각 최적의 교육 환경과 방법을 제공할 수 있도록 교사들은 반드시 전문적 이론 및 현장 훈련을 받아야 합니다.** 단순한 접근 방법으로 도움을 주기 어려운 학생들을 위해 어떤 첨단 언어 학습 보조 프로그램과 교수법이 존재하는지를 알아야만 교사 스스로도 교육적 좌절감을 극복할 수 있습니다. 그래야 미래의 에디슨, 아인슈타인, 다 빈치, 피카소가 될 수도 있는 아이들을 학습 부진아로 몰아 세우는 교육적 과실을 줄일 수 있습니다.

매리언 울프는 읽기에 어려움을 겪는 아이들에게 반드시 제공해야 할 학습 유형을 다음과 같이 지적합니다.

"교육 방법을 완전히 다른 식으로 포장할 수도 있겠지만 어쨌거나 우리는 항상 의미론적 깊이를 가르치고 단어 인출을 용이하게 하는 의미 계열(semantic family), 단어에 들어 있는 음성의 인지, 음성과 문자적 표상과의 연결, 철자법상의 문자 패턴에 대한 자동화 학습, 통사론적 지식, 형태론적 지식 등 뇌가 독서를 하기 위해 사용하는 주요한 언어적, 인지적 프로세스 모두에 중점을 둔다. 수메르인들과 다른 점은 유창성과 독해력을 향상시키기 위해 다중 전략을 사용한다는 점이다. 수메르인들처럼 고생하며 글을 읽는 아이들이 단어 하나에 대해 최대한 많은 것을 배우기 바란다. 단, 재미있게 배웠으면 한다는 점에서 수메르인들과 약간 다르다고 하겠다. 아이들과 함께 하는 우리들은 비록 배우는 방법은 달라도 누구든지 글을 읽을 수 있고 읽게 될 것임을 아이들이 깨닫길 바란다. 어떻게 해야 그들을 가장 잘 가르칠 수 있을지 방법을 찾는 것은 아이가 아니라 우리 어른들이 할 일이다…

좋은 교사라면 구술 언어의 문자 인이의 다양한 측면이 중요하다는 것을 아는 데 굳이 신경과학이 필요하지 않다. 하지만 **신경과학적 정보를 교육학 연구에 활용함으로써 각각의 아이에게 가장 적합한 것이 무엇인지 확인할 수 있다.** 특정 과제를 수행할 때 아이의 뇌

중 어떤 구조적 부위가 참여하는지, 그들이 특정 요소에 주안점을 둔 지도를 받은 뒤 변화가 있는지 없는지를 보여주기 때문이다."[20]

본 과정에서 배운 내용에 비추어 교실 현장에서 응용할 수 있는 핵심 전략을 짚어 보겠습니다.

음소 인식 능력(Phonemic Awareness)

음소 인식 능력(*phonemic awareness*) 뜻을 다르게 하는 말의 가장 작은 소리 단위를 구별하고 조작하는 능력이 읽기를 배우기 위해 엄청나게 중요함을 배웠습니다. 글자—소리 대응(*letter-sound correspondence*) 각 글자가 소리 단위(음소)를 나타내는 법칙 관계를 가르치기 시작하기 전에 학생이 충분한 음소 인식 능력을 갖추었는지 확인하고 싶을 것입니다. 전통적인 파닉스(*phonics*) 프로그램은 학생들이 이미 음소 인식 능력에 숙달되어 있다고 가정하고 시작합니다. 만일 음소 인식 능력이 부족한 학생이 파닉스를 배우면 최대의 효과를 누릴 수 없다는 사실에 주의하기 바랍니다.

어떤 학년의 교사이든 염두에 두어야 할 것은, **음소 인식 능력이야말로 모든 연령대의 학습자들이 앞으로 달성할 수 있는 읽기 능력 정도를 가장 정확하게 예측하도록 알려주는 기준**이라는 점입니다. 만일 유치원 교사라면 지금 가르치고 있는 어린이가 단어 속의 음소를 식별하는 능력을 살펴서 초등학교 1학년 동안 어느 정도의 읽기 능력을 성취할지를 미리 예측할 수 있습니다. 만일 초등학교 1학년 교사라면 아이가 주어진 음소를 조합하여 단어로 만드는 능력을 관찰하면 2학년 때의 읽기 능력 성취도를 예측할 수 있습니다. 스탠포드대학교의 연구에 따르면 초등학교 1학년 시절 음소 인지력이 떨어지는 학생 중 88퍼센트는 4학년에 올라가서도 읽기 능력이 부족하게 된다고 합니다.[21]

---

20 Wolf(2009). 284-285쪽
21 Juel, C. (2005). pp. 410-426

이번 강의 전반부에서 음소 인식 능력 난조에 관한 증상을 소개했습니다. 다음에 첨부한 교사용 설문 조사지를 이용하면 언어 및 읽기 난조 증상을 더 쉽게 파악할 수 있습니다.

교사용 설문 조사지

아래 설문지에 있는 질문을 통해 설문 참가자가 언어 및 읽기 기술 학습에 어려움을 겪고 있는지 알아볼 수 있습니다. 각 질문에 대해 한 개의 답에만 체크하세요. "가끔"이나 "자주"에 표시가 된 항목이 많다면 설문 참가자는 언어 및 읽기 기술을 배우는 데 문제가 있을 가능성이 있습니다. 일상 생활 중 얼 마나 자주 해당되는지 표시하세요.

질문	없음	드묾	가끔	자주	항상
1. 교사의 말을 이해한다					
2. 지시를 반복해서 들어야 한다					
3. 농담을 이해한다					
4. 긴 문장을 이해한다					
5. 질문을 반복해서 들어야 한다					
6. 들은 이야기를 순서대로 다시 말할 수 있다					
7. 긴 문장을 끝낼 수 있다					
8. 같은 것을 다른 식으로 바꾸어 말하는 게 어렵다					
9. 딱 맞는 단어를 찾는 게 어렵다					
10. 일반적 단어를 올바로 발음한다					
11. 주변이 시끄러우면 말이 혼동된다					
12. 남과 대화한다					
13. 행동에 문제가 있다					
14. 자신감이 부족하다					
15. 그룹 활동을 피한다					
16. 주의 집중하는 게 어렵다					
17. 단어를 소리 내어 말하는 게 어렵다					
18. 읽는 게 어렵다					
19. 맞춤법이 어렵다					
20. 학교에서 있었던 일을 전달할 수 있다					

Scientific Learning사 제공

문자 언어를 읽고 이해하기 위해서는 음성 언어적 기술, 특히 음소 인식 능력을 갖추어야 합니다. 대부분의 학습과 상호 증진 효과가 있는 단순하지만 효과적인 소리 내어 읽기에 대해 소개합니다. **소리 내서 글을 읽으면 음성 언어와 문자 언어 사이의 관계가 부각되므로 소리 내어 읽기는 향후 독립적인 독자로 나아가기 위한 필수 코스라고 해도 과언이** 아닙니다. 더구나 학습자가 소리 내어 읽는 것을 들어보면 어느 정도의 음운적 인식 및 표현 능력을 갖추고 있는지를 알려주는 지표가 될 수도 있습니다. 다음 내용은 주로『뇌과학으로 알아보는 혁신적 영어 학습법』에서 가져온 것입니다.[22]

소리 내어 읽기 (Read Aloud)

중학교 시절, 영어를 잘 하고 싶은데 어찌해야 할지를 몰라서 동네에서 유명한 '영어 도사님'을 어느 날 저녁 집으로 찾아간 적이 있습니다. 그 도사님은 아주 심한 약시로 인해 길을 걸어가다가 마네킹을 보고 인사를 하고 전봇대에게 길을 물어보는 등 희극적인 일화의 주인공이긴 해도 그 동네에서 대단한 영어 실력자로 알려져 있던 분입니다.

꾸벅 짧은 인사를 하자마자 '제가 영어를 정말 잘 하고 싶은데 무엇을 어떻게 해야 하는지 모르겠습니다. 어찌 해야 할까요?'라고 단도직입적으로 질문했습니다. 그분의 답은 실망스러울 정도로 단순했습니다. '영어 교과서 1과부터 마지막 과까지 본문을 오디오 테이프로 익숙할 때까지 들어본 다음 큰 소리로 열 번 읽으라'는 게 전부였죠. 무슨무슨 책을 보라든가 단어를 어떻게 외우라는 등의 답을 주시지 않겠는가 예상하고 있었기 때문에 맥이 빠져버렸습니다. 머리를 갸웃거리며 '과연?'이라는 의문을 품은 채 집으로 발걸음을 돌렸습니다.

하지만 당장 다음 날부터 조언대로 했습니다. 어렵사리 구한 영어 교과서 본문 테이프를 세심하게 잘 들어본 다음, 해석을 하거나 이해하려고 하지 않고 가능한 한 커다란 소리로 본문을 읽기 시작했습니다. 물론 계속 반신반의하면서였습니다. 사람들은 자기 자신의 변화에는 비교적 둔감한 편인데, 소리 내어 읽은 지 얼마 되지 않아 스스로의 변화가 느껴지기 시작했습니다. 영어 발음이 확실히 좋아지고 문자를 분석 대상이 아니라 정보

22 박순(2010). 191-196쪽

를 얻는 대상으로서 서서히 받아들이게 된 것입니다. 그 후로 영어는 가장 자신 있는 과목이 되었습니다. 단지 소리 내서 읽었을 뿐인데 기대 이상의 성과가 있음을 마음으로 느꼈지만 그 이유에 대해 당시엔 제대로 설명할 수 없었습니다.

소리 내어 읽기의 효과에 대한 과학적 증거를 같이 살펴보겠습니다. 미국의 국립읽기위원회(National Reading Panel)는 읽기 능력을 발달시키기 위해 가장 핵심적인 요소를 다섯 가지 제시했는데, 그 중 세 번째가 유창성(fluency) 항목이었고 세부항목으로 소리 내어 읽기(reading aloud)가 포함되어 있습니다. 엄격한 기준을 통과하여 검토된 광범위한 논문들을 통해 추출한 읽기 유창성 증진 방법 중 소리 내어 읽기에 해당하는 것은 **구두 반복 독서 지도법**(guided repeated oral reading)으로서 교사가 체계적이며 명시적인 피드백을 주면서 소리 내어 영어 문장들을 읽도록 하는 방식입니다. 위원회는 소리 내어 읽기가 모든 연령대 학습자들의 단어 인식, 읽기 유창성, 그리고 독해력 향상에 있어서 통계적으로 의미있으며 긍정적인 영향을 명백하게 미친다는 결론을 내렸습니다. 특히 읽기 정확성에 미치는 영향의 효과크기(effect size)는 0.55에 달했습니다. 이 수치는 아무런 처치를 가하지 않은 대조군의 평균이 50점이고 표준편차가 20점이라면 소리 내어 읽기를 시행한 실험군의 평균이 60점이 넘었다는 뜻입니다.

읽기에 있어서 유창성이란 글을 정확하고 신속하며 효율적으로 읽는 능력을 말합니다. 읽기 유창성이 충분히 계발되지 않은 학생은 아무리 똑똑하더라도 느린 속도로 많은 정신적 에너지를 사용하며 읽을 수 밖에 없으니 학습 능력이 떨어지게 됩니다. 따라서 소리 내어 읽기가 유창성 계발에 결정적인 영향을 미친다는 보고는 외국어 학습 상황에서도 소리 내어 읽기 지도가 필수적임을 분명히 증명해 줍니다.

소리 내어 읽기가 미치는 구체적 효과를 요약하자면 다음과 같습니다. 첫째, 학습의 양방향성에 비추어 소리 내어 읽기는 음소 인식력 증진에 도움이 됩니다. 둘째, 눈으로만 읽는 것에 비해 의미 단위별로 띄어 읽을 수 있게 됩니다. 의미 단위를 보통 '청크(chunk)'혹은 '말모듬'이라 합니다. 셋째, 음성 언어 특히 영어 특유의 운율(prosody)이나 강세 등을 비롯한 준언어(paralinguistic) 구사 능력을 향상시킵니다. 넷째, 눈으로 글자를 읽고 입으로 소리를 내며 자기 소리를 자기 귀로 듣기 때문에 시각, 청각, 운동감각이 협응하게 됩니다. 이것을 공감각적(synaesthetic) 입력이라고 칭할 수 있겠습니다.

이 중 특히 셋째, 넷째 항목을 뇌과학적인 관점에서 알아봅시다.

말하는 사람의 어조나 상황에 따른 이해나 음악적 운율 등은 보통 우측뇌에서 처리됩니다. 소리 내어 읽기는 좌뇌의 분석적 접근법에 더해 우뇌의 종합적이고 직관적인 접근을 촉진하기 때문에 뇌 활성화 측면에서 우월한 방법입니다.

말하는 이는 말의 높낮이와 같은 음조(pitch)혹은 인토네이션 그리고 어조(tone) 등의 운율적 특성(prosody)으로도 화용적 의미를 전달합니다. 예를 들어, 집에 들어왔을 때 어머니가 "이제 왔어?"라고 말씀하셨다고 합시다. 문자로는 어머니가 현재 어떤 감정상태인지 알 수가 없지요? 뇌에 이상이 없는 사람이라면 밤늦게 집에 들어왔을 때 어머니가 "이제 왔어?"라고 말씀하시면 그 소리의 높낮이나 어조를 통해 어머니의 감정 상태를 미루어 짐작하고 "예, 씻고 잘께요"라고 말하든지 "늦어서 죄송해요"라고 말하게 되겠죠. 하지만 우측뇌에 이상이 발생하면 아무리 어머니가 무서운 목소리로 "이제 왔어?"라고 말해도 그 속의 화난 감정을 읽어내지 못하게 됩니다. 말하는 사람과 듣는 사람 사이의 상황, 어조나 음조, 빠르기 등의 비언어적 요소를 종합하여 말 속에 담긴 의도를 파악하는 것에 관한 연구분야를 화용론(pragmatics)이라고 합니다. 이렇듯 우리 대뇌의 우반구는 운율적 특성(prosody) 등의 화용론적인 요소의 이해, 그리고 명백하게 언급되지 않은 자료로부터 가정을 만들어내는 추론을 가능하도록 해주는 역할을 담당합니다. 뇌량(corpus callosum)을 통한 좌반구와 우반구의 협응을 통해서 인간의 언어 능력은 완성되는 것입니다.

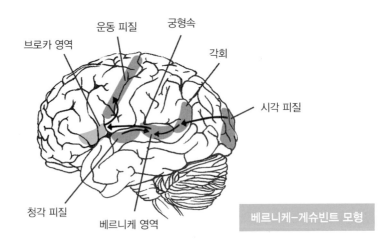

베르니케-게슈빈트 모형

넷째 효과로 지목했던 공감각적 입력 촉진 효과에 특히 주목할만합니다. 사람의 기억은 처리된 곳에 저장됩니다. 즉, 청각 피질에서 처리된 정보는 청각 피질에, 시각 피질에서 처리된 정보는 시각 피질에 저장되는 것이죠. 특정 정보가 청각과 시각 피질에서 동시에 처리된다면 암기와 회상에 보다 효과적일 것임이 분명합니다. 위 도표는 베르니케-게슈빈트 언어 처리 구어 모형과 문어 모형을 합친 것입니다. 소리 내어 읽는 것은 일단 문자를 눈으로 보는 시각 영역, 말 소리로 발성하는 운동감각 영역, 그리고 자기소리를 듣는 청각 영역이 동시에 활동하게 되는 행위로서 공감각적 입력을 촉진합니다. 하이파대학의 심리학자 데이빗 셰어(David Share)는 소리 내어 읽기가 읽기 능력 발달을 촉진하는 이유를 단어에 대한 표상을 정확하면서도 빠른 속도로 만들어내기 때문이라고 설명합니다.[23] 소리 내어 읽기 활동을 통해 문자와 발음이 분명히 연결될 때 단어가 머릿속에 분명히 표상되고 여타 관련 의미를 이해하는 것이 용이해질 뿐만 아니라 기존의 단어 창고에 저장되는 효율도 극적으로 향상됩니다.

게다가 소리 내어 읽기는 어떤 말을 할지 생각하지 않아도 되기 때문에 언어를 학습하는 기초 과정에서 과다한 인지 자원을 동원하지 않아도 해낼 수 있습니다. 부담은 덜 하지만 효과는 큰 학습법인 것이죠. 우리 동양의 선현들은 아이들에게 원전 그대로의 고전을 무심히 읽도록 했고, 이런 독법을 소독(素讀)이라 하였답니다. 글을 읽는 방법으로는 가락이 가미된 음독(音讀)을 즐겨 하였습니다. 수많은 고전 구절들을 암기하는 것이 기본이었던 시절에 소리 내어 읽는 것의 효과에 대한 공감대가 경험적으로 형성되어있었기 때문이었을 것 같습니다.

만일 초등학교 4학년 선생님이라면 4학년 슬럼프에 대해 들어본 적이 있을 것입니다. 4학년 때 배우는 교재에는 비소설적 읽기가 많고 읽은 것을 보다 심도 있게 분석해야 하기 때문에 이전까지 외부에 나타나지 않았던 일부 학생의 읽기 난조 증세가 갑자기 처음으로 뚜렷하게 드러나게 됩니다.

....

23 Share. (2004).

교사로서 음소 인식 능력 다음의 목표는 학생들로 하여금 가능한 한 많은 단어를 빠르게 인식하도록 해주는 자동 단어 인식(*automatic word recognition*) 능력을 기르도록 하는 것입니다. **점차 더 복잡한 교재를 분량을 늘려 읽으면서 문자 텍스트에 더 많이 접하는 것이야말로 자동 단어 인식 능력을 배양하는 최고의 비법**입니다. 교사가 더 많은 접두사와 접미사, 그리고 어원적 정보를 가르치면 학생들의 형태소 인식 능력(*morphological awareness*)을 키울 수 있습니다.

학생들을 위해 연습 문제를 제작할 때 교사들은, 지금 하고 있는 활동이 읽는 법을 배우는 데 그리고 더 나은 독자가 되는 데 도움이 됨을 학생들이 이해해야만 목표 스킬을 가장 잘 학습한다는 점을 유념해야 할 것입니다. 또한 읽기의 즐거움과 그 혜택을 학생들 본인이 이해할 때에만 읽기를 배우기 원할 것입니다. 읽기로 인해 누릴 혜택을 보여주는 두 가지 비결은 **학습자를 수준에 맞는 문학 작품에 자연스레 노출시키고 스스로 글을 써보도록 격려하는 것**입니다.

?
DID YOU
KNOW
　　학교 밖에서도 독서하는 아이들은 교실에서 제공되는 읽기 훈련은 물론 읽기 활동 자체의 이점을 최대한 누릴 수 있습니다.

THINK
　　제 1강에서 논의했듯이 집에서 책을 자주 읽어주는 것을 경험한 아이들은 책과 독서를 즐기고, 읽는 행위가 재미있으며 바람직한 행동임을 배웠기 때문에 학교에 입학하기 이전부터 언어와 읽기에 대해 이미 유리한 고지를 선점한 것입니다.

7. 마무리 및 핵심 용어 정리

본 강의에서 읽기 난조 및 이와 관련된 두뇌 부위에 관해 배웠고, 다음과 같은 중요한 개념들도 배웠습니다.

- 읽기가 미숙한 학생에게 특히 어려움이 되는 읽기 학습 측면
- 읽기 난조 증상 및 학생이 읽기 난조에 빠져 있음을 보여주는 징후들
- 읽기 난조 전반에 관련된 요인들
- 읽기 난조 현상이 초등학교 후반부에 갑자기 나타날 수 있는 이유
- 읽기 난조와 관련된 두뇌 부위들
- 읽기를 가르칠 때 최우선적으로 채택해야 할 조치들

핵심 용어와 개념들

- **각회**(angular gyrus): 상변연회(supramarginal gyrus) 바로 뒤, 두정엽(parietal lobe)에 위치한 부위로 글자의 모양, 단어 인식, 의미, 소리에 대한 정보가 모두 모여드는 곳이다.
- **개념 시스템**(conceptual system): 대뇌 피질 전반에 퍼져있으며 단어나 개념을 이해하기 위해 모든 인지적 역량을 동원하는 시스템이다.
- **글자–소리 대응**(letter-sound correspondence): 각 글자가 소리 단위(음소)를 나타내는 법칙
- **기능적 자기공명영상 장치**(fMRI: functional magnetic resonance imaging): 두뇌의 신진대사 활동 변화를 측정하기 위해 강력한 자석을 이용하여 두뇌를 스캔하는 기계
- **난독증**(dyslexia): 문자 형태의 글자와 소리를 식별하고 소리 내어 읽고 이해하는 능력에 영향을 미치는 읽기 장애로서 감각 결손이나 인지적 장애가 원인은 아니다.
- **내용어**(content word): 명사, 동사, 형용사, 부사
- **다형태소**(multimorphemic) **단어**: 뜻을 바꾸는 세 개 이상의 글자 조합으로 된 단어(예, incomparable, hopelessness)
- **두정 피질**(parietal cortex):두뇌의 상부 및 중앙부를 차지하고 있는 부위로서 읽기 활동에서 중대한 역할을 담당하는 상변연회(supramarginal gyrus)와 각회(angular gyrus)를 포함한다.
- **베르니케 영역**(Wernicke's area): 측두엽에 위치한 부위로서 단어와 그 의미가 연합되는 곳이다.
- **브로카 영역**(Broca's area): 전두엽 후방에 위치하고 있으며 단어의 발화, 단어의 소리, 통사적 이해, 작업 기억 생성에 관여한다.

- **상측두회**(*superior temporal gyrus*): 측두 피질에 위치하며, dogs의 -s, barked의 -ed처럼 통사적 자질을 나타내는 형태소 처리에 관여한다.

- **어근**(*root word*): 단어로서 홀로 쓰이거나 형태소를 붙여 수, 품사, 그리고/또는 의미를 바꿀 수 있는 기본 단어

- **요지**(*gist*): 주요 요점

- **음소 인식 능력**(*phonemic awareness*): 모든 단어가 음소(소리 단위)의 연속으로 이루어져 있음을 이해하는 것

- **음운 기호**(*phonological code*): 시각 언어(즉, 문자)를 작업 기억 속에 기호화(*encryption*)하고 복호화(*decryption*)하기 위해 소리를 사용하는 규약

- **음운 디코딩 경로**(*phonological decoding route*): 단어의 소리가 활성화 될 때 택하는 두뇌 속 경로

- **음운 인식 능력**(*phonological awareness*): 단어가 소리로 구성되어 있음을 이해하고, 말소리를 식별하고 조작할 수 있는 능력

- **자동적 단어 인식**(*automatic word recognition*): 단어를 즉각 인식하고 개념에 접근할 수 있는 능력

- **작업 기억**(*working memory*): 지속 시간이 짧고 용량이 한정된 기억 시스템으로서 작업을 완수하기 위해 정보를 동시에 저장하고 조작할 수 있도록 한다.

- **점화 효과**(*priming effect*): 어떤 단어를 더 자주 보면 볼수록 그 단어에 대해 민감해져서 볼 때마다 더 잘 인식하는 효과

- **중심와**(*fovea*): 망막 표면의 일부로서 시각 수용기(*receptor*)가 고밀도로 집적되어 있는 부위. 그 폭은 불과 0.2mm에 불과하다.

- **직접 회상 경로**(*direct retrieval route*):단어가 해당 뜻에 자동적으로 접근하며 두뇌 속을 지나는 경로

- **측두 피질**(*temporal cortex*): 대뇌의 아래쪽 중간 부분에 위치한 측두엽의 피질로서 수많은 단어들의 의미와 연상(*association*) 정보를 저장한다.

- **통사적 요소**(*syntax*) 단어의 품사(명사인지 부사인지 등), 어순이나 문법적 접사에 의해 표현되는 말의 문법, 그리고 단어를 조합하여 문장을 만드는 규칙 일체

- **피질**(*cortex*): 두뇌의 표면
- **형태소 인식 능력**(*morphological awareness skills*): 단어의 뜻을 바꾸는 하위 단어, 글자 및 글자 조합을 이해하고 올바로 사용하는 능력
- **형태소**(*morpheme*): 단어의 뜻을 바꿀 수 있는 말의 최소 단위(예, 어근, 접두사, 접미사)
- **회**(또는 이랑, *gyrus*): 두뇌 피질 주름이 밭이랑처럼 볼록하게 솟아오른 부위(고랑(sulcus)의 반대임).
- **후두 피질**(*occipital cortex*): 대뇌 후방에 위치하고 있으며 글자를 인식하는 것과 같은 시각 관련 기능을 담당한다.

각 질문에 대한 답을 선택지에서 한 개 고르세요.

1. 다음 중 음소(*phoneme*)의 정의로 적절한 것은?

  (a) 음절

  (b) 알파벳의 각 글자

  (c) 말소리의 최소 단위

  (d) 뜻을 가진 말의 최소 단위

2. 다음 중 읽기에 난조를 보이는 아이에게서 나타나는 증상은?

  (a) 추론하는 것을 어려워 함.

  (b) 작업 기억을 요하는 일을 어려워 함.

  (c) 문맥에 과도하게 의존하여 단어의 의미를 이해함.

  (d) 위 전부 다

3. 읽기 위해 배우는 것에서 배우기 위해 읽는 것으로 바뀌어 학습자에게 읽기 관련 부담이 급증하는 학교 교육과정에 해당하는 초등학교 시기는?

  (a) 3학년

  (b) 4학년

  (c) 5학년

  (d) 6학년

4. 다음 중 성공적으로 읽기를 가르치는 교사에 해당하는 것은?

  (a) 발달상 적합한 문학 작품에 학생들을 노출시키고 즐겁게 읽도록 격려한다.

  (b) 글자−소리 대응 관계와 같이 보다 복잡한 것을 가르치기 전에 학생들이 탄탄한 음소 인식 능력을 갖추고 있는지 확인한다.

(c) 읽기의 중요성을 충분히 이해하고 있으며 자동 단어 인식을 신장하도록 학생들을 돕기 위해 점차 더 복잡한 교재를 읽도록 한다.

(d) 위 전부 다

5. 다음 중 읽기 난조 상태인 두뇌가 읽기를 하고 있을 때 fMRI로 관찰된 것은?

(a) 각회(*angular gyrus*)의 활성화가 저조하다.

(b) 각회(*angular gyrus*)의 활성화가 과도하다.

(c) 전두 피질(*frontal cortex*)의 활성화가 저조하다.

(d) 하측두 영역(*inferior temporal area*)의 활성화가 과도하다.

6. 다음 중 틀린 것은?

(a) 대부분 읽기 문제는 음소 인식 능력 부족이 원인이다.

(b) 음소 인식 능력은 미래의 읽기 능력 정도를 예측하기 위한 최고의 지표이다.

(c) 음소 인식 능력이 부족하면 글자 소리를 듣고 구별하는 데, 글자 이름을 배우는 데, 단어를 읽는 데 어려움을 겪게 된다.

(d) 답 없음

7. 다음 중 언어 및 읽기 난조 증상이 나타날 수 있는 영역은?

(a) 표현 언어

(b) 단어 찾기와 회상

(c) 구두 기억 및 순서 배열

(d) 위 전부 다

정답 : c, d, a, d, e, b, b

9. 나가며

오랜 여정을 성공적으로 완수하였습니다. 문자를 읽고 쓸 수 있는 능력은 음성 언어적 스킬에 기반을 두어야만 올바른 발달이 가능함을 깨달았을 것입니다. 반드시 의도적인 교육을 필요로 하는 문자 언어 학습 및 습득에 문제가 있는 경우 과학적인 발견에 근거한 합리적 처방과 지도가 요구됨도 알게 되었을 것입니다.

제 3부에서는 수많은 언어학 및 두뇌 과학 용어가 등장하였습니다. 배움을 깊게 만들기 위해서는 내 두뇌 속에 배운 것을 확고히 담아 놓아야 하고 그래야만 스스로 창조적 재해석을 더할 수 있게 되는 법입니다. 새롭게 배운 내용은 기억 속에서 빠른 속도로 망각되기 마련이니 가능한 빠른 시일 내로 다시 3부를 읽을 것을 추천합니다. 그동안 수고하셨습니다.

각 질문에 대한 답을 선택지에서 한 개 고르세요.

1. 다음 중 언어 및 읽기 난조 증상이 나타날 수 있는 영역은?

(a) 표현 언어

(b) 단어 찾기와 회상

(c) 구두 기억 및 순서 배열

(d) 위 전부 다

2. 읽기 위해 배우는 것에서 배우기 위해 읽는 것으로 바뀌어 학습자에게 읽기 관련 부담이 급증하는 학교 교육과정에 해당하는 초등학교 시기는?

(a) 3학년

(b) 4학년

(c) 5학년

(d) 6학년

3. 다음 중 틀린 것은?

(a) 대부분 읽기 문제는 음소 인식 능력 부족이 원인이다.

(b) 음소 인식 능력은 미래의 읽기 능력 정도를 예측하기 위한 최고의 지표이다.

(c) 음소 인식 능력이 부족하면 글자 소리를 듣고 구별하는 데, 글자 이름을 배우는 데, 단어를 읽는 데 어려움을 겪게 된다.

(d) 답 없음

4. 다음 중 성공적으로 읽기를 가르치는 교사에 해당하는 것은?

(a) 발달상 적합한 문학 작품에 학생들을 노출시키고 즐겁게 읽도록 격려한다.

(b) 글자–소리 대응 관계와 같이 보다 복잡한 것을 가르치기 전에 학생들이 공고한 음소 인식 능력을 갖추고 있는지 확인한다.

(c) 읽기의 중요성을 충분히 이해하고 있으며 자동 단어 인식을 신장하도록 학생들을 돕기 위해 점차 더 복잡한 교재를 읽도록 한다.

(d) 위 전부 다

5. 다음 중 음소 인식 능력을 갖춘 아이가 할 수 있는 것은?

(a) 자모 법칙을 깨우친다.

(b) 모든 단어의 철자법을 안다.

(c) 유치원에 가기 전에 읽는 법을 배운다.

(d) 익숙하지 않은 단어를 자동적으로 읽을 수 있다.

6. 다음 중 통사적 요소를 가리키는 것은?

(a) 단어의 품사

(b) 단어의 발음

(c) 단어를 조합하여 문장으로 만드는 제 규칙

(d) (a)와 (c)

7. 다음 중 형태소 활용 능력을 갖춘 독자가 할 수 있는 것은?

(a) 파생어 간 관계를 이해한다.

(b) 다형태소어의 음운적 자질을 이해한다.

(c) 문장의 통사적 구조 속에서 다형태소어의 위치를 이해한다.

(d) 위 전부 다

8. 다음 중 대부분의 아이들이 네 살 정도가 되면 할 수 있는 것은?

(a) 글자 - 소리 대응을 모두 알 수 있다.

(b) 10,000 단어 수준의 어휘를 갖는다.

(c) 형대소 단위를 해독할 수 있다.

(d) 문자 상징이 그림과 다르다는 것을 이해한다.

9. 단어가 어휘적 의미와 연결되는 두뇌 부위는?

(a) 각회

(b) 후두엽

(c) 측두 피질

(d) 브로카 영역

10. 다음 중 아이에게 읽기를 가르치는 것에 대해 맞는 것은?

(a) 읽기는 동시다발적으로 가르쳐야 한다.

(b) 읽기 전에 말 자체를 배우는 것이 필수 선행 요건이다.

(c) 초보 독자는 음소 인식 능력과 자동 단어 인식 능력을 갖춰나가야 한다.

(d) 위 전부 다

정답 : d, b, a, a, e, a, e, d, c, d

논어 위령공(衛靈公)편에서 "人能弘道非道弘人(인능홍도 비도홍인)"이라는 구절이 나옵니다. 그 뜻은 "사람이 도(道)를 넓힐 수 있는 것이지 도가 사람을 넓히는 것이 아니다"입니다.[1] 이 구절을 접했을 때 무릎을 친 이유는 뇌 과학의 핵심과 참으로 잘 들어맞기 때문입니다. '길'을 뜻하는 한자 '道'를 나누어 보면, 부수로 쓰인 'ⅰ(달릴 착 =辵)'과 '首(머리 수)'로 구성되죠. 머리 속을 지나는 길이 연상됩니다.

그동안 함께 공부하며 자세히 알게 되었겠지만 문자 언어는 물론 음성 언어를 배우고 외국어를 익히며 새로운 기술을 습득하는 과정은 우리의 두뇌 속에 길이 열리고 넓어지는 것에 비유할 수 있습니다. 지금까지 논의한 바에 따르면 두뇌가 제 역량을 발휘하기 위해 뉴런에서 발생하는 변화의 종류를 대략 세 가지로 나눌 수 있습니다.

첫째는 수많은 길 중 특정 경로가 남고 다른 경로가 서서히 사라지는 시냅스 증식과 시냅스 제거 과정입니다. 아이의 두뇌는 세상에 태어난 후 네 배까지 부피가 커지며, 불과 생후 1년 반 정도 내에 시냅스 과포화 현상이 나타납니다. 수많은 길을 과도할 정도로 미리 만들어 놓아서 어떤 상황을 만나더라도 유연하게 적응하고 대처할 수 있도록 하기 위한 신비로운 과정이죠. 사용되는 시냅스는 강화되고 사용하지 않는 시냅스는 도태됩니다.

둘째는 미엘린화와 관련된 것으로서 본래 존재하던 길이 더 넓게 열리는 현상입니다. 오랜 기간 악기 연주나 스포츠 훈련을 하면 두뇌 속 회로의 효율이 최대 3,000배까지

---

1 논어(2005), 176쪽

향상된다고 했었죠. 하지만 미엘린화는 오랜 시간에 걸쳐 서서히 진행되는 과정이니 꾸준한 훈련을 통해 반복적인 자극을 계속 더해야 한다는 근본 원리가 성립됩니다.

셋째는 새로운 길을 개척하는 것입니다. 배움의 과정에서 새로운 시냅스 연결이 뉴런에서 끊임없이 생겨나며 불과 몇 분만에도 신경전달물질이 통과하는 시냅스 부위의 관문들이 교체되는 현상이 규명된 바 있습니다. 외국어로서의 영어를 학습하면서 꾸준히 읽기 훈련을 하면 음성 및 문자로 된 단어를 인식하는 속도가 빨라집니다. 새로운 두뇌 속 경로가 개척되기 때문입니다. 문자 언어에 대한 유창성을 확보하면 문자를 처리하는 새로운 두뇌 부위가 활성화됩니다.

충분한 속도로 효율적인 읽기를 할 수 있는 자동 인식 능력을 갖추었을 때만이 '읽기를 배우는(learn to read)' 단계에서 '배우기 위해 읽는(read to learn)' 즐거움으로 도약할 수 있습니다. 우리의 두뇌는 잠시도 정체되어있지 않고 역동적으로 변화하는 가소적 구조물이니 외국어로서의 영어라는 만만치 않은 도전에 있어서의 성공은 실천하는 자의 몫입니다. 두뇌 속의 영어 고속도로를 닦아야 하는 것은 바로 여러분의 몫입니다. '도가 사람을 넓히는 것이 아니라 사람이 도를 넓히는 것'이기 때문입니다.

『뇌과학으로 알아보는 혁신적 영어 학습법』결어에 맹자의 구절을 인용하였습니다. "觀於海者難爲水(관어해자난위수)," 즉 '바다를 보면 물이 어려워진다'는 의미이죠. 거대한 실체를 깨닫게 되면 처음에는 가볍게 생각했던 것이 경외의 대상으로 부상한다는 뜻입니다. 이 책 속에서 언급한 정보들이 쉽지 않았더라도 사실은 드넓은 바다를 살짝 엿보는 수준이었을 뿐입니다. 하지만 여기까지 온 여러분은 중대한 발걸음을 내디딘 것이며 신비롭고 놀라운 두뇌 과학의 넓은 바다로 나아가 보다 깊은 감동과 외경을 만끽할 수 있는 든든한 기틀을 마련하게 되었다고 믿습니다.

첨단 뇌 과학을 기준으로 알아본 **「영어책 읽는 두뇌」**에 대한 지식이 여러분의 학문과 경영의 장에 한 줄기 믿음직한 끈이 되었기를 간절히 기원하면서 막을 내리겠습니다. 두뇌 과학과 영어에 대한 관심의 끈을 여전히 꼭 붙잡고 있길 당부합니다.

지은이

마지막으로 나가며

참고문헌(*References*)

논어. (2005). 김형찬 역. 홍익출판사.

박순. (2010). **뇌과학으로 알아보는 혁신적 영어 학습법**. 국제영어대학원대학교 출판부.

Sousa, David. (2010). **두뇌는 어떻게 영어를 습득하는가 How the brain learns to read.** (박형배, 박소연 역). GTI 코리아.

Wolf, Maryanne. (2009). 책 읽는 뇌 **Proust and the squid.** (이희수 역). 살림.

Adams, M. J. (1999). **Beginning to Read: Thinking and Learning About Print**. Cambridge, MA: MIT Press.

Anglin, J. M. (1993). Vocabulary development: A morphological analysis. **Monographs of the society for research in child development**, 58, 10.

Baron, R. J. (1987). **The Cerebral Computer: An Introduction to the Computational Structure of the Human Brain**. Hillsdale, NJ: Lawrence Erlbaum Associates.

Bear, M., Connors, B., & Paradiso, M. (2007). **Neuroscience: Exploring the Brain**. (3rd edition). Lippincott Williams & Wilkins.

Beauchamp, G. R., & Kosmorsky, G. S. (1989). The neurophysiology of reading. **International Ophthalmology Clinics**, 29(1), 16-19.

Blumstein, S. (1995). The neurobiology of language. In Miller, J. L. and Eimas, P. D. (eds.). **Speech, Language, and Communication**. San Diego: Academic Press.

Chomsky, A. N. (1999). On the nature, use, and acquisition of language. In Ritchie, W. C. and Bhatia, T. K. (eds.) **Handbook of Child Language Acquisition**. San Diego: Academic Press.

Chukovsky, K., & Morton, M. (1963). **From Two to Five**. Berkeley: University of California Press.

Crystal, D. (1992). **An Encyclopedic Dictionary of Language and Languages**. New York: Penguin Books.

Curriculum Development and Supplemental Materials Commission of the CA State Board of Education. (1999). **Reading/language arts framework for California public schools**. Sacramento, CA: California Department of Education.

Cutler, A.,& Clifton, C. (1999). **Comprehending spoken language: A blueprint of the listener. The Neurocognition of Language**. NY, NY: Oxford University Press.

Daneman & Carpenter. (1980). Individual differences in working memory and reading. **Verbal Learning and Verbal Memory**, 19, 450-466.

Dehaene, S. (2009). **Reading in the Brain: The Science and Evolution of a Human Invention**. New York: Viking.

Diamond, M., & Hopson, J. (1998). **Magic Trees of the Mind**. New York: Dutton.

Ehri, L., & Wilce, L. S. (1985). Movement into reading: Is the first stage of printed word learning visual or phonetic? **Reading Research Quarterly**, 20, 163-179.

Frith, U., & Frith, C. D. (2003). Development and neurophysiology of mentalizing. **Philosophical Transactions of the Royal Society B.**, 358, 459-473.

Fromkin, V. (2000). **Linguistics: An Introduction to Linguistic Theory**. Malden, MA:Blackwell.

Gabrieli, J. D. E., Poldrack, R. A., & Desmond, J. E. (1998). The role of left prefrontal cortex in language and memory. **PNAS, 95**, 906-913.

Gopnik, A., Metlzoff, A. N., &Kuhl, P. (1999). **The Scientist in the Crib**. New York: WilliamMorrow.

Graves, M. F. (1986). Vocabulary learning and instruction. **Review of Research in Education**, 13, 49-89. Washington, DC: American Educational Research Association.

Hagoort, P., Brown, C. M.,& Osterhout, L. (1999). **The neurocognition of syntactic processing. The Neurocognition of Language**. NY, NY: Oxford University Press.

Hart, B., & Risley, T. (2003). The early catastrophe. **American Educator**, 27(4), 6-9.

Hebb, D. (1949). **The Organization of Behavior**. New York: John Wiley & Sons.

Honjo, I. (1999). **Language Viewed from the Brain**. New York: Karger.

Jensen, E. (1998). **Teaching with the Brain in Mind**. Association for Supervision and Curriculum Development: Alexandria, VA.

Juel, C. (2005). The impact of early school experience on initial reading. In D. Dickinson and S. Neuman (eds). **Handbook of Early Literacy Research**. New York: Guilford, vol. 2, 410-426.

Kandel, E.R., Schwartz, J. H., &Jessell, T. M. (2000). **Principles of Neural Science** (4th ed). NY: McGraw-Hill Professional Publishing.

Kingsley, R. (2000). **A Concise Text of Neuroscience**. Baltimore: Lippincott Williams &Wilkins.

Kolb, B. (1995). **Brain Plasticity and Behavior**. Mahwah, NJ: Lawrence Erlbaum Associates.

LaBerge & Samuels. (1974). Towards a theory of automatic information processing in reading. **Cognitive Psychology**, 6, 293-323.

Levitan, I. B., & Kacamarek, L. K. (1997). **The Neuron: Cell and Molecular Biology** (2nd ed.). New York: Oxford University Press.

Mahony, D. et al. (2000). Reading ability and sensitivity to morphonological relations. **Reading and**

Writing: An Interdisciplinary Journal, 12, 3/4: 191-218.

Mann, V. A. (1998). **Language problems: A key to early reading problems. Learning About Learning Disabilities**. 163-201. NY, NY: Academic Press.

Mann, V. A., Shankweiler, D., & Smith, S. (1984). The association between comprehension of spoken sentences and early reading ability: The role of phonetic representation. **Journal of Child Language**. 11, 627-643.

Mark, L. S., Shankweiler, D., Liberman, I. Y., & Fowler, C. A. (1977) Phonetic recoding and reading difficulty in beginning readers. **Memory & Cognition**. 5, 623-629.

Mathews, P. (1997). **The Concise Oxford Dictionary of Linguistics**. New York: Oxford University Press.

McCardle, P. (2001). Emergent and early literacy: Current status and research directions. **Learning Disabilities Research and Practice**, 16(4).

Merzenich, M.M.,&Jenkins, W. M. (1993). Cortical representation of learned behaviors. In Andersen, P. et al. (eds.) **Memory Concepts: Basic and Clinical Aspects**. ElsevierScience.

Moats, L. C., & Hall, S. L. (1999). **Straight Talk About Reading**. Chicago, IL: Contemporary Books.

Moats, L. C., Furry, A. R., & Brownell, N. (1998). **Learning to Read: Components of Beginning Reading Instruction**. Sacramento, CA: Comprehensive Reading Leadership Center.

Morais J. et al. (1979). Does awareness of speech as a sequence of phones arise spontaneously? **Cognition**, 7, 323-331.

National Assessment of Educational Progress. (2000). **The nation's report card: Focus on reading**.

National Reading Panel. (1999). Teaching children to read: An evidence-based assessment of the scientific research literature on reading and its implications for reading instruction. **Report of the National Reading Panel**.

Nemeroff, C.B. (1998). The neurobiology of depression. **Scientific American**, 278(6), 42.

NICHD. (1988). Funded researchers map physical basis of dyslexia. **PNAS**,, March 2, 1998.

Obler, L. K., & Gjerlow, K. (1999). **Language and the Brain**. New York: Cambridge University Press.

Ojemann, G. A. (1989). Some brain mechanisms for reading. **Brain and Reading**, 54, 47-59.

Perfetti, C. A. (1999). **Comprehending written language: A blueprint of the reader. The Neurocognition of Language**. NY, NY: Oxford University Press.

Poldrack, R. A. (2000). **The road to reading**. Speech given at the brain connection to education spring conference 2000. San Francisco, CA: Scientific Learning Corporation/BrainConnection. com.

Poldrack, R. A., Wagner, A. D., Prull, M., Desmond, J. E., Glover, G. H.,& Gabrieli, J. D. E. (1999).

Functional specialization for semantic and phonological processing in the left inferior prefrontal cortex. **NeuroImage**, 10, 15-35.

Price, C., Indefrey, P., van Truennout, M. (1999). **The neural architecture underlying the processing of written and spoken word forms. The Neurocognition of Language**. NY, NY: Oxford University Press.

Pugh, Kenneth, et al. (2000). Functional neuroimaging studies of reading and reading disability (developmental dyslexia). **Mental Retardation and Developmental Disabilities Research Reviews**, 6, 207-213.

Rayner, K., & Pollatsek, A. (1989). **The Psychology of Reading**. Hillsdale, NJ: Lawrence Erlbaum Associates, Inc.

Saberi, K., & Perrott, D. R. (1999). Cognitive restoration of reversed speech. **Nature**, 398, 760.

Saffran, E. M.,& Sholl, A. (1999). **Clues to the functional and neural architecture of word meaning. The Neurocognition of Language**. NY: Oxford University Press.

Searfoss, L. W., & Readence, J. E. (1994). **Helping Children Learn to Read**. Needham, MA: Allyn and Bacon.

Share, D. (1999). Phonological recoding and orthographic learning: A direct test of the self-teaching hypothesis. **Journal of Experimental Child Psychology**, 72, 95-129.

Share, D. (2004). Orthographic learning at a glance: On the time course and developmental onset of self-teaching. **Journal of Experimental Child Psychology**, 87, 267-298.

Shawitz, S., Shaywitz, B., Pugh, K., Fulbright, R., Constable, R. T., Mencl, W. E., Shankweiler, D. P., Liberman, A. M., Skundlarski, P., Fletcher, J. M., Katz, L., Marchione, K. E., Lacadie, C., Gatenby, C., & Gore, J. C. (1998). Functional disruption in the organization of the brain for reading in dyslexia. **PNAS**, 95, 2636-2641.

Shaywitz, S. E. (1996). **Dyslexia**. Scientific American. November 1996.

Singson, M. et al. (2000). The relation between reading ability and morphological skills: Evidence from derivational suffixes. **Reading and Writing: An Interdisciplinary Journal**, 12, 3/4: 219-252.

Snow, C. E., Burns, M. S.,& Griffin, P. (1998). **Preventing reading difficulties in young children. National research council committee on the prevention of reading difficulties in young children.** Washington, DC: National Academy Press.

Sousa, D. (2001). **How the Brain Learns** (2nd ed.). Thousand Oaks, CA: Corwin Press.

Taylor, I., & Taylor, M. M. (1983). The **Psychology of Reading**. NY: Academic Press.

Vacca, R. T. (2002). From efficient decoders to strategic readers. **Reading and Writing in the Content Area,** 60(3), 6-11.

Venezky, R. L. (1999). **The American Way of Spelling: The Structure and Origins of American English Orthography.** NY, NY: Guilford Press.

리딩 어시스턴트

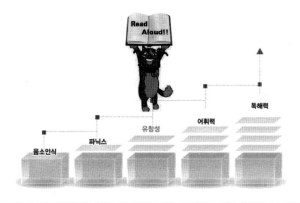

〔美국립읽기위원회에서 추천하는 효과적인 읽기지도 5단계〕

 똑똑한 영어낭독코치 – reading assistant

- 美국립읽기위원회(NRP)에서 추천하는 효과적인 읽기지도방법에 근거한 설계
- 소리내어 읽고, 지도 받으면서 읽고, 반복해서 읽어서 읽기 유창성 향상
- 미국 2,000여 개의 공교육에서 활용
- 미국 특허 받은 최첨단 음성인식기술을 통해 실시간 발음 교정으로 1:1 읽기지도교사 역할 수행
- 유아~성인까지 다양한 장르의 스토리, 미국 학년기준의 읽기난이도 Library
- 체계적인 학습관리 시스템으로 세밀한 학습평가 및 피드백

학습권 구입 neuromall.co.kr

패스트 포워드

Used in over 40 countries

 47
Countries
47 countries across the world including
USA, UK, Germany, Japan, China, Korea
5900 schools across the US

5900
Schools : 5900여개의 미국 전역 학교

Research Status

200
Studies : School-based research studies
proving statistically significant gains.

3,000,000
Students

80
Patents

〔패스트 포워드 사용 현황〕

뇌과학과 만난 1:1영어 – Fast ForWord

- 특허 받은 음향기술을 통해 한국인에게 생소한 영어 소리 값 훈련
- 영어 소리를 빠르고 분명하게 구별하며, 44개 음소를 편하게 들을 수 있도록 훈련
- 〈Science〉, 〈News Week〉, 〈Times〉, 〈The New York Times〉, ABC 방송 등 美 주요 언론에 소개
- 미국 내 연구결과 1~2년이 지나야 가능했던 읽기능력 성취 향상 결과를 단 8~12주만에 달성
- 소리 값부터 비교,은유,순서 배열 등 최고급 독해기술까지
- 듣기 6단계 과정, 읽기 4단계 과정

학습권 구입 neuromall.co.kr

DynEd 코스웨어

30년 동안

멀티미디어 활용 영어 지도를 선도하고 있습니다

International Courseware Awards	International Community of English Learners	Variety of English Programs	Global Coverage
45개의 영어 교수법 분야 수상	2,000만 명 이상의 DynEd 학습자	30여개의 다양한 연령과 수준의 학습과정	세계 50개국

 전세계 2000만의 선택, DynEd

- 30년 이상 축적된 경험과 50개국 2000만 이상 학습자, 효과성을 입증
- 영어 듣기, 말하기 습득을 통한 문법 구조, 읽기, 쓰기까지
- 유럽 언어 공통 기준(CEFR)에 기초한 A1부터 C2까지의 단계별 인증 과정
- 유치원 파닉스부터 비즈니스 현장 프레젠테이션 영어까지
- 낭독전 어린이 영어 DynEd Kids, 영어 독해 훈련 전문 Reading for Success 등 30개 과정

영어책 읽는 두뇌

지은이 박 순, 이준용, 김정렬
발행인 최인태
연구책임 문영은
연구원 강영인
디자인 롬디
발행처 ㈜뉴로사이언스러닝
출판신고 2011년 8월 10일 제2016-000078호
뉴로사이언스러닝 서울특별시 중구 남대문로 117, 11층 1110호
문의전화 1544-3377
홈페이지 nslearning.co.kr

개정 2016년 11월 22일